"十三五"国家重点出版物出版规划项目

|政|治|建|设|卷|

政治发展的中国逻辑

THE POLITICAL DEVELOPMENT UNDER CHINA'S LOGIC

程竹汝 著

中国财经出版传媒集团
经济科学出版社
Economic Science Press

图书在版编目（CIP）数据

政治发展的中国逻辑/程竹汝著.—北京：经济科学出版社，2020.3（2022.7 重印）

（中国道路·政治建设卷）

ISBN 978－7－5218－1269－5

Ⅰ.①政… Ⅱ.①程… Ⅲ.①政治制度－研究－中国－现代 Ⅳ.①D621

中国版本图书馆 CIP 数据核字（2020）第 022463 号

责任编辑：孙怡虹
责任校对：蒋子明
责任印制：李　鹏　范　艳

政治发展的中国逻辑

程竹汝　著

经济科学出版社出版、发行　新华书店经销

社址：北京市海淀区阜成路甲 28 号　邮编：100142

总编部电话：010－88191217　发行部电话：010－88191522

网址：www.esp.com.cn

电子邮箱：esp@esp.com.cn

天猫网店：经济科学出版社旗舰店

网址：http://jjkxcbs.tmall.com

北京季蜂印刷有限公司印装

710×1000　16 开　16.75 印张　220000 字

2020 年 6 月第 1 版　2022 年 7 月第 2 次印刷

ISBN 978－7－5218－1269－5　定价：58.00 元

（图书出现印装问题，本社负责调换。电话：010－88191510）

（版权所有　侵权必究　打击盗版　举报热线：010－88191661

QQ：2242791300　营销中心电话：010－88191537

电子邮箱：dbts@esp.com.cn）

《中国道路》丛书编委会

顾　　　问：魏礼群　马建堂　许宏才

总　主　编：顾海良

编委会成员：（按姓氏笔画为序）
　　　　　　马建堂　王天义　刘　志　吕　政
　　　　　　向春玲　陈江生　季正聚　季　明
　　　　　　竺彩华　周法兴　赵建军　逄锦聚
　　　　　　姜　辉　顾海良　高　飞　黄泰岩
　　　　　　傅才武　曾　峻　魏礼群　魏海生

政治建设卷

主　　　编：曾　峻　王公龙

《中国道路》丛书审读委员会

主　任：吕　萍

委　员：李洪波　陈迈利　柳　敏　樊曙华
　　　　刘明晖　孙丽丽　胡蔚婷

总　　序

中国道路就是中国特色社会主义道路。习近平总书记指出，中国特色社会主义这条道路来之不易，它是在改革开放三十多年的伟大实践中走出来的，是在中华人民共和国成立六十多年的持续探索中走出来的，是在对近代以来一百七十多年中华民族发展历程的深刻总结中走出来的，是在对中华民族五千多年悠久文明的传承中走出来的，具有深厚的历史渊源和广泛的现实基础。

道路决定命运。中国道路是发展中国、富强中国之路，是一条实现中华民族伟大复兴中国梦的人间正道、康庄大道。要增强中国道路自信、理论自信、制度自信、文化自信，确保中国特色社会主义道路沿着正确方向胜利前进。《中国道路》丛书，就是以此为主旨，对中国道路的实践、成就和经验，以及历史、现实与未来，分卷分册做出全景式展示。

丛书按主题分作十卷百册。十卷的主题分别为：经济建设、政治建设、文化建设、社会建设、生态文明建设、国防与军队建设、外交与国际战略、党的领导和建设、马克思主义中国化、世界对中国道路评价。每卷按分卷主题的具体内容分为若干册，各册对实践探索、改革历程、发展成效、经验总结、理论创新等方面问题做出阐释。在阐释中，以改革开放四十多年伟大实践为主要内容，结合新中国成立七十年的持续探索，对中华民族近代以来发展历程以及悠久文明传承的总结，既有强烈的时代感，又有深刻的历史感召力和面向未来的震撼力。

丛书整体策划，分卷作业。在写作风格上，注重历史和现实相贯通、国际和国内相关联、理论和实际相结合，对中国道路的重大理论和实践问题做出探索；注重对中国道路的实践经验、理论创新做出求实、求真的阐释；注重对中国道路做出富有特色的、令人信服的国际表达；注重对中国道路为发展中国家走向现代化的途径、为解决人类问题所贡献的中国智慧和中国方案的阐释。

在新中国成立特别是改革开放以来我国发展取得的重大成就基础上，近代以来久经磨难的中华民族实现了从站起来、富起来到强起来的历史性飞跃，焕发出强大生机活力，迈进中国特色社会主义道路发展的新时代。在新时代建设社会主义现代化强国的新的历史征程中，中国财经出版传媒集团经济科学出版社、中国特色社会主义经济建设协同创新中心精心策划、组织编写《中国道路》丛书有着更为显著的、重要的理论意义和现实意义。

《中国道路》丛书2015年策划启动，2017年开始陆续推出。丛书2016年列入"十三五"国家重点出版物出版规划项目、主题出版规划项目。丛书第一批，2017年列入国家"90种迎接党的十九大精品出版选题"；2018年获国家出版基金资助，作为馆藏图书被大英图书馆收藏；2019年被中宣部遴选为"书影中的70年·新中国图书版本展"参展图书，并入选国家社科基金中华学术外译项目推荐选题目录。丛书第二批于2019年陆续推出。

《中国道路》丛书编委会
2019年9月

本书为上海市社会科学创新（话语体系）基地研究成果。

目 录

第一章 理论逻辑：什么是中国特色社会主义政治发展道路 ……………… 1

　　一、政治发展概念溯源 / 2
　　二、政治发展：进入中国主流话语 / 10
　　三、中国特色社会主义政治发展道路的理论内涵 / 17

第二章 历史逻辑：为什么选择中国特色社会主义政治发展道路 ……………… 29

　　一、超大社会与深厚文化：政治演进的历史基础 / 30
　　二、中国政治发展价值目标与社会目标的平衡 / 43
　　三、市场与权利：政治发展的不竭动力 / 59

第三章 实践逻辑（上）：中国政治制度内涵的历史性展开 ……………… 74

　　一、人民民主内涵的多维展开 / 75
　　二、中国共产党领导的多党合作的制度化 / 111
　　三、法治秩序的成长 / 133

第四章　实践逻辑（下）：中国政治制度功能的历史性展开 …… 161

一、重心功能：社会稳定 / 161

二、基本功能：汲取合法性 / 181

三、体系功能：社会整合 / 201

四、过程功能：政策优化 / 219

第五章　结语：制度文明是中国特色社会主义政治发展道路进步性的集中体现 …… 236

一、制度文明是中国特色社会主义进步性的集中体现 / 236

二、中国特色社会主义制度内在结构的文明特征 / 240

三、中国特色社会主义制度功能的文明展现 / 243

四、中国特色社会主义制度文明的性质和意义 / 247

主要参考文献 / 250

第一章

理论逻辑：什么是中国特色社会主义政治发展道路

中共十九大报告指出："中国特色社会主义政治发展道路，是近代以来中国人民长期奋斗历史逻辑、理论逻辑、实践逻辑的必然结果"。这是本体论、认识论和实践论相结合的一个论断，是从实践统一于本体和认识的意义上对政治发展中国逻辑的揭示和概括。

理论上，所谓中国特色社会主义政治发展道路，实际上是要揭示和描述一种在中国特有的历史传统和现实基础上，通过一条不同于其他国家的基于自身独特政治逻辑而形成的政治文明形态。与西方制度模式（多党政治、选举民主、司法独立）所获得的理论与成例支持不同，中国特色制度模式（党的领导、人民当家作主、依法治国有机统一）正处于不断完善的实践进程之中，它既需要实践的不断证明，更需要理论的恰当说明。但是有一点是完全可以明确的，即改革开放四十年来中国经济社会的进步是在现实政治体系的保证和支持下实现的，中国发展的巨大成就表明中国特色社会主义政治发展道路是有效的和成功的。"坚持中国特色社会主义政治发展道路，关键是要坚持党的领导、人民当家作主、依法治国有机统一，以保证人民当家作主为根本，以增强党和国家活力、调动人民积极性为目标，扩大社会主义民主，发展社会主义政治文明。"①

一、政治发展概念溯源

(一) 西方政治发展理论

20世纪五六十年代，西方世界的一大批社会科学家热衷于对第三世界国家的发展进行研究，从而出现了如发展经济学、发展政治学、发展社会学等一批新兴学科。政治发展就是这一时期作为发展政治学的核心概念出现的。一般而言，它是指不发达政治系统向发达政治系统的变迁过程。对于这一过程，人们常常从多个角度进行解释：把它解释成政治现代化的过程，或者解释成为政治民主化和政治制度化的过程，或者解释成民族国家强大的过程，甚或在广义上把它解释成为一般政治关系的变革和进步过程。

作为一个具有解释功能的理论，政治发展的理论源头无疑是在西方学界，而其历史源头则在发展中国家。由于缺乏对发展中国家发展阶段及国情复杂性和差异性应有的理论关照，更由于西方政治理论自身的局限性，使得这种理论的解释功能常常大打折扣。因此，中国政治发展理论建构的一个重要前提，就是必须批判地理解西方政治发展理论。

在学术史上，西方政治发展理论经历了兴起、发展、转型几个阶段，其间出现了一大批以发展政治学为专长的学者及其学术著作。② 在这一进程中，由于政治发展理论在不同的年代聚焦的题域不同，进而导致了政治发展内涵上的差异。大体来说，在中

---

① 中共中央文献研究室：《习近平关于社会主义最终建设论述摘编》，中央文献出版社2017年版，第4页。
② 如阿尔蒙德等：《比较政治学：体系、过程和政策》、塞缪尔·P.亨廷顿：《变化社会中的政治秩序》、乌尔福和伊尔契曼：《发展的政治经济学》等。

第一章 理论逻辑：什么是中国特色社会主义政治发展道路

国学界影响较大的西方政治发展理论有：

1. 政治民主化：传统向现代政治变迁理论。

国内学界所熟知的阿尔蒙德、戴维·伊斯顿、达尔、布莱克、艾森斯塔德等人就是政治民主化理论的代表。他们认为，所谓政治发展就是传统社会向现代社会变迁进程中的政治现代化，其实质是以西方为榜样的政治民主化。比如，达尔认为，"政治发展就是建立在一定技术和经济发展水平上的民主政治制度，其动力和途径就是政治多元化。要达到这样的民主制度，除了宪法规定的三权制衡原则外，更主要的是取决于多元的社会体制，也就是基于不同的价值观念和经济利益组成的各种利益集团的出现，并形成相互独立的多元的权力中心。"① 早期的政治发展学者通常把政治民主化作为传统社会向现代社会变迁的追求目标。"他们深信政治民主和经济发展之间存在着正相关的关系，即经济的发展必然要求民主政治，而政治民主又会促进经济的增长。为此许多研究者为如何在发展中国家实现民主政治进行了大量的基于实际调查和比较研究基础上的分析与探讨，建立了诸如'经济发展——民主政治'、'社会结构——民主政治'、'政治文化——民主政治'等的分析模式，力图找到在发展中国家建立民主政治的道路和途径。"②

2. 稳定与权威：社会秩序优先的政治发展理论。

亨廷顿是社会秩序优先理论的典型代表。与强调政治民主化的观点不同，亨廷顿看到了发展中国家的政治首先要解决的问题是稳定与权威，而非民主。他认为大多数发展中国家政治秩序的下降，政府权威性、合法性的破坏，源于政治体制不能容纳迅速动员起来的政治参与力量。或者说是政治制度的完善和发展落后

---

① 转引自王科：《当代中国政治发展的价值取向和价值体系》，四川人民出版社2009年版，第2~3页。
② 许和隆：《西方政治发展理论的内在矛盾与转型社会政治发展的图式转换》，载于《江苏社会科学》2007年第4期。

于经济、社会的变革。因此，对于发展中国家来说，首要的问题不是实现政治民主化，而是要树立权威的政府，保持社会的稳定。亨廷顿指出："首要的问题不是自由，而是建立一个合法的公共秩序。人当然可以有秩序而无自由，但不能有自由而无秩序。必须先存在权威，而后才谈得上限制权威。"[①] 而政体的稳定依赖于政治参与程度和政治制度化程度之间相互协调的水平，要获得稳定的政体、建构"合法的公共秩序"就必须推动政治制度化水平，不断增强政治组织的适应性、复杂性、自主性和凝聚性。此四性才是政治发展的基本内涵和关键所在，非如此不能避免政治的衰朽前景。

3. 新制度主义：制度变迁理论。

无论是政治民主化的过程，还是政治组织的适应性、复杂性、自主性和凝聚性的形成，制度都是其中的核心要素。对于这一点，以道格拉斯·诺斯为代表的制度学派注意到了。他们把经济增长、国家理论和意识形态理论联系起来分析发展的规律，认为制度在其中的关键意义显而易见，政治发展的实际问题在于制度的变迁。诺斯说："在技术没有发生变化的情形下，通过制度创新或变迁亦能提高生产效率和实现经济增长"[②]。与经济发展和技术进步一样，利益最大化同样也是制度变迁的基本动力。"制度变迁与技术进步有相似性，即推动制度变迁和技术进步的行为主体都是追求收益最大化的。当然，不同的行为主体（如个人、团体或政府）推动制度变迁的动机、行为方式及其产生的结果可能是不同的，可他们都要服从制度变迁的一般原则和过程。制度变迁的成本与收益之比对于促进或推迟制度变迁起着关键作用，只有预期收益大于预期成本的情形下，行为主体才会推动直

---

① ［美］塞缪尔·P. 亨廷顿著，王冠华、刘为等译：《变化社会中的政治秩序》，上海人民出版社2008年版，第6页。

② ［美］道格拉斯·C. 诺斯著，陈郁、罗华平等译：《经济史中的结构与变迁》，上海三联书店1994年版，序言第6页。

至最终实现制度变迁,反之亦反,这就是制度变迁的原则。"①同时,人们的利益动机与各国人民群众固有的意识形态和业已形成的变迁路径是密不可分的,因此,制度变迁在最终意义上是一种综合因素(历史传统、经济因素、政治制度因素、文化因素等)互动的结果。成本与收益的规律意味着,"政治发展不是不顾自身传统的发展,而是基于各国历史传统、社会文化状况基础上,有利于各国政治稳定、经济发展、文化繁荣的发展"。②

基于政治发展理论的多元状态,美国的发展政治学者卢西恩·派伊归纳出了政治发展的各种含义,认为人们在以下10种意义上使用着"政治发展"一词。(1)将政治发展当作经济发展的先决条件;(2)将政治发展当作工业化国家的政治形态;(3)将政治发展当作政治现代化的过程;(4)将政治发展当作民族国家的运作(operation);(5)将政治发展当作行政与法律发展;(6)将政治发展当作群众的动员与参与;(7)将政治发展看作是民主制度之建设;(8)将政治发展当作稳定与有秩序的变迁;(9)将政治发展当作动员与权力;(10)将政治发展当作多方面社会变迁中的一个方面。③可以说各种观点都揭示了政治发展的某一方面的内容和特征。各种观点的存在犹如盲人摸象的道理一样表明了政治现象的复杂性,同时也表明了各国面临的政治发展的任务不同。

客观而论,西方政治发展理论有着显而易见的积极意义:首先,西方政治发展理论所形成的一系列的概念,诸如,政治过程、政治体系、政治文化、政治录用、政治参与、政治制度化等,这些学理化的概念有助于我们分析政治发展的内涵和实质,

---

① [美]道格拉斯·C.诺斯著,陈郁、罗华平等译:《经济史中的结构与变迁》,上海三联书店1994年版,序言第7页。
② 竹森:《当代政治发展研究衰落探因》,选自刘军宁等,《自由与社群》,生活·读书·新知三联书店1998年版,第267页。
③ 参阅罗志洲:《云五社会科学大辞典·政治学分册》,台湾商务印书馆1971年版,第193~194页。

有助于我们从新的维度上解释政治发展的过程；当然也有助于积累政治发展的知识。其次，在方法论上，西方政治发展理论所推崇的系统—结构功能方法、社会过程方法和比较历史方法，视野更为宏大，对政治各种关联性因素的考虑更为严密和系统，为人们观察政治进程提供了新的视角。

值得注意的是西方政治发展理论所持的某些基本观点尚值得进一步推敲，比如政治发展与经济发展的关系问题。将政治发展视为经济发展的前提和手段，这对于经济落后的国家来说，是很自然的事。但这样的观点忽略了在更为本质的关系中政治发展要受经济发展水平的制约。事实上，经济发展和政治发展是一种共生的现象，二者在发展中呈现出一个互为前提条件的相互作用的过程。因此，那种以经济发展为参数来界定政治发展的作法肯定是相当困难的事情。在一些学者看来，政治发展有赖于经济的发展，因为经济是政治的基础。而在另一些学者看来，政治发展则成为经济发展不可缺少的条件。① 这里另外一个显而易见的现象是，政治与经济之间的相互作用在特定文化的影响下可能导致不同的结果。因此，政治上的改革并不一定带来应有的经济发展，而经济的增长也不一定意味着政治进步。

西方文化的偏好性是西方政治发展理论的鲜明特性，这种偏好性的基本立场是：对西方世界是恰当的政治价值观、政治制度和政治过程，对世界的其他地区也大致如此，如果西方发达国家成功地经过了历史上的某个阶段而有了今天发展的政治的话，那么发展中国家的主要兴趣就在这里，而不论这些国家的历史、传统、文化的现实如何。诚然，就西方国家所处的政治发展的层次来讲，其中包含了大量的"现代性"因素，如行政的高效率、政治资源的合理分配、政治制度的协同性等，这些因素也理应成

---

① ［美］加布里埃尔·A. 阿尔蒙德、小 G. 宾厄姆·鲍威尔著，曹沛霖等译：《比较政治学：体系、过程和政策》，上海译文出版社 1987 年版，第 419 页。

为政治发展所应实现的内容。但现代化绝非"西方化",政治发展也绝不能够忽视特定的社会现实而去追求在另外的现实中成长起来的政治模式。"现代性"的精神是一致的,但表现这种精神的形式则是多种多样的。如果我们承认政治发展是一个作为实体的国家具体的政治发展的话,这个实体就不能与其现实的根基相分离。

(二) 历史唯物主义的政治发展理念

历史唯物主义包含着丰富的政治发展理念。就其视野和方法而言,它要求对政治发展内涵的理解和界定,必须建立在对人类政治历史的深刻认识以及对各国政治变迁的经验基础上。为此,政治发展的内涵必须联系以下几个方面的问题才能得到科学的说明。

1. 政治发展融于人类政治演进的总趋势。

关于人类政治演进的总趋势,尽管由于历史观的不同可能导致不尽相同的结论,但是体现在人类历史中的政治进步则是实实在在的。在唯物史观论者看来,人类的解放是一个不可遏制的必然历史过程。经济的必然性,政治上与此相适应的种种形式同是这个过程不可缺少的环节和体现。为此,人类政治演变的总趋势是同人类解放的历史过程相一致的。这种一致性主要体现为广泛的政治参与对人的全面发展的重要作用。没有广泛的政治参与,就没有人的全面发展即人的解放。这种观点源于马克思和恩格斯所著的《德意志意识形态》。马克思和恩格斯指出:"共产主义所建立的制度,正是这样的一种现实基础,它排除一切不依赖于个人而存在的东西"。① 历史的进步和人的全面发展,"只能被看作是并合理地理解为革命的实践"。② 因此,人类政治演变的总

---

① 《马克思恩格斯选集》(第1卷),人民出版社1972年版,第78页。
② 《马克思恩格斯选集》(第1卷),人民出版社1972年版,第16页。

趋势是政治参与的深度和广度的不断扩大。这意味着政治参与主体和主体性的不断扩大；同时也意味着参与社会政治事务在质和量上的不断扩大，这种解释也是符合历史实际情况的。人类早期的政治仅与个人或个别家族相联系，随着社会实践的深入，参与政治活动的人在量上逐渐扩大，时至今日，在许多国家中政治至少从形式上已扩及大多数人。在量的扩张的同时，处于政治实践中的人也渐渐成就了自己作为政治参与主体的素质，即人的主体性的不断扩张。伴随着主体与主体性的扩张，人们参与其中的政治事务愈来愈广泛；政治的结果也愈来愈反映参与者的意志。从早期的奴隶到今天的公民，从纯粹的政治客体到享有选举权乃至对各种政治事务的参与、监督权的变迁中便可透视到政治演变的这种总趋势。

2. 政治发展体现人类政治演进的时代特征。

综观人类的政治史，可以看出其中存在过两次革命性的转变。第一次革命性的转变是政治从无到有。有如摩尔根所说，这种转变是人类治理自身的形式从氏族、胞族、部族为基础的形式向以地域和财产为基础的形式的过渡，这时政治的时代特征是狭隘的政治权威，即政治活动的范围窄小，存在政治权威的组织在世界上十分有限，又在相当长的时间内彼此隔离。第二次革命性的转变是政治的人类化过程，由于资本主义生产方式的兴起，在新的生产力的条件下，掠夺财富和建立世界市场的需要使资产阶级奔走于世界各地。即马克思所揭示的人类交往史由民族史向世界历史的转变。从16世纪到现在，在短短的几百年的时间里，政治从世界的个别地区扩及整个世界，使散居在全球各地的人们都步入了政治生活的领域。在各个民族相互碰撞和相互交往中，形成了政治的现时代特征：民族国家的形成和广泛建立。民族国家已成为当今人类政治生活的普遍形式，这是一个不容争辩的事实，它依靠民族认同和国家认同的融合，在某一块地方上，在一群人中间，形成一个统一的权力。学者们认为民族国家的典型形

第一章　理论逻辑：什么是中国特色社会主义政治发展道路

态一般具有以下四个特征：（1）政治权力的集中；（2）政治功能的扩大；（3）法律规范的增加和官僚制的发展；（4）公民在公共事务中作用的扩大。①民族国家作为时代的政治特征，其在政治发展中的意义在于：其一，民族国家是当今人类政治生活的普遍形式，它涵盖着人类差异性发展和共同性的建立，是特殊性与普遍性的统一体。它还是所有的个体和群体从事政治活动，促进政治变迁的基本单位。无论某些学者怎样忌讳这个词，事实上，政治发展的内在逻辑始终存在于民族国家的范畴之中。民族国家的形式和迄今经历的历程可以说明这个问题。首先，政治发展肯定是向民族国家的形式发展，这是历史的结论；其次，民族国家内涵的展开在不同的国家各具其特点，如英、美、德等国各自形成了独特的发展模式，其政治的特点和经历的不同过程是显而易见的。为此，离开了民族国家这个普遍的典型的政治形式，我们就不能全面地理解政治发展，同时也不能说明政治发展的一般性质：政治发展是一个自主的过程。其二，民族国家内涵的展开尽管在各国各具特点，但都不能离开人类政治演变的总趋势。离开这个总趋势的政治是一种倒退。人的参与——人的发展——人的解放，既是一场业已存在的历史运动，又是一个人类尚在追求和实现的过程，这是一个历史唯物主义的命题。任何政治发展只有体现出这个总趋势才能构成真正的发展。

3. 政治发展展现自主发展的一般性质。

政治发展是一个自主发展的过程，这是建立在对经典发展观反思基础上的一个命题，也是对政治发展一般性质的经验概括。经典发展观认为发展是必然的，在通向未来的道路上大家都有着共同的经历。这种观点视而不见人类历史中形成和尚存的各种差异，将在特定的历史条件下成长起来的社会和过程当作普遍的发

---

① 参阅［美］C.E. 布莱克著，景跃进、张静译：《现代化的动力——一个比较史的研究》，浙江人民出版社1989年版，第11~14页。

展模式。如上所述，如果我们承认政治发展是一个作为实体的国家（社会）具体的政治发展的话，这个实体就不可能与其特定的历史、传统、文化相分离。"权利永远无法超出社会的经济结构以及由经济政治结构所制约的社会文化的发展"。① 因此，政治发展只能是一个自主发展的过程，割断历史是危险的，也是不可能的。首先，自主发展并不是孤立的发展，近代以来开始的世界一体化过程已使孤立发展成为不可能。在相互影响和作用的世界上，自主发展无非是强调传统与现代的衔接，强调发展模式的多样性。其次，自主发展强调结构的变迁，事实上这是相互包含的两个命题。法国社会学家佩鲁说过，发展是结构的辩证法，是指整体内部各组成部分的联结、相互作用以及由此产生的活动能力的提高。自主发展观正是在这个意义上，在一个体系内部诸要素的联系中来理解发展的。最后，自主发展强调实践的作用。在历史沉淀的现实中，在不平衡的变迁中，如何求得真正的发展，实践扮演着重要角色。②

二、政治发展：进入中国主流话语

（一）党的文献中的政治发展话语

作为发展政治学的核心概念，政治发展一词在改革开放以后逐渐进入了中国学界。但是，在相当长的时间里它并未成为中国社会的主流话语。有关描述和解释当代中国政治变迁的语汇，人们使用更为经常的是"政治体制改革""政治建设""民主法制

---

① 《马克思恩格斯全集》（第19卷），人民出版社1963年版，第22页。
② 参阅程竹汝：《论政治发展的内涵》，载于《山西师范大学学报》1997年第1期。

第一章 理论逻辑：什么是中国特色社会主义政治发展道路

建设"等，而非"政治发展"，特别在官方的话语体系中就更是如此。政治发展成为中国官方表达政治进程的关键词已是21世纪以来的事情。事实上，政治发展一词正式进入官方的话语体系本身就是中国政治进步的一部分，一个非常重要的表征。

改革开放以来，政治领域的官方话语变化特别引人注目。中共十三大报告政治部分的小标题是："关于政治体制改革"，提出了政治体制改革方案的七个方面：即实行党政分开；进一步下放权力；改革政府工作机构；改革干部人事制度；建立社会协商对话机制；完善社会主义民主政治的若干制度；加强社会主义法制建设①。十四大报告政治部分的小标题是："积极推动政治体制改革，使社会主义民主和法制有一个较大发展"，突出了政治体制改革的内容和目的，同时，强调了政治体制改革的社会主义性质，以与西方的多党制、议会制相区别。十五大报告政治部分的小标题是："政治体制改革与民主法制建设"，提出了建设社会主义法治国家的方略，强调了共产党执政就是领导和支持人民掌握管理国家的权力，实行民主选举、民主决策、民主管理、民主监督，保证人民依法享有广泛的权利和自由，尊重和保障人权。不久，又提出了社会主义政治文明的概念。十六大报告政治部分的小标题是："政治建设与政治体制改革"，提出了绝不照搬西方政治制度模式；同时，第一次在官方文件中使用"政治发展"一词，报告指出："中国共产党和中国人民对自己选择的政治发展道路充满信心，将坚定不移地把中国特色社会主义政治建设推向前进。"② 十七大报告政治部分的小标题是："坚定不移发展社会主义民主政治"；报告更明确地提出了"要坚持走中国特色社会主义政治发展道路，坚持党的领导、人民当家作主、依法

---

① 《沿着有中国特色的社会主义道路前进——在中国共产党第十三次全国代表大会上的报告》，人民出版社1987年版。
② 江泽民：《全面建设小康社会 开创中国特色社会主义事业新局面——在中国共产党第十六次全国代表大会上的报告》，人民出版社2002年版。

治国有机统一,坚持和完善人民代表大会制度、中国共产党领导的多党合作和政治协商制度、民族区域自治制度以及基层群众自治制度,不断推进社会主义政治制度自我完善和发展"。① 对中国特色社会主义政治发展道路做了初步理论展开。十八大报告政治部分的小标题是:"坚持走中国特色社会主义政治发展道路和推进政治体制改革"。报告指出:"改革开放以来,我们总结发展社会主义民主正反两方面经验,强调人民民主是社会主义的生命,坚持国家一切权力属于人民,不断推进政治体制改革,社会主义民主政治建设取得重大进展,成功开辟和坚持了中国特色社会主义政治发展道路,为实现最广泛的人民民主确立了正确方向。"② 对这条道路的基本内涵进行了理论概括:"必须继续积极稳妥推进政治体制改革,发展更加广泛、更加充分、更加健全的人民民主。必须坚持党的领导、人民当家作主、依法治国有机统一,以保证人民当家作主为根本,以增强党和国家活力、调动人民积极性为目标,扩大社会主义民主,加快建设社会主义法治国家,发展社会主义政治文明。要更加注重改进党的领导方式和执政方式,保证党领导人民有效治理国家;更加注重健全民主制度、丰富民主形式,保证人民依法实行民主选举、民主决策、民主管理、民主监督;更加注重发挥法治在国家治理和社会管理中的重要作用,维护国家法制统一、尊严、权威,保证人民依法享有广泛权利和自由。要把制度建设摆在突出位置,充分发挥我国社会主义政治制度优越性,积极借鉴人类政治文明有益成果,绝不照搬西方政治制度模式。"③ 十九大报告政治部分小标题是:"健全人民当家作主制度体系,发展社会主义民主政治"。报告对中国特色社会主义政治发展道路的性质进行了理论概括:"中

---

① 胡锦涛:《高举中国特色社会主义伟大旗帜 为夺取全面建设小康社会新胜利而奋斗——在中国共产党第十七次全国代表大会上的报告》,人民出版社2007年版。
② 本书编写组:《十八大报告辅导读本》,人民出版社2012年版,第25页。
③ 本书编写组:《十八大报告辅导读本》,人民出版社2012年版,第25~26页。

第一章　理论逻辑：什么是中国特色社会主义政治发展道路

国特色社会主义政治发展道路，是近代以来中国人民长期奋斗历史逻辑、理论逻辑、实践逻辑的必然结果，是坚持党的本质属性、践行党的根本宗旨的必然要求。世界上没有完全相同的政治制度模式，政治制度不能脱离特定社会政治条件和历史文化传统来抽象评判，不能定于一尊，不能生搬硬套外国政治制度模式。要长期坚持、不断发展我国社会主义民主政治，积极稳妥推进政治体制改革，推进社会主义民主政治制度化、规范化、程序化，保证人民依法通过各种途径和形式管理国家事务，管理经济文化事业，管理社会事务，巩固和发展生动活泼、安定团结的政治局面。"① 四十多年来，这些话语的变化蕴含着什么样的信息呢？大体来说，较为直接的意蕴有以下三方面：一是作为政治建设主题的民主法治的内涵被解释得越来越丰富，或者说越来越具有现代性；二是针对存量制度的改革渐渐为增量制度的建设所替代，"政治文明"和"民主政治"都是改革与建设相衔接的概念；三是以社会主义政治发展道路的战略选择来定义和解释政治改革的议程和政治建设的进程。

（二）"中国模式"讨论中的政治逻辑

自学界将雷默提出的"北京共识"② 转换成为"中国模式"的话语至今，有关"中国模式"的争论便不绝于耳，迄今仍未沉寂下来。肯定论、否定论和慎用论均有之。尽管学者们争论的焦点表面上聚焦于"中国模式"是否成立和"模式"一词是否适合描述数十年来中国经济社会进步的经验；但这一表面的焦点背后则深藏着对中国政治发展逻辑的不同判断。

肯定论的首要特点是方法论上的，即基本立场上的系统论和

---

① 本书编写组：《党的十九大报告学习辅导百问》，学习出版社、党建读物出版社2017年版，第28~29页。
② "北京共识"（Beijing Consensus）是美国高盛公司顾问乔舒亚·库珀·雷默于2004年5月7日在伦敦《金融时报》上首次提出的。

结构功能主义。这反映在它们的基本观点上：即中国改革开放以来经济社会持续进步的事实已经证明"中国模式"是客观存在的。理论上的"中国模式"不过是对这一历史进程经验的总结或"成功之路"的解释。"中国模式"不应为表面的经济繁荣现象所局限，它的内涵远不像许多学者、特别是西方学者理解的那样，仅指中国经济发展的成功经验，其实，增长背后深藏着中国特有的发展逻辑。这一点之所以为肯定论的观点所强调，是因为在学界，"即便是从经济角度来讨论中国模式，也没有揭示中国模式的实质内容，大多数学者只看到经济增长的表象，而没有发现中国经济模式的内在要素"。① 其实，发展是结构性的。作为全球化条件下取得成功发展的"中国模式"具有自身的系统结构，即经济模式、政治模式、社会模式和文化模式，而不仅仅是经济增长模式。② 其中，政治模式又具有重要的意义。"如果不讨论中国的政治模式，就很难理解中国的经济模式，因为到目前为止，中国经济模式正是中国的政治模式促成的。"③ 甚至有学者干脆认为"中国模式"的核心就是政治模式。他们认为：从大历史的角度来看中国模式，就不难发现这个模式的存在及其主要内涵。尽管中国模式表现在方方面面，但其核心是中国特有的政治经济模式，这两方面互相关联，互相强化。中国的成就是因为这个模式，而这个模式中的很多因素如果失去平衡，又可导致模式的危机和衰落。

肯定论的另一个特点是价值论上的，即用"中国模式"来概括中国的发展逻辑对中国自身和大多数国家都是有好处的。对中国的好处首先是有利于中国话语体系的形成从而开发出新的知识，其次是有利于人们对中国本土文明的自觉和自信。而对广大

---

①② 胡键：《争论中的中国模式：内涵、特点和意义》，载于《社会科学》2010年第6期。

③ 郑永年：《国际发展格局中的中国模式》，载于《中国社会科学》2009年第5期。

第一章 理论逻辑：什么是中国特色社会主义政治发展道路

的发展中国家来说，"中国模式"显而易见的好处是它们可以多一个经验的来源甚至多一个可资借鉴的发展模式的选择。

总体而论，虽然"中国模式"的肯定论观点本身也存在着某些不同的主张，如许多人只关注于经济模式的特征，但在最终意义上它们都或直接或间接地指向了中国的政治模式。其基本逻辑是：要肯定中国经济的成就就不得不肯定中国政治的积极意义。甚至有国外研究认为，中国的政治结构和制度对经济发展是极为有利的。[①] 事实上，近几十年来，当"失败国家"遍布全世界，许多发展中国家在西方援助国的监护下努力建设"国家能力"时，中国政府的能力则表现惊人，它启动经济发展，摆脱贫困，并迅速取得了相当的成功。[②] 总之，肯定论的观点以及深度的理论阐发已经触及了中国政治发展的独特逻辑。

否定论包括了从左到右的许多种观点，它们一般并不否认中国的经济成就，但对中国经济的后续发展持怀疑态度。重要的是这种怀疑的本质仍然是政治上的，是对中国政治的"西方式"不信任。极端的否定论观点认为，所谓"中国模式"没什么可惊奇的。它不过是历史上多次出现过的如韩国20世纪六七十年代那样的市场经济与威权政治的结合。甚或是即所谓"国家资本主义"或"权贵资本主义""中国还是一个19世纪那种繁荣与萧条循环往复的经济体。"[③] 现实中，中国发展进程中长期纠结的难题，如贫富两极分化、严重的腐败、生态的恶化等，不仅表明中国的发展很难称得上是模式；而且还是中国未来发展的挑战和难题。这些难题的本质无疑也是政治上的。温和的否定论观点认为，迄今为止中国的成功还是很有限的，发展中积累的很多问

[①] Gabriella R. Montinola, Yingyi Qian, and Barry R. Weingast, "Federalism, Chinese Style: The Political Basis for Economic Success in China", *World Politics* Vol. 48 (1995).

[②] 参阅王正绪：《国家建设、现代政府和民主之路：六十年来中国的政治发展》，载于《马克思主义与现实》2010年第1期。

[③] 参阅《中国模式再被热议》，载于《环球时报》2009年10月20日。

题就是证明,因此,很难在理论上概括出什么"中国模式";改革开放以来,中国所采取的发展政策与东亚模式的"四小龙"大体一样,所谓"中国模式"缺少独特性,并且,与"四小龙"发展中的民主化相比,中国政治支持可持续发展的能力也是不确定的。否定论的本质仍在于对中国政治发展独特逻辑的不信任甚或是否定。

与肯定论和否定论不同,"中国模式"慎用论的观点基本上是策略性的。它主张用某些非定式性的概念如"中国道路""中国特色""中国经验",甚至"中国案例"来概括中国改革开放以来取得的成功经验。理由大致有二:一是中国的体制无论是经济的还是政治的仍处于发展过程中,尚未定型,发展中也遇到了很多问题,不宜用作为类概念的"模式"一词概括;二是避免"模式"的示范意义,减少一些外国势力对中国发展进程的疑虑。2011年3月14日,时任总理温家宝回答中外记者关于"中国模式"问题时的答复也代表了这样一种观点。他指出:"我们选择了一条适合中国国情的发展道路。这条道路的主要特点是:第一,必须坚持以经济建设为中心,大力促进经济发展和社会进步;第二,必须坚持以人为本,全面协调和可持续发展;第三,必须坚持社会公平正义,以保持社会的和谐稳定;第四,必须保障人民的民主权利,促进人的全面发展,以进一步调动人民的积极性和创造性。我们的改革和建设还在探索当中,我们从来不认为自己的发展是一种模式"。①

总之,学界关于"中国模式"争论的深层焦点在于中国政治发展的独特逻辑,在于对改革开放以来中国政治发展与经济发展关联性的评判,当然也包括对中国政府支持经济社会可持续发展能力的评判。有趣的是除了少数研究之外,大多数研究都回避

---

① 中国新闻周刊新论:《中国尚无模式,改革还需努力》,载于《中国新闻周刊》2011年第10期。

或慎谈中国政治发展在"中国模式"形成中的地位和作用。2010年11月18日，中国社会科学院蓝皮书总结了"中国模式"的四大内核：即"坚持政府与市场有机结合的调控模式，坚持集中力量办大事的制度模式，坚持充满活力的混合经济模式，坚持经济、社会、文化、环境相协调的科学发展模式。"① 在这一表述中，"中国模式"政治方面的内容已隐含其中了。这比以往仅从经济发展的视角来表述"中国模式"的状况已有所进步。事实上，就改革开放以来中国社会的进步而言，虽然经济发展最具经验性从而也最容易观察，但离开了政治发展，经济发展和"中国模式"的逻辑是无法得到解释的。无论对"中国模式"持一种什么样的观点，其背后所蕴含的中国政治发展的独特逻辑才是最接近事实的，因而也是最重要的。习近平指出："我国的实践向世界说明了一个道理：治理一个国家，推动一个国家实现现代化，并不只有西方制度模式这一条道，各国完全可以走出自己的道路来。可以说，我们用事实宣告了'历史终结论'的破产，宣告了各国最终都要以西方制度模式为归宿的单线式历史观的破产。"②

三、中国特色社会主义政治发展道路的理论内涵

如何理解中国特色政治发展道路的理论内涵，关键是要从改革开放的实践中概括出这一发展的关键要素和核心机制。根据中国共产党关于中国特色社会主义政治发展道路理论内涵的认识，

---

① http://www.chinanews.com/cj/2010/11-18/2666084.shtml.
② 中共中央文献研究室：《习近平关于社会主义最终建设论述摘编》，中央文献出版社2017年版，第7页。

这些关键要素和核心机制包括:"道路方向":发展更加广泛、充分、健全的人民民主;"道路路基或核心机制":实现党的领导、人民当家作主、依法治国有机统一;"筑路过程":推进社会主义民主制度化、规范化、程序化;"筑路速度":积极稳妥推进政治体制改革和政治建设;"工程规则":中国特色社会主义制度和法律体系。

(一)"道路"是复杂历史概括出来的经验总结

改革开放40年来,我国政治建设取得了一系列成就。取得这些成就的历史经验以及为未来中国政治所展现的前景,理论上概括起来就是中国特色社会主义政治发展道路。"道路"既是从复杂历史中概括出来的经验总结,也是需要在实践中进一步回答的命题。2002年5月31日,江泽民在中央党校省部级干部进修班毕业典礼上发表重要讲话,第一次提出和使用"政治发展道路"这一概念。他指出,"推进政治体制改革,要从我国国情出发,坚定不移地走自己的政治发展道路,坚持社会主义政治制度的自我完善和发展。我们要发展的是有中国特色社会主义民主政治,决不照搬西方政治制度模式。要着重加强社会主义民主政治制度建设,实现社会主义民主政治的制度化、规范化、程序化"。2003年2月在十六届二中全会的讲话中,胡锦涛强调:"推进社会主义政治文明建设,必须始终坚持走中国特色的政治发展道路。""这条政治发展道路,是一条符合中国特色社会主义事业发展要求的政治发展道路,也是一条充分体现全国各族人民根本意愿和根本利益的政治发展道路。"① 十七大明确提出了中国特色社会主义政治发展道路的基本内涵,即坚持党的领导、人民当家作主、依法治国有机统一,坚持和完善人民代表大会制度、中

---

① 中共中央文献研究室:《十六大以来重要文献选编》(上),中央文献出版社2006年版,第147页。

国共产党领导的多党合作和政治协商制度、民族区域自治制度以及基层群众自治制度，不断推进社会主义政治制度自我完善和发展。十八大以来，关于中国特色社会主义政治发展道路的理论认识仍在不断深化。"在政治发展道路上，中国正在形成自己的共识：中国特色社会主义政治发展道路是社会主义性质的政治发展道路，是适合中国国情的政治发展道路，是社会主义初级阶段的政治发展道路，是最大的发展中国家的政治发展道路，是以党内民主带动人民民主发展的道路，是充分发挥基层群众自治积极性的政治发展道路。"①

理论上，所谓中国特色社会主义政治发展道路，实际上是要揭示和描述一种在中国特有的历史传统和现实基础上，通过一条完全不同的政治发展路径形成的政治文明形态。与西方制度模式（多党政治、选举民主、司法独立）所获得的理论与成例支持不同，中国特色制度模式（党的领导、人民当家作主、依法治国有机统一）正处于不断完善的实践进程之中，它既需要实践的不断证明，更需要理论的恰当说明。但是有一点是完全可以明确的，即改革开放四十年来中国经济社会的进步是在现实政治体系的支持下取得的，发展成就表明我们选择的制度模式是有效的和成功的。

（二）"道路方向"：发展更加广泛、更加充分、更加健全的人民民主

人民民主是描述当代中国政治的基础性话语，它既可以解释当代中国政治的性质，也可以揭示中国民主区别于西式民主的特色。新中国成立 70 年来，人民民主一直是它高举的旗帜。理论上，人民民主由三个要素构成，即本体要素：民主的阶级基础或

---

① 辛向阳：《中国特色社会主义政治发展道路的科学定位》，载于《探索》2009 年第 1 期。

"人民"范畴；组织要素：中国共产党的领导；制度要素：人民最广泛的参与国家管理。本体要素是人民民主区别于西式民主最显著的特征。70年来，人民民主话语和围绕人民民主的政治建设与共和国历史相伴随，其内涵经历了与时俱进的变化。第一，人民民主的本体要素从强调对"反动阶级和反动派"的排他性到知识分子是工人阶级的一部分，再到社会主义事业建设者这一脱离传统阶级理论对人民范畴所作的扩充解释，变化巨大。中共八大报告指出："我们的人民民主专政就是以工人阶级为首的人民大众对于反动阶级、反动派和反抗社会主义革命的剥削者的专政。我们的民主不是属于少数人的，而是属于绝大多数人的，是属于工人、农民和其他一切劳动人民以及一切拥护社会主义和爱国的人民的。"[①] 改革开放之前的实践中，知识分子一直是人民民主本体要素中待定位的一个群体。中共十二大确认知识分子是工人阶级的一部分，并且强调知识分子是工人阶级中掌握科学文化知识较多的一部分，是先进生产力的开拓者，在改革开放和现代化建设中有着特殊重要的作用。随着改革开放的深入和经济文化的发展，个体户、私营企业主、中介组织的从业人员、自由职业人员等新社会阶层，政治上如何定位是实践提出的重大课题。中共十六大确认它们是中国特色社会主义事业的建设者。与中国特色社会主义实践相伴随，人民的范畴在不断扩大，迄今已扩大至全体社会主义劳动者、社会主义事业的建设者、拥护社会主义的爱国者、拥护祖国统一和致力于中华民族复兴的爱国者。同时，对这一本体要素的强调仍然是人民民主区别于其他民主的基本特征。第二，党的领导作为人民民主的组织要素，其与民主的关系由混沌逐渐走向清晰，经历了把党的领导等同于人民民主、需通过"制度中介"才能达成人民民主和党的领导本质就是支持和保证人民当家作主认识的不同阶段。中共十六大报告指出：

---

① 《刘少奇选集》（下），人民出版社1985年版，第241页。

第一章 理论逻辑：什么是中国特色社会主义政治发展道路

"共产党执政就是领导和支持人民当家作主，最广泛地动员和组织人民群众依法管理国家和社会事务，管理经济和文化事业，维护和实现人民群众的根本利益。"① 习近平指出："中国共产党的领导，就是支持和保证人民实现当家作主"，② 就是"最广泛地动员和组织人民依照宪法和法律规定，通过各级人民代表大会行使国家权力"。③ 第三，从对人民民主制度和权利内涵缺乏认识逐渐走向对制度的体系化和权利的法律化认知，经历了革命话语压倒初创制度、制度恢复及权利概念大规模引入到制度内涵的体系化阶段。中共十二大以来，完善和发展人民代表大会制度是政治建设的长期基调。认为"共产党执政就是领导和支持人民掌握管理国家的权力，实行民主选举、民主决策、民主管理和民主监督，保证人民依法享有广泛的权利和自由，尊重和保障人权。"进而确立了公民"四权"：知情权、参与权、表达权、监督权。在坚持完善人民代表大会制和不断维护公民权利基础上，中共十八大将推进社会主义协商民主融入人民民主实践之中。极大拓展了人民民主制度要素的内涵。习近平指出："保证和支持人民当家作主，通过依法选举、让人民的代表来参与国家生活和社会生活的管理是十分重要的，通过选举以外的制度和方式让人民参与国家生活和社会生活的管理也是十分重要的。人民只有投票的权利而没有广泛参与的权利，人民只有在投票时被唤醒、投票后就进入休眠期，这样的民主是形式主义的。"④ 这一思想为协商民主大范围地融入人民民主提供了理论基础。

---

① 中共中央文献编辑委员会：《江泽民文选》（第三卷），人民出版社2006年版，第553页。
② 中共中央文献研究室：《习近平关于社会主义政治建设论述摘编》，中央文献出版社2017年版，第41页。
③ 中共中央文献研究室：《习近平关于社会主义政治建设论述摘编》，中央文献出版社2017年版，第39页。
④ 习近平：《在庆祝中国人民政治协商会议成立65周年大会上的讲话》，http://cpc.people.com.cn/n/2014/0922/c64094-25704157.html。

人民民主是中国共产党始终高扬的旗帜。"改革开放以来，我们总结发展社会主义民主正反两方面经验，强调人民民主是社会主义的生命，坚持国家一切权力属于人民，不断推进政治体制改革，社会主义民主政治建设取得重大进展，成功开辟和坚持了中国特色社会主义政治发展道路，为实现最广泛的人民民主确立了正确方向。"①

（三）"核心机制"：党的领导、人民当家作主、依法治国有机统一

任何政治发展都有其实现发展的核心机制，比如西方政治发展中的"分权与制衡"机制。那么，中国政治发展的核心机制是什么？从改革开放以来政治进步的历史来看：这个核心机制就是执政党同现代民主法治的结合，即党的领导、人民当家作主和依法治国的有机统一。不仅改革开放以来中国政治所取得的进步是以这一核心机制为基础的，而且未来政治发展也取决于这一机制的充分实现。就这一核心机制的内在逻辑而言，人民当家作主是政治发展的价值目标，决定着发展的性质；依法治国是政治发展的基本途径和方略，决定着发展的形式；而党的领导则构成了政治发展的现实保障，是影响发展最为主动和有效的力量。中共十九大报告指出："坚持党的领导、人民当家作主、依法治国有机统一。党的领导是人民当家作主和依法治国的根本保证，人民当家作主是社会主义民主政治的本质特征，依法治国是党领导人民治理国家的基本方式，三者统一于我国社会主义民主政治伟大实践。在我国政治生活中，党是居于领导地位的，加强党的集中统一领导，支持人大、政府、政协和法院、检察院依法依章程履行职能、开展工作、发挥作用，这两个方面是统一的。要改进党的领导方式和执政方式，保证党领导人民有效治理国家；扩大人

---

① 本书编写组：《十八大报告辅导读本》，人民出版社2012年版，第25页。

第一章 理论逻辑：什么是中国特色社会主义政治发展道路

民有序政治参与，保证人民依法实行民主选举、民主协商、民主决策、民主管理、民主监督；维护国家法制统一、尊严、权威，加强人权法治保障，保证人民依法享有广泛权利和自由。"①

理论上，党的领导、人民当家作主、依法治国之间的关系在现实性上就是党权、民权、政权、法权之间的相互关系。所谓党的领导、人民当家作主、依法治国的有机统一也就是以上四权如何实现有机统一的问题。其中，中共依法执政是实现上述有机统一的重要机制。一是依法执政是实现党权与民权有机统一的重要途径。在社会主义政治文明的视野中，共产党的一切权力都来源于人民，反过来，都应该服务于人民。那么，这种我们强调了许多年的政治理念，如何才能体现在现实的政治状态上？应该说只有执政党依法执政才能营造出此一政治状态。我们说共产党执政就是领导和支持人民当家作主，而法律和法治是人民利益和意志的规范化、确定化和一般要求；因此，只有依法执政才是在根本上以人民的意志执政，才是体现人民当家作主的执政方式。执政党是否能够依法执政，实际上反映了在中国最重要的政治领域规范化和确定化的人民利益是否能够获得保障，从而转换为现实的社会关系和秩序。离开了"依法"，"执政"就可能失去规范性和确定性，就可能偏离人民的利益和权利或变成抽象的东西。在现实性上，依法执政的实践就是要将各级党委的执政行为规范到确定性的人民利益和权利轨道上来。就此而言，"依法执政"本质上还包含着人民主权和执政为民的价值取向，是实现党权与民权有机统一的重要途径。二是依法执政是实现党权与法权有机统一的必由之路。法治的根本特征就是法律至上的秩序状态，社会主义法治国家建设在这一点上也不例外。"任何组织和个人都必须尊重宪法法律权威，都必须在宪法法律的范围内活动，都必须

---

① 本书编写组：《党的十九大报告学习辅导百问》，学习出版社、党建读物出版社2017年版，第29页。

依照宪法法律行使权力或权利、履行职责或义务，都不得有超越宪法法律的特权。"① 由此看来，在政治领域，法治的发展必然要求所有政治行为主体包括执政党在内都必须遵守事先确定的普遍性规则。依法执政所包含的法律至上、宪法和法律的最高权威性等法治的理论逻辑，同时也是实现党权与法权有机统一的历史逻辑。而由于执政党在我国政治体系中处于核心的地位，依法执政的落实将对我国的法治建设，进而对社会主义政治文明建设产生重大的实质性的影响。依法执政要求，在党与法的关系上应该以法的实现为目的来安排各种制度和关系，而不应该以其他的什么为目的。试想，还有什么能够比法律的真正实现更能体现党的领导呢！三是依法执政在构建规范的党权与政权关系上具有重要意义。从形态上看，社会主义政治建设具有显著的制度化、规范化和程序化的特征，而依法执政所包含的深刻的党政关系制度化、规范化和程序化的取向，正是这一特征的现实表现和必然要求。就功能而言，党权与政权在根本上都是服务于民权的，且二者是性质不同的两种权力。从理论上说，它们在服务于民权的基础上所形成的功能互补状态是它们之间关系的最佳状态。而依法执政的基本取向就是要通过制度化、规范化和程序化的法治机制，在保证民权的向度上，实现党的领导与政府社会治理功能的统一和优化。总之，依法执政在实现党的领导、人民当家作主、依法治国有机统一的历史进程中具有非常独特的意义，或者说，它是有效推进三者有机统一的最为现实的机制或切入点。所谓现实机制意即依法执政的推进程度决定党的领导、人民当家作主、依法治国相统一的程度。从人民当家作主和依法治国对党的领导的要求来看，唯有党的领导方式和执政方式取向于依法执政，依法治国才是可能的，法治同样必须在政治领域体现出来；而只有

---

① 中共中央文献研究室：《习近平关于社会主义政治建设论述摘编》，中央文献出版社 2017 年版，第 87 页。

通过法治的形式人民当家作主才能够被量化为具体的权利,也才具有现实性。

(四) 中国特色社会主义政治制度模式

政治制度模式表现出的特点,是政治发展最具实质的方面。如果一国的政治发展不能塑造出具有自身特色的政治制度,它就很难走出政治发展的独特道路。在改革开放以来政治发展的历史进程中,中国政治制度的稳定性、自主性以及制度化的程度不断提高,中国社会已经形塑了自身独具特色的政治制度。这套制度包括:作为根本政治制度的人民代表大会制度,作为基本政治制度的中国共产党领导的多党合作和政治协商制度、民族区域自治制度、基层群众自治制度;以及最广泛的爱国统一战线、社会主义法治原则、民主集中制原则、尊重和保障人权原则等。

性质上看,近代以来发育起来的民主政治基本上都属于代议(间接)民主的范畴,英、美如此,德、法如此,我国亦如此。由于代议民主的需要,便产生出了一系列与其相适应的政治制度;没有代议民主,今天许多政治制度大概都是多余的。现实中,代议民主的制度表现存在有多种不同的形式,究其原因,这恐怕主要是由于代议民主嵌入到各种不同的历史传统、国情之中的结果。就此而言,所谓发达国家的政治就是指代议民主与它所遭遇到的特定历史传统、国情经过长时期的互动已形成稳定的、制度化的状态;而所谓发展中国家的政治则是指代议民主正在与特定的历史传统、国情相互适应,经过不断"试错"形成制度化状态的过程。

对发展中的政治而言,理想的政治制度应该具有一定的"制度包容性"或政治制度的"弹性"。这样的制度能够包容多种制度价值和发展取向,当遭遇到特定历史传统、国情或发展中的重大问题时具有一定的制度弹性。从历史上看,一国的政治制度体系缺乏这样的弹性是非常危险的事情。

那么，怎样看待今天我国民主政治的制度载体呢？这是讨论我国政治发展的理论前提。从制度体系以及这个体系与中国社会的关系上来看，应该说中国社会已经形塑了自身独具特色的具备相当"弹性空间"的政治制度。由于这一"弹性空间"的存在，这些制度已经不能靠传统的比较政治理论进行解释。

第一，我国已经形成独具特色的代议制度。所谓代议，一是指以选区为基础由选民选举产生的代表履行代议功能；二是指以某种遴选机制为基础产生的社会各界精英履行代议功能。在现实政治过程中，人民代表大会和人民政治协商会议代表了这一结合。人民代表大会作为宪法确定的国家权力机关，它的"代议"地位毋庸置疑。重要的是如何看待政治协商会议的"代议"功能。虽然我们长期以来将政治协商会议定义为统一战线组织和专门协商机构，认为它不具国家机构的性质，但从实际的政治过程看，它则发挥着相当强的"代议"作用：各界别精英（委员）组成的政治协商会议对国家和区域公共事务的讨论、提案影响着现实政治的实际状态。在形式上，各国的议会制度可分为一院制和两院制，此两种制度各有其特定的价值。从代议的角度看，中国既非严格的一院制，也不是两院制，而是二者的某些特点兼而有之。

第二，在政党制度上，我们已经形成了非竞争性的合作型的政党制度。这一制度的基本内容和特征是：共产党领导，多党合作；共产党执政，多党参政；平等独立，协商监督；结构多元，目标一致。在比较政治中，传统意义上的政党制度一般有两类：独占政权的一党制度和各政党法律地位平等的竞争性多党制度。显然，中国的政党制度不是独占政权的一党制，各民主党派不仅要参与政权；而且还要议政、要政治协商，参与公共政策。当然，中国的政党制度更不是竞争性的多党制，作为执政党的中国共产党与其他参政党之间的关系是合作的而非竞争的。从比较政党制度上来看，今天中国的政党制度既非严格的一党制，也非多

第一章 理论逻辑：什么是中国特色社会主义政治发展道路

党制，而是二者的某些特点兼而有之独成一个类别的政党制度，即非竞争性的合作型政党制度。合作而非竞争是这一政党制度的基本特点。显然，"竞争制造分裂，而合作产生团结；竞争具有破坏性，而合作是建设性的。竞争导致自我与他人的对立，而合作使自我与他人和谐相处。事实上，甚至为攻击他人而结合起来的团体也有内部合作措施。因此，竞争的需求导致一些合作，但后者从不将人们引入竞争。所以，对于社会及其政治而言，合作行动是最重要的。"[①]

第三，在国家结构形式上，我们已经形成了一种可称为多重性的地方制度。传统意义上的地方制度包括权力流向由上而下结合紧密的单一制和权力流向由下到上结合相对松散的联邦制。而经过数十年的发展，中国已经形成了一套具有自身特色的地方制度：典型的单一制地方制度、民族区域自治制度、特别行政区制度等多重性的地方制度。

第四，在行政制度上，我们已经形成首长负责制与委员会制相结合的行政制度。理论上，行政责任制一般包括首长负责制和委员会制。为了保证行政效率和科学决策，中国正在形成将二者结合起来的制度。表现为行政首长要向人民代表大会（以下简称"人大"）负责且享有一定的行政决断权，同时重大问题要由会议（行政会议、同级党委会或党政联席会议）做决定。这种结合的政治背景是现行的党政关系制度，各级行政首长一般同时兼任同级党委的副书记，行政管理的重大事项须由党委做出决定。前置决策是党的领导一般实现形式。

第五，在司法制度上，我们形成了与西方司法独立相区别的独立司法制度。审判权的独立是司法中立性和自主性的必然要求，西方国家将这一要求扩展到了基本政治制度领域，司法独立

[①] [美]莱斯利·里普森著，刘晓等译：《政治学的重大问题——政治学导论》，华夏出版社2001年版，第32页。

构成了它们的宪法原则。司法独立是崇尚分权的现代西方政治制度的基本特点，而分权不是中国政治体系的特征，所以中国不存在类似西方的司法独立制度。但为了保障司法公正，我国现行《宪法》和《人民法院组织法》《人民检察院组织法》都规定了人民法院、人民检察院独立行使审判权、检察权，不受任何团体、个人的干涉。独立司法制度就是在这些规定的基础上形成的。它是指除了接受执政党的政治领导和人大的职权监督之外，法官（检察官）、法院（检察院）的职权均处于独立状态。改革开放以来我国建立和完善了一套独立司法制度，包括法官专业化、职业化、正规化，法官独立审判，人大的职权监督等制度。

总的来看，可以说我国正在形成一个在类型学上具有"中间"特色的具备明显"弹性"的制度模式。它符合中国传统文化推崇的"中庸之道"，也符合发展中政治对制度弹性的一般要求。①

---

① 参阅程竹汝：《当代中国政治制度的"弹性空间"》，载于《学习时报》2011年2月14日。

第二章

历史逻辑：为什么选择中国特色社会主义政治发展道路

改革开放以来，中国政治在实践中已经取得了一系列的进步。那么，这个进步及发展态势是如何发生的？政治演进的现实基础、价值目标、动力来源、途径、方式及其相互之间的关系是怎样的？就此而言，中国政治发展在历史过程中所展现的逻辑包括：（1）发展基础的历史独特性。任何形态的政治发展都是在特定的历史条件下形成的。中国政治传统、超大社会现实和特有的现代化境遇在很大程度上塑造了中国政治发展的独特性。不同历史起点及社会条件，将极大地影响中国政治发展过程所遇到的问题和政治体制的具体形态。（2）发展目标的有机复合性。民主、法治无疑是中国政治发展的价值目标，但民主、法治的实现过程必须与中国政治承担的现实任务即社会稳定、经济发展保持平衡。稳定、民主、法治、公正、和谐诸目标的复合构成中国政治发展的现实需求和一大特点。（3）中心增量、边缘突破、多元建构的发展路径。中心增量指根本政治制度即人民代表大会制度及共产党领导的多党合作和政治协商这一基本政治制度的不断完善，党内民主的深化、权力监督架构的初步形成、社会主义法治的基本确立等；边缘突破表现为基层民主自治制度的兴起以及基层政权一系列体制创新所形成的发展态势；而多元建构则是指选举民主、协商民主、参与民主、党内民主、基层民主等多种政治形式的有序发展。（4）由治理方式到政治结构的渐进性发展方式。改革开放以来，政治理念及国家治理方式的进步非常明显，而理念与治理方式的进步必然对政治结构形成压力和影响。由治理方式的变革到政治结构的改革方式形成了中国政治发展的又一特点。同时这一特点也是中国政治改革的有序性、渐进性和适应性的主要表现。（5）市场驱动与机制创新相结合的动力机制。中国政治发展历经了政策驱动、体制驱动，逐步走向市场驱动的过程。市场经济是变革利益关系、均衡政治权力、锤炼政治人格、形塑政治结构的动力源泉；同时，政治制度领域的一系列具体运行机制的改革和创新也被实践证明是中国政治发展的重要动力。

一、超大社会与深厚文化：政治演进的历史基础

中国特色社会主义政治发展道路，其蕴含着的基本思想是中国政治发展必须走自己的路。这条路根基于中国独特的历史及大国国情。五千年的历史所形成的文化传统、十三亿多人口及多民族构成的超大社会、现时代的世界格局等多种因素，决定了中国没有条件走西方的政治发展道路。中国政治发展必须走自己的道路，这就是结论！犹如马克思所说："人们自己创造自己的历史，但是他们并不是随心所欲地创造，并不是在他们自己选定的条件下创造，而是在直接碰到的、既定的、从过去继承下来的条件下创造。"[1] 不同历史起点及社会条件，将极大地影响中国政治发

---

[1]《马克思恩格斯选集》（第1卷），人民出版社1995年版，第585页。

第二章　历史逻辑：为什么选择中国特色社会主义政治发展道路

展过程所遇到的问题和政治体制的具体形态,① 同时也在很大程度上决定了中国政治发展的逻辑起点、发展目标、变迁路径、推动力量和革新方式的独特性。

任何形式的政治发展都是在既定的历史条件下进行的。就客观原因而言，历史上各种不同的政治发展道路乃至政治体制形态的差异在根本上都可以追溯至它们不同的历史条件之中。我们强调政治发展的历史性，其核心意思就是要强调特定的社会历史条件对人们政治选择的"限制"，强调社会历史环境与人们政治选择之间"挑战和应战"的互动。显然，政治发展的不同历史起点，将极大地影响发展过程所遇到的问题和政治文明的具体形态。习近平指出："设计和发展国家政治制度，必须注重历史和现实、理论和实践、形式和内容的有机统一。要坚持从国情出发、从实际出发，既要把握长期形成的论述传承，又要把握走过的法治道路、积累的政治经验、形成的政治原则，还要把握现实要求、着眼解决现实问题，不能割断历史，不能想象突然就搬来一座政治制度上的'飞来峰'。"②

就历时性的角度看，改革开放以来中国政治发展的直接历史前提是社会主义革命所塑造的政治形态，但这个前提大体只是表面上的；在更为根本的意义上，影响中国政治发展的社会历史条件包括：超大社会形态、数千年沉淀成的传统政治文化及近代以来的现代化境遇。

（一）超大社会形态的影响

有人说："世界历史上几乎所有大国所面临的问题，都不是

---

① 程竹汝等：《政治文明：历史维度与发展逻辑》，上海人民出版社2004年版，第195页。
② 中共中央文献研究室：《习近平关于社会主义政治建设论述摘编》，中央文献出版社2017年版，第10~11页。

简单地把小国的游戏规则放大了就行的"。① 按照这个逻辑，我们完全可以说，中国政治发展所面临的问题，也绝不是把其他国家包括西方大国的游戏规则应用于中国就行了，因为中国的超大社会是独一无二的。

中国政治发展赖以进行的历史前提所包括的内容极其广阔，大体说来，它包括了自然的方面和社会的方面。自然的方面主要涉及人口与自然资源的关系。概括起来说，我国自然资源的总体情况是：人均资源占有率低，尤其是土地和水资源已经接近资源承载的极限，其他矿物资源也仅有世界人均占有量的一半；资源分布不平衡，一些主要资源集中分布在偏僻和经济文化较落后的地区；支撑社会经济发展的自然资源日趋紧张，人口与资源的紧张关系呈正比例发展。自然资源的这种状况对社会发展的影响很大，有学者坦言："以中国社会规模之大，如果采取经典的发展方式，即以大量消耗不可更新的资源为基础，以实现国家的富裕和繁荣，那将是不可能的。"② 如果说政治的既定功能之一就是对包括自然资源在内的各种价值进行分配的话，那么，我国自然资源与人口的这样一种现状将对政治发展产生重大影响。由于这种紧张关系对分配的特殊要求和压力，它不仅影响政治发展的逻辑，甚至影响政治体制的现实形态。总体看来，自然条件是实现发展的物质基础，它对发展进程中的社会、经济、政治均构成了结构性的强制。比如上述人口问题，说到底是人口和资源的关系问题，它要求社会必然营造一个有能力控制人口的政治体系及政策，而现实也正是如此，中国政府比世界上任何国家的政府都成功地控制了它的人口。自然条件对政治的结构性强制多为我们以往的理论所忽视，批评它为"地理环境决定论"。重要的是我们必

---

① 高全喜：《我的轭——在政治与法律之间》，中国法制出版社 2007 年版，第 270 页。

② 方雷：《现代化战略与模式选择》，山东人民出版社 1996 年版，第 41~42 页。

第二章　历史逻辑：为什么选择中国特色社会主义政治发展道路

须看到自然条件同政治的现实关系，至于这种关系的意义是决定性的还是非决定性的则是一个可以讨论的问题。正如法国政治学家迪韦尔热所言，"地理既是历史的儿女，又是历史的母亲"。这句话的含义是，社会的发展既依赖生态环境，又影响生态环境。①即历史是从地理给它提供的各种"可能"中逐步做出选择的。

影响中国政治发展的社会方面进入我们视野的情景更是异常的广阔和复杂。其一，人口数量世界第一，绝对数量大，增长速度快，平均文化水平低，文盲半文盲人口以亿计。这种人口状况虽有劳动力资源丰富之优点，但总的来看，它对中国社会的负面影响是显而易见的。这种人口状况对中国政治发展的影响也将是长期的。就此而言，人口的数量和质量的实际状况在很大程度上决定着我国现有的政治结构，从而也就在根本上制约着我国政治发展的现实进程。其二，多民族的构成，民族分布状况的大杂居、小聚居局面，各民族经济文化发展的不平衡。社会的多民族构成及其特点要求其政治体系必须具备高度整合的结构和功能，以维护国家的统一和民族的团结。其三，经济发展速度快且不平衡。经济社会二元结构突出，表现为经济较发达的东南部地区与经济相对落后的中西部地区同时并存；一部分现代工业同大量落后于现代水平的工业同时并存；现代化的城市与大量落后的农村同时并存；少量的具有世界先进水平的科学技术同普遍的科技水平不高同时并存；建设高度的社会主义民主和法治的经济文化条件还很不充分，各种落后、腐朽的思想及行为在社会上依然有着广泛的影响。经济发展水平及由其决定的经济社会不平衡的二元结构，使中国这样一个大国的政治发展过程具有非一般的特殊性。

总而言之，现实的超大规模社会就是我们政治发展的前提，

---

① ［法］莫里斯·迪韦尔热著，杨祖功、王大东译：《政治社会学》，华夏出版社1987年版，第45页。

这个超大规模社会是多维的,它在发展中衍生出的问题也是多方面的,是其他社会不可能出现甚至是独一无二的。因此,它对中国社会政治结构的需求必然具有特殊性,这是我们理解现实政治结构及其历史趋势,进而理解中国政治发展的关键所在。

(二)传统政治文化的影响

中国传统文化的主体是一种发育于"农业—宗法"社会的,以儒家思想为核心,兼容法、道、佛等众家思想的伦理型文化。传统文化的政治特征,主要表现为以君权至上为核心的王权主义,以及作为其基础的政治伦理化倾向。按照当今中国政治发展的一般要求,此两方面的特征均表现出精华与糟粕共存的情况:王权主义是专制政治与开放官僚制的结合;政治伦理化则是德治与宗法政治的结合。

1. 王权主义和政治伦理化。

王权主义的核心是权力集中而不受限制,即王的权力凌驾于一切法律、伦理、组织和制度之上。其形式表现为统治者常常根据自己的好恶,随心所欲地做出各种决策,最高统治者的言语即圣旨,便是法律,即言出法随。而王权主义在中国古代社会大多数时期的推行则是通过独具特色的官僚制实现的。概括说来,中国传统官僚制具有以下三个特征:一是政治分化程度相对较高。中国古代的官僚制是建立在皇权与相权相区分基础上的。从相关条件来说,这种权力的划分是官僚制得以建立的政治根基。因为只有这样一种权力格局的存在,以宰相为代表的官僚体系才有可能发育起来。比如汉代以宰相及十三曹组成的中央行政机关;隋朝的三省六部二十四司的中央行政机关等。所以钱穆先生说,皇权与相权之划分,是中国政治史上的大题目。中国传统官僚制,是人类历史上将官职建立在个人基础上的较早类型。它建立在政治权力与经济权力相分离的制度基础之上。与同一时期欧洲的政治与经济权力紧密结合的封建制相比,它具有较高的政治分化程

第二章　历史逻辑：为什么选择中国特色社会主义政治发展道路

度和进步性。二是政权开放性。在中国古代官僚制的相关制度中，作为官僚制基础的科举制是最重要的一项制度。对中国传统政治文明来说，这一制度是非常值得强调的。现代社会的文官制度在形式上与中国古代的科举制表现得极为相似，因此说前者是在后者的影响下发展起来的，这样的说法大体也不会错。钱穆先生曾就此评论说："中国历史上考试与选举两项制度，其用意是在政府和社会间打通一条路，好让社会在某种条件某种方式下来掌握政治，预闻政治和运用政治，这才是中国政治制度最根本问题之所在。"① 应该说，通过政治资源面向社会的公开分配，中国传统政治获得了一种能力，这种能力使它在长达千余年的时间里得以延续。因此，科举制的深刻意义就是利用公开竞争的机制分配政治资源和开放政权。三是较高的制度化水平。中国传统官僚制是建立在一整套相对完备的管理制度基础上的，这套制度既包括官吏的任用、考绩奖惩、品秩俸禄，也包括了官员的休假和退休制度等。尽管历朝历代相关的制度会表现出某些特点，但各种管理制度的延续则是中国历史的一个主流。这种现象在人类政治史上表现得极为罕见。历史上，这套官吏制度长时间地维系着庞大官僚体系的动力及运行。

中国社会政治伦理化的传统，一方面表现为宗法等级制，另一方面即国家治理的德治方式。宗法等级制的典型特征是宗族组织和国家组织合而为一，宗法等级和政治等级大体一致。历史上，这种制度确立于夏朝，发展于商朝，完备于西周，影响于后来的各封建王朝。在宗法等级制中，家庭、族群和国家有机地结合在一起，其最大的特点就是有序的等级划分。这种有序的等级是"按社会政治地位的高低划分并被法律确认的不同社会集团。在古代中国，等级的划分早期主要依血缘，后来与官僚制度相结合，加入道德、才能等因素。不管等级划分的标准如何变化，以

---

① 钱穆：《中国历代政治得失》，生活·读书·新知三联书店2001年版，第8页。

法律和其他强制措施否认平等、强化身份和地位差别、保护等级特权是等级制度的共同特征。"① 维系宗法等级政治制度的一个最重要依据的就是"礼",这种"礼"在政治结构当中体现为"君为臣纲、父为子纲、夫为妻纲"。"君君、臣臣、父父、子子"规范着中国传统社会的政治秩序。无论是宗法制度还是王权主义,作用于社会的正统方式即德治的方式。或者说,它们与德治方式是同构的。以德治国的理念,是古代中国政治表现为王权主义和宗法制度的深层原因,从历史上看,德治主要是一个中国特定语境的问题,或者说,德治是中国传统政治的一个基本特征。早在周朝时期,周公就提出"以德配天"的政治伦理观。周公关于"德"的说教,以及对修德、重德的极力阐扬,成为后来儒家主张德治的脚本。在思想渊源上,德治观念主要来源于由孔子创立,后为孟子进一步发展完善的儒家学说。关于治理国家的问题,儒家主张以德为主、德刑相辅的治国方略。一是注重道德教化,不可单独依靠政令、法律来维持统治;二是注重用"宽厚""惠民"的方法来控制民众;三是为政需先正己,孔子尤其强调这一点在实现德治中的作用。他说:"政者,正也。子率以正,孰敢不正。"而统治者之所以必须率先为正,是因为"惠则足以使人""修己以安百姓"。孔子所提出的这一套"为政以德"的主张,经过孟子的发展,被归结为"以德行仁"的"王道主义";以与法家学派所主张的"霸道主义"相区别。奠基于儒家学说基础之上的德治观念,伴随着中国数千年的政治实践,获得了自身最为充分的发展和最为完善的现实形态。这种发展和现实形态正是与宗法制、官僚制紧密结合在一起的。总体来看,在中国传统社会,儒家所主张的为政以德、以德行仁的王道主义几乎一直是一种正统的、处于主流地位的治国观念和实践中

---

① 程同顺、杨文彬:《传统等级观念与当代中国政治发展》,载于《云南行政学院学报》2002 年第 3 期。

第二章　历史逻辑：为什么选择中国特色社会主义政治发展道路

的治国方式。

在中国古代，将德治付诸实施的政治就是所谓的"王道政治"。通览中国古代政治史，虽然很少有哪朝哪代完全达到了德治的政治理想境界，但是不可否认，德治在中国古代社会产生了广泛而持久的影响，它不论是对社会的政治运行、社会评价与社会监控，抑或是对政治人物的政治行为都发挥了巨大的价值导向作用。作为一种政治价值目标，它成为中国古代政治的一个原点。正因为有此目标的领引与激励，才有全社会注重道德教化的传统，才有人们普遍对暴政的谴责，对仁政的偏爱，对霸道的鄙夷，对王道的推崇。

2. 传统政治文化的影响。

"中华文明绵延数千年，有其独特的价值体系。中华优秀传统文化已经成为中华民族的基因，根植在中国人内心，潜移默化影响着中国人的思想方式和行为方式。"[1] 数千年形成的传统政治文化，对今天中国政治发展的影响是显而易见的。王权主义在造就社会秩序、国家认同和凝聚力的同时也形成了世界上独一无二的集权制、官僚制和对政治权力的崇拜现象，政治权力在社会中具有最高的价值尺度，这种价值尺度在今天的表现和影响就是社会现实中普遍存在的"官本位"现象。这种现象的另一面就是学理上定义的权威文化。在长期的社会实践中，权威崇拜已深深地烙在人们的心灵深处。它们失去了独立的人格特征，逐渐养成了依附型的行为文化。权威崇拜的特性对中国的政治形态产生极大的影响。它造成了传统中国的权威主义人格，形成了特殊的权力崇拜心理和人身依附意识。[2] 这种权威人格对当今中国公民的权利意识及权利能力都有很直接的影响。

---

[1] 中共中央文献研究室：《习近平关于社会主义文化建设论述摘编》，中央文献出版社2017年版，第115页。

[2] 颜世顾等：《简论中国传统政治文化对民主政治建设的影响》，载于《湖北社会科学》2007年第4期。

政治伦理化强调政治的人伦秩序和具有一定德治色彩的人治。"仁政"的前提是统治者看到了人民的作用，民本思想构成了德治的一个基本成分。这一思想是"中国古代历史上将民众视为治国安邦根本的政治学说，是一种关注、重视人民利益的政治学说。它重视、承认民众在社会政治、经济、道德等生活中的重要地位和作用，反映了广大人民的愿望和要求，具有深刻的人民性和先进性"①。人们耳熟能详的"民惟邦本，本固邦宁"就是民本思想的高度概括。德治及民本思想对今天中国的政治发展仍然具有一定的积极意义。政治伦理化强调执政者的道德自觉，所谓"内圣外王""修身、齐家、治国、平天下"。道德成为中国政治的一个重要尺度，总体上仍然是积极的。同时，在王权主义与政治伦理化相结合的基础上，作为自汉代"罢黜百家、独尊儒术"长期文化政策的结果，中国传统文化中形成了强烈的"大一统"特征。这种特征"在中国历史上的任何时候都未曾分裂和瓦解过。即使在内忧外患的危急存亡关头，在政治纷乱、国家分裂的情况下，它仍能够保持完整和统一，这一特征是世界任何民族的文化中都难以找到的"②。"大一统"的政治理念使中国人对自己的民族文化从而对在此基础上形成的民族国家产生强烈的认同感。有学者评论说："这种强调'统一''核心'的民族政治心理在很大程度上影响了甚至可以说塑造了当今中国政治的基本形式"③。久负盛名的历史学家汤因比曾评论说："就中国人来说，几千年来，比世界任何民族都成功地把几亿民众从政治、文化上团结起来，他们显示出这种在政治、文化上统一的本领，具有无与伦比的成功经验。这样的统一正是今天世界的绝对

---

① 韩喜凯：《民本·概论篇》，齐鲁出版社2000年版，第2页。
② 李中华：《中国文化概论》，华文出版社1994年版，第146~147页。
③ 王邦佐等：《中国政党制度的社会生态分析》，上海人民出版社2000年版，第266页。

第二章 历史逻辑:为什么选择中国特色社会主义政治发展道路

要求"。①

总体上看,中华政治文明泱泱数千年,其历史传承及几度的政治辉煌,绝不是仅仅依靠一种有悖于人性的"专制"方式可以维系的,其中必然包含着某些合理性的即使对现代社会也仍然有意义的成分。"大体说来,如果没有开放的官僚制形成政府与社会稳定的制度联系的话,如果没有德治这样一种人本主义基础上的治理方式在起作用的话,中国传统政治文明就是不可思议的。"② 因此,中国传统政治文化中当然包含了对当今中国政治发展有益、有利的一些资源,也包含着无益、不利的一些因素。特别是在作为历史遗产的"官本位"的政治价值、制度等方面都表现出了与社会主义政治发展相矛盾的倾向。但是,这种矛盾既是我国政治发展的现实历史前提,也是它的必要性和动力的源泉之一。

(三) 现代化特有境遇的影响

在影响中国政治发展的各种因素中,基于内外条件的制约而形成的现代化模式在一定程度上具有根本性的影响。比较现代化理论认为,19 世纪发展起来的国家如英、法、美等国都是以一种自主的方式或多或少地在没有外界因素的影响下成长起来的,它们现代化的时间大大早于其他国家,其现代化的动力在于各国自身的生产力与生产关系、经济基础与上层建筑之间的矛盾运动,故这种现代化模式被称为"早发内生型";对广大的后发国家来说,像"早发内生型"国家那样的"自主性发展"条件已经永远消失了。世界经济、政治发展的不平衡规律已将它们无情地抛入了各种意识形态的竞争和国家利益的冲突之中,抛入了殖

---

① 转引自张维为:《中国震撼:一个"文明型国家"的崛起》,上海人民出版社 2011 年版,第 247 页。
② 程竹汝等:《政治文明:历史维度与发展逻辑》,上海人民出版社 2004 年版,第 91 页。

民化时期的屈辱之中。后发国家的现代化毫无例外地都是在外部世界的"示范效应"影响下甚或在其直接的压力下发生的,这种现代化的模式被称为"后发外生型"。中国的现代化显然属于这一种类型。但问题还远不止如此,在现代化的"后发外生型"国家中,中国的特殊性又是显而易见的,于是,便形成了中国现代化历史的独特境遇。费正清曾评论说:"在充满'不平等条约'的整整一世纪中,中国这一古代社会和当时居于统治地位的国家,与不断扩张的西欧和美国社会接触日益频繁。在工业革命的推动下,这种接触对古老的中国社会产生了灾难深重的影响。在社会活动的各个领域,一系列复杂的历史进程——包括政治的、经济的、社会的、意识形态的和文化的进程——对古老的秩序进行挑战,展开进攻,削弱它的基础,乃至把它制服。中国国内的这些进程是由一个更加强大的外来社会的入侵所推动的。"①

概括起来说,中国独特的现代化境遇有以下两个方面:首先是"天朝大国"遭遇长期屈辱的强烈反差。一方面是拥有几千年文明史的"天朝大国";另一方面则是自1840年"鸦片战争"开启的近百年的民族屈辱史。面对这种强烈反差,中国社会尝试了各种激进的、渐进的反应方式,出现了渐进改良与激进革命相互交替的历史画面。"中国尝试过几乎每一种模式,至今仍在进一步尝试之中。就变革的速度、规模、方式和性质来说,我们可以将中国所尝试过或正在尝试的模式划分为晚清时代的渐进模式、孙中山时代的激进模式、毛泽东时代的新激进模式和邓小平时代的新渐进模式。"② 这种历史与现实的冲突、这种以改良、革命、战争等形式表现出的独特历史境遇,最终凝结成了中国社会"救亡图存,国强民富"的历史情结。有学者总结说:"自晚

---

① 转引自[美]柯文:《在中国发现历史——中国中心观在美国的兴起》,中华书局1989年版,第1~2页。
② 储建国:《中国政治现代化的模式演变》,载于《江汉论坛》1999年第7期。

第二章　历史逻辑：为什么选择中国特色社会主义政治发展道路

清帝制衰落以后，'强国'一直是全体中国人民的普遍要求。1840年后西方的侵略和挑战，使中国人预感到国家分裂和殖民化的可怕前景。晚清的洋务运动、1898年的百日维新以及1919年的五四新文化运动和科学民主运动都是对这一民族危机的回应。"①

其次是跨越资本主义"卡夫丁峡谷"对政治的影响。就现代化的规律来看，现代化的逻辑起点无疑是资本主义制度确立，比如，17世纪中叶的英国革命，确立了英国资本主义的经济制度和君主立宪的政治制度，从而开启了英国现代化进程。历史上，现代化的一般规律是：政治上要进行资产阶级民主革命，或者同时进行资产阶级民族革命，以建立资产阶级的民主共和制度；经济上确立以私有制为基础的资本主义经济关系。就中国而言，中国社会没有来得及经历资本主义的发展阶段，就被沦落为"半殖民地半封建社会"。毛泽东在总结这段历史时说道："一切别的东西都试过了，都失败了。""西方资产阶级的文明，资产阶级的民主主义，资产阶级共和国的方案，在中国人民的心目中，一齐破了产。"② 在政治上，缺少资本主义发展阶段，也就是缺少了荡涤封建主义政治的历史过程，这一点对当今中国政治发展的影响是极其重要的。

中国现代化独特境遇的以上两个方面，对政治发展的影响将是根本性的，这种根本性影响的集中表现就是当代中国政治发展和政治体制的政党特色。对其他国家来说，政党是与现代化变迁相适应的社会结构和政治结构分化的必然结果，也就是说，政党政治是随着选举制和公民权利的发展而形成的，今天的西方发达国家大抵如此。在中国，政党并不是现代化进程中已经发展了的社会结构和政治结构分化的结果（虽然与其相关），而是在外来

---

① 王正绪：《国家建设、现代政府和民主之路：六十年来中国的政治发展》，载于《马克思主义与现实》2010年第1期。
② 《毛泽东选集》（合订本），人民出版社1991年版，第1471页。

的影响和压力下，政治体系为了维护其生存和发展，对强大组织力的现实需要。其在功能上体现的则是政治资源整合优先的状态，即政党政治是国家危机和近代政治秩序发展的共同结果。就目前中国政治发展与政党政治的关联情况来看，中国共产党一直处于政治体系的核心地位，它对政治发展的影响当然是非常关键的。政党与政府构成了高度的整合状态，社会有序和发展所需的重要和宏观的政治功能主要是由政党来提供的，这是中国政治体系与西方发达国家的政治体系履行功能相区别的一个主要特征。在西方发达国家，社会所需的各种政治功能是由政治体系诸结构共同提供的；而在中国则主要是由中国共产党来提供的。因此，政党与社会的功能性联系对中国具有特别重要的意义。政党政治功能的履行情况决定着中国的社会整合、国家统一、政治稳定、经济发展、社会革新的状态。①

历史前提的特殊性决定了中国政治发展的复杂性。这种复杂性首先表现为政治发展是与中国社会的多维转型相伴随的一个过程。中国社会的多维转型一般指的是社会从自给、半自给的产品经济社会向市场经济社会的转型；从农业社会向工业社会转型；从乡村社会向城镇社会转型；从封闭、半封闭社会向开放社会转型；从同质的单一性社会向异质的多样性社会转型；从伦理社会向法理社会转型。其次表现为政治发展的艰难性和渐进性。如上所述，中国政治发展的社会基础和环境是一个立体的多维结构，作为其核心的传统文化在经历了数千年的社会化过程后已变得根深蒂固，极难变迁。比如经济生活中的平均主义、好大喜功、中庸之道等传统社会心理和习惯；政治生活中的政治权力拜物教、官僚主义、官官相护，以及按情、理、法的顺序表现的政治行为准则在经历了百年变迁的压力后依然普遍存在。最后表现为政治

---

① 参阅程竹汝、任军锋：《当代中国政党政治的功能性价值》，载于《政治学研究》2000年第4期。

第二章 历史逻辑：为什么选择中国特色社会主义政治发展道路

发展所面对的矛盾之复杂性。国家、集体、个人之间，各地区之间，各民族之间，各行业之间的矛盾呈错综复杂的局面，特别是上述各主体、地区、行业又为经济社会的二元结构所分割，从而更加剧了矛盾的复杂程度。

二、中国政治发展价值目标与社会目标的平衡

对一国的政治发展而言，价值取向是一个涉及发展方向选择和把握发展原则的重大问题，它解决的是"政治发展要发展什么、为什么发展和怎样发展的重大问题。"① 从人类政治史所呈现的规律来看，政治发展的方向很难称得上是人们主观选择的结果，准确地说，它是被历史所限定的。虽然每一时代和不同国家的人们有他们各自遇到的独特政治问题，但呈现在人类历史中的犹如马克思所归结的人的全面发展和普遍解放的发展趋向则是一贯的和共同的。因此，所谓政治发展的价值取向，一定是建立在上述人类历史发展趋向的主观判断基础上的。对今天的中国而言，政治发展的价值目标定位于社会主义民主政治的制度化和法治化是显而易见的。推进社会主义民主政治制度化、规范化、程序化是我国政治建设牢牢把握的目标和战略。因为民主和法治不仅是近几个世纪以来人类政治史呈现的大势所趋，而且它也是体现人的全面发展和普遍解放历史观的重要概念和环节。

然而，在现实性上，民主和法治价值理念遇到中国特定的历史传统、大国国情和发展环境时，政治发展价值目标的选择就是特别需要拿捏和讲究的。确定抽象的发展目标有时候是容易的，

---

① 王科：《当代中国政治发展的价值取向和价值体系》，四川人民出版社2009年版，"前言"第2页。

但寻求现实有效的通向目标的途径则常常是非常不容易的。中国特色社会主义政治发展道路，是经过长时期的实践探索总结而成的一个重大理论命题，它当然包含着关于中国政治发展价值目标的选择。总体来看，这个重大命题所确定的中国政治发展价值目标可分为两个层次。第一个层次即政治发展本身的价值取向：社会主义民主和法治；第二个层次即政治发展的社会价值取向：社会稳定、社会公正和社会和谐。政治发展不能只关注自身的价值目标，必须取得自身的价值目标与社会目标的相互间平衡，是改革开放以来中国政治发展的一个重要经验，也是中国政治发展独特性的一个具体体现。

作为价值目标，民主和法治引导着当代中国政治发展的大方向。但当这个价值目标嵌入中国现实社会，遭遇到中国超大社会、深厚历史文化传统、不平衡的社会经济结构时，就必须把握政治发展的具体社会条件，寻求价值与现实之间、政治发展的价值目标与社会目标之间的平衡。用流行的话语来说就是必须处理好改革、发展、稳定的关系。把握好此三者之间关系的"度"，是中国迄今获得成功的一个秘诀。当然也是中国政治发展的一个有赖于理论给予总结的特色。寻求价值目标与社会目标的平衡是中国政治发展的一个基本特性。从改革开放以来中国政治发展的经验来看，影响价值与现实之间平衡的关键因素，或者说实现民主和法治价值与现实社会平衡的关键因素有两个：即社会稳定和社会公正。此二者在理论上可被看作是当代中国政治发展的社会目标。历史经验表明，一国的政治发展决不能仅关注自身的价值目标，不顾既定的社会、历史、经济条件，还必须同时关注由这些既定条件所限定的社会目标，取得价值目标与社会目标之间的平衡。亨廷顿在理论上描述的政治衰朽大体上就是那种过分偏好政治价值的结果，即在一些国家出现了："种族和阶级冲突不断加剧；骚动和暴力层出不穷；军事政变接二连三……立法机构和

第二章　历史逻辑：为什么选择中国特色社会主义政治发展道路

法庭失去权威；各种政党四分五裂，有些甚至彻底解体。"① 观察改革开放以来中国政治发展的历史逻辑，寻求价值目标与社会目标的平衡应是其中一个显著特征。

（一）民主：历史已充分显现的政治发展方向

从历史上看，政治民主化是近代以来世界政治发展的大势所趋。有学者总结说，自19世纪以来人类历史已经经历了民主化浪潮的多次洗礼。以研究民主化见长的政治学家亨廷顿在理论上总结了世界民主化浪潮的"第三波"。他描述说，至20世纪20年代，在经历了第一次民主化的长波之后，世界上形成了约30个民主国家。但到了20世纪30年代，由于法西斯主义和国家社会主义的兴起，民主国家锐减至12个左右。民主化浪潮的第二波发生在第二次世界大战之后，战后的民主国家迅速恢复到30个以上。开始于20世纪60年代的民主化浪潮第三波，在经历了三十年左右的发展后，结果是当今世界上的大多数国家都成为了民主国家。② 尽管亨廷顿的分析带有明显的西方民主模式的偏好，但他所揭示的人类历史进程的民主方向则是无疑的。

作为当代中国政治发展的价值目标，民主不仅符合世界政治发展的大趋势，而且也是百年以来中国传统社会现代转型、民族复兴的历史进程中凝练成的发展方向。在中华人民共和国社会主义的话语体系中，民主在其中的重要地位几乎是一贯的。实现人民民主历来就是中国共产党革命和建设的一面旗帜。早在1945年7月，民主人士黄炎培在延安请教毛泽东，中国共产党建立的新政权是否能够跳出旧政权"其兴也勃焉""其亡也忽焉"的历史周期律。毛泽东回答说，"我们已经找到新路，我们能跳出这

---

① ［美］塞缪尔·P. 亨廷顿著，王冠华等译：《变化社会中的政治秩序》，生活·读书·新知三联书店1989年版，第3页。
② 参阅［美］塞缪尔·P. 亨廷顿著，刘军宁译：《第三波——20世纪后期民主化浪潮》，上海三联书店1998年版，第2页。

周期律。这条新路，就是民主。只有让人民来监督政府，政府才不敢松懈；只有人人起来负责，才不会人亡政息。"① 可见，在毛泽东的思想深处，民主与新政权、与社会主义事业的存亡是紧密地联系在一起的。长期以来，我们在意识形态斗争的意义上，把社会主义民主解释成为人类历史上最高形式的民主，认为它代表着"自由人联合体"的发展方向，所以是其他形式的民主无法比拟的值得我们不断追求的民主。中华人民共和国国体的理论解释是人民民主专政，它的制度形式即人民代表大会制及中国共产党领导的多党合作和政治协商等制度是具有中国特色的民主形式。改革开放以来，"没有民主就没有社会主义，就没有社会主义的现代化。"② 邓小平的这一句定义社会主义根本属性的话，多次出现在执政党和政府的重要文献之中。观察改革开放以来执政党历次代表大会政治话语的变化，其显而易见的一个趋势就是有关民主和法治的内涵被解释得越来越丰富。比如中共十六大提出："要着重加强制度建设，实现社会主义民主政治的制度化、规范化和程序化。"③ 不久又提出了"要依法保障公民的知情权、参与权、表达权、监督权"。党的十七大提出了"人民民主是社会主义的生命"。"社会主义愈发展，民主也愈发展。在发展中国特色社会主义的历史进程中，中国共产党人和中国人民一定能够不断发展具有强大生命力的社会主义民主政治。"④ 党的十八大要求，进一步发展更加广泛、更加充分、更加健全的人民民主。总之，对今天的中国社会而言，人们关于民主重要性的认识已经达到了相当的高度。"人民民主是社会主义的生命"其实就

---

① 黄炎培：《八十年来》，文史资料出版社1982年版，第172页。
② 《邓小平文选》（第二卷），人民出版社1994年版，第168页。
③ 江泽民：《全面建设小康社会　开创中国特色社会主义事业新局面——在中国共产党第十六次全国代表大会上的报告》，人民出版社2002年版，第31~32页。
④ 胡锦涛：《高举中国特色社会主义伟大旗帜　为夺取全面建设小康社会新胜利而奋斗——在中国共产党第十七次全国代表大会上的报告》，人民出版社2007年版，第33页。

第二章　历史逻辑：为什么选择中国特色社会主义政治发展道路

代表了这一认识的高度。这个命题的深刻意义即社会主义事业的发展是不是可持续的、是不是有生命力的，取决于社会主义民主的实现程度。也就是说，民主是社会主义事业可持续发展的一般条件。对民主重要性的认识是必要的，因为它常常是取得社会共识的一个前提。当我们将民主重要性的认识提升至"社会主义的生命"这一高度时，接下来的追问当然是如何才能实现民主的最有效的现实发展。

民主作为当代中国政治发展的价值目标，包含在中国特色社会主义政治发展道路的内涵之中。首先，民主是中国共产党作为长期执政党的当然逻辑。考察中国改革开放以来的政治发展，如果要在各种纷繁多样的变迁和现象中抽象出引导发展的核心机制，这个核心机制就是中国共产党的执政党建设。这期间，中国社会政治生活的各种变化都与这一转变相关，甚至都可以归结到这一重大转变之中去。执政所涉的一个根本关系即人民、政党、政权之间的关系。这一关系中，任何执政党在规范意义上都必须是代表人民执掌国家政权的。因此，所谓执政党就必须是取向于民主政治的政党。在同人民、同国家政权的关系上，革命党与执政党存在着一定的不同：革命党通常扎根于被压迫阶级之中，利用意识形态的方式代表特定阶级的利益和要求，是采用社会动员和激进的形式组织反抗既定秩序的力量，与此相适应的是一种典型的阶级斗争的政治；而执政党则必须平衡社会各个阶层民众的利益，反映大多数人的愿望，利用多种政策分配各种利益，满足大部分民众的要求，采用制度化的国家政权组织来维护既定秩序，与此相适应的政治则只能是一种制度化的民主政治。就政治的本质是利益的分配而言，革命党对利益的分配是意识形态的、将来时的、取向于特定阶级的；而执政党对利益的分配则是体制性的和政策性的、现在时的，其取向于平衡不同阶层利益的，与后者相适应的政治形式只能是民主的。

其次，民主是实现党的领导、人民当家作主、依法治国有机统一的当然逻辑。如果说中国特色社会主义政治发展道路的核心机制是党的领导、人民当家作主、依法治国有机统一的话,那么,人民当家作主就是这一发展道路的出发点和归宿(即价值目标)。"发展社会主义民主政治,最根本的是要把坚持党的领导、人民当家作主和依法治国有机统一起来。党的领导是人民当家作主和依法治国的根本保障,人民当家作主是社会主义民主政治的本质要求,依法治国是党领导人民治理国家的基本方略。"① "在中国,发展社会主义民主政治,保证人民当家作主,保证国家政治生活既充满活力又安定有序,关键是要坚持党的领导、人民当家作主、依法治国有机统一。人民代表大会制度是坚持党的领导、人民当家作主、依法治国有机统一的根本制度安排。"② 在价值的定位上,当代中国政治发展的基本价值原则即人民当家作主。这同由法国思想家卢梭所提出的、后来为现代政治文明所普遍接受的人民主权原则,在内涵上是相同的,都是指只有人民才能拥有国家最高的权力。因此,很多人把它们看作是同一个概念。但其实二者的理论基础还是有所区别的:人民当家作主是基于这样一个命题成立的——人民是历史的真正创造者;而人民主权原则则是基于另一个命题成立的——人生而平等,每个人都有主宰自己命运的权利。作为当代中国政治发展的基本价值原则,人民当家作主有着自身的哲学和历史基础,即它不仅承认人作为主体是先于政治而存在的,是政治应该服务的对象而不是恰恰相反,而且强调人民是历史的真正创造者。

(二)法治:政治发展的基本方略

与民主不同,法治似乎长期不具有像民主那样的意识形态的

---

① 江泽民:《全面建设小康社会 开创中国特色社会主义事业新局面——在中国共产党第十六次全国代表大会上的报告》,人民出版社2002年版,第28页。
② 中共中央文献研究室:《习近平关于社会主义文化建设论述摘编》,中央文献出版社2017年版,第41页。

第二章 历史逻辑：为什么选择中国特色社会主义政治发展道路

权威地位。这种情况也反映到新中国的政治话语中。我们长期将法治的价值定位为社会主义民主的体现和保障。通常的说法是民主是法制（法治）的前提和基础，法制是民主的体现和保障。这也就是说，法治之所以能够成为当代中国政治发展的价值取向之一，是因为它有着对民主的特殊意义。这样的逻辑当然是成立的：首先，法治的确可以体现民主。亚里士多德曾认为："法治应包含两重含义，已成立的法律获得普遍的服从，而大家所服从的法律又应该本身是制定得良好的法律。"[①] "普遍的服从"和"制定得良好"似乎只有在民主政治的基础上才能成立。从立法的角度来看，只有在民主政治的基础上制定的法律，才最能体现和代表最广大人民群众的意愿和利益，才能使法律本身"制定得良好"，从而实现"普遍的服从"。从法的实施过程来看，只有民众的积极参与和支持，才能提供法治充分实现的动力。因此，法治其实就是民主的制度化、程序化。其次，法治还可以为民主提供保障。法治保障民主的有序性。无论什么意义上的民主大多都是以社会动员为特征的，法治就是要将民主动员起来的力量纳入秩序之中。从历史上看，离开了法治，民主就可能出现两个极端：一个是民粹主义的"大民主"；另一个是意识形态狂热基础上的独裁，如意大利和德国的法西斯主义。法治保障民主的有效性和可持续性。法治的基本属性是社会行为的制度化、规范化和程序化，这意味着任何个人、组织都必须在宪法和法律所限定的范围内活动，意味着民主的具体要求被转换成了社会主体的普遍行为。同时也意味着民主政治获得了可持续发展的一般条件。我们早已确定的要"实现社会主义民主政治的制度化、规范化和程序化"的政治发展目标就是以上述理论为基础的。

然而，法治作为政治发展的价值目标，绝不仅仅是因为它与

[①] ［古希腊］亚里士多德著，吴寿彭译：《政治学》，商务印书馆1983年版，第199页。

民主有着特别的联系。在更为根本的意义上，是因为它本身具有政治发展的价值。我们关于民主和法治的话语，在本质上概括的都是社会与国家、公民与政府之间的规范关系，毫无疑义在这种关系中，二者都会承认社会对国家、公民对政府在逻辑上居于优先的地位，即权利先于权力。但在此基础上，民主关注的是权力的来源；法治关注的则是对权力的规范。民主强调权力的合法性；法治则强调权力的规范性。概括起来说，法治对政治发展的独特价值有：首先，法治的价值之一是以法律的形式（权利与义务）界定了国家与社会、政府与公民的活动范围。如果说政治发展的进程不可避免地要将社会划分为公域和私域的话，法治的任务之一就是勘定两者之间的界限。这在现实中表现为，任何反映法治精神的宪法都必然包括不可或缺的两个部分：一个是对公民个人权利的规定和保护即"权利法案"；另一个是对政府职权的范围和行使程序的规定。其次，法治的核心价值在于规范政治权力，特别是政府权力。权力的规范性是人类政治史贯穿始终的一个大问题。政治发展的一个重要方面就表现为权力规范化程度的不断提高。历史经验表明，权力的规范性问题唯有通过法治的途径才有望得到解决。最后，法治的基本价值在于维护和保障人权。权利概念的提出就意味着法治的必要，权利如果不能通过法律制度、政治机构上的种种安排转换成为政治权力的一种常规指向，转换成现实社会的一种常态，它就是毫无意义的东西。

法治作为当代中国政治发展的价值取向，在中国这样一个超大社会面前，还具有一番独特的意蕴，即政治发展进程中法治取向的优先性。显然，就大国治理而言，法治的优先性是相对的，特别是相对于民主而言的。改革开放以来，我们对民主和法治及其关系的认识不断深化。最初，有关民主和法治的提法是：发展社会主义民主、健全社会主义法制；民主是法制的基础，法制是民主的保障。中共十五大又提出了依法治国，建设社会主义法治国家，逐步实现社会主义民主的制度化、法律化。后来，有关政

第二章 历史逻辑：为什么选择中国特色社会主义政治发展道路

治文明的论述强调的是党的领导、人民当家作主与依法治国的统一。上述认识和提法的一个显著特点就是始终将民主与法治结合在一起。从中国政治发展的战略上讲，这些认识和提法无疑都是正确的。它符合当今世界政治发展民主化和制度化的大方向。但是，在发展的策略上，法治的优先性应该得到确立。这是因为：首先，社会进步和发展的历史前提是秩序的稳定，法治是最亲和秩序的，因而只有法治才能提供这一历史前提。与其他国家相比，由于影响大国社会稳定的因素更加复杂和多样，这一历史前提对像中国这样的大国来说也就更加迫切和重要。这一逻辑也是近代以来世界各国政治发展的历史提供给我们的一般经验。正是基于这样一种经验性的认识，有研究强调中国发展的理想模式即：经济发展——法制和司法改革——法治建设——公民权利——民主选举——行政与政治革新——经济发展①。在这个发展的"圆圈"中，法治包括了第二和第三环节，它无疑处于基础和前提的地位。其次，无论什么形式的民主都是以一定程度上的社会动员为基础的，它是社会成员利益和观念分化状态的表现形式。因此，像现实中许多国家表现出的情况一样，民主总是与社会分化、动员、冲突等相关联的。而为了使民主成为有效的政治形式，也为了将分化、动员、冲突控制在秩序的范围内，法治发展必须先行。对中国这样一个处于民主时代的大国来说，上述发展逻辑是必须引起注意的大事情。从历史上来看，民主是有条件的；政治民主化也是讲究条件的。

（三）社会稳定：政治发展的前提

在改革开放以来中国政治发展进程中，社会稳定是经常被强调的一个政治原则。邓小平基于历史的经验总结指出，"最关键的问题是需要稳定""如果没有一个稳定的环境，中国什么事情

---

① 参阅周天玮：《法治理想国》，商务印书馆1999年版，第17页。

也干不成。"① 处理好"改革、发展、稳定"的关系是执政党一再强调的大原则。在这一问题上，执政党的共识是：在社会主义初级阶段，正确处理改革、发展同稳定的关系，保持稳定的政治环境和生活秩序，具有极端重要的意义。没有稳定，什么事也干不成。应该说，改革开放以来的所有成就都是在社会稳定的基础和前提下获得的。

从理论上讲，发展与稳定是一对矛盾。二者在一定的范围和程度内互为条件。对于政治发展来说，社会稳定是重要的，因为现代民主、法治的政治结构只有在社会稳定的条件下才能逐渐地发展起来。但是，稳定是相对的，发展才是绝对的。"强调稳定是对的，但强调得过分就可能丧失时机。"② 所谓改革是动力，发展是目标，稳定仅是前提。没有改革，就不可能探索出社会进步的方向；没有发展，就不可能实现社会的全面进步，也不可能保持国家的长治久安；没有稳定，改革和发展都无从进行。所以，正确的选择只能是将改革的力度、发展的速度和社会可以承受的程度统一起来，在社会稳定中推进改革和发展，在改革和发展中实现社会稳定。

社会稳定作为当代中国政治发展的社会目标当然是工具性的，即为发展提供必要的社会条件。首先，从理论上看，社会稳定是可预期的，作为中国政治发展的社会目标，它是各种影响发展的关键因素相互平衡的结果。亨廷顿指出："现代性孕育着稳定，而现代化过程却滋生着动乱。"③ 其意在于强调处于发展过程中的社会必然会滋生各种影响社会稳定的问题，而这些问题的最终解决仍必须寄希望于发展本身。它揭示了一个道理：对发展中国家来说，问题不是如何消灭社会的不稳定，而是如何控制不

---

① 《邓小平文选》（第三卷），人民出版社 1993 年版，第 348 页。
② 《邓小平文选》（第三卷），人民出版社 1993 年版，第 368 页。
③ ［美］塞缪尔·P. 亨廷顿著，王冠华等译：《变化社会中的政治秩序》，生活·读书·新知三联书店 1989 年版，第 38 页。

第二章 历史逻辑：为什么选择中国特色社会主义政治发展道路

稳定的程度，以避免出现社会秩序的动乱。一般而言，社会稳定的程度取决于社会大众的需求期望与政治体系满足这些期望之间的差距度。因此，欲获得社会稳定，要么提高政治体系满足社会大众期望的程度，要么控制人民的需求期望。前者在很大程度上取决于经济发展水平和公共政策的社会适应性，而后者对大多数发展中的社会来说则几乎是不可能的。社会稳定的程度取决于政治体系对上述两方面的反映和平衡。中国社会表现出的长时期相对稳定，大体上就是通过此两方面的平衡获得的。改革开放以来，随着社会主义市场经济的发展，中国社会出现了新阶层的分化、利益的分化、思想观念的多元化和就业方式、分配方式的多样化、人们政治参与意识逐渐增强等，这些发展中的常态现象归结成一点就是人们需求期望的变化和复杂化，面对这些经常性的、影响社会稳定的挑战，中国政治体系的反映概括起来有两个方面：一是坚定地坚持用发展的方式解决问题，坚定地坚持用正确的舆论引导来面对问题；二是建立制度化的利益均衡机制，如针对地区差距的转移支付制度、针对城乡差距的农村社会保障和扶贫制度等。此外，社会稳定的程度还取决于政治结构与政治参与相适应的程度。经济社会发展的一个必然结果是社会政治参与要求的不断扩大。由于政治结构满足不断扩大的政治参与要求的能力，以及公众有序政治参与能力的形成都需要一个长期的积累过程，各种非制度化的、无序的政治参与进入社会生活在所难免，进而影响社会稳定。因此，欲获得社会稳定，要么控制人们的政治参与要求，要么强化政治体系的适应能力。前者是件方便的事情，但仅是权宜之计；而后者更非容易之事。社会稳定的程度亦取决于此两个方面的平衡。这一平衡的情况，在中国改革开放的历史进程中集中表现为不断完善中的政党制度。一方面，中国共产党的建设贯彻于改革开放的整个历史，作为执政党，它吸纳社会各方面要求的能力不断提高；另一方面，作为中国有序政治参与的基本制度，多党合作和政治协商制度的适应性在不断提高。

其次，社会稳定作为政治发展的社会目标，是由中国现代化进程的内外环境和条件所要求的。就内部环境看，其对社会稳定的需求是显而易见的：超大规模的人口、多民族的构成、经济文化发展的不平衡、传统文化根深蒂固，加之近代以来长期的社会不稳定带来的社会心理，等等，这样一个超大社会现代化变迁与社会稳定的关联程度是非常高的，变迁的有序性和可持续性要求的基本条件就是社会稳定。不仅如此，超大社会现代化变迁的深度和广度还常常会将社会稳定的需求进一步放大和夸大。就外部环境看，经济全球化持续发展，中国越来越多地融入国际体系。世界对中国的经济、政治和文化影响比以往任何时候都显得更为突出，其负面的影响会影响中国的社会稳定。比如经济上，人民币汇率的波动会在一定程度上影响企业的竞争力，甚至导致企业倒闭，下岗职工人数增多。政治及意识形态领域，西方模式多方面的示范效应长期存在，它一方面不断地扩大着部分人们的某种"需求期望"；另一方面又要求由此产生的所有问题如环境、人权、福利、民主等问题同时受到关注和解决。像任何发展中国家一样，这些问题在中国也不可能短期内同时得到解决。所有这些都增加了中国社会稳定的困难程度。同时也成为中国现代化进程必须强调社会稳定的原因。

（四）社会公正：政治发展必须兼顾的社会目标

社会公正是社会公平和正义的简称。本质上，社会公正是一个历史范畴，即不同的社会和不同的时代关于社会公正的概念会有所不同。但无论如何，每个社会都肯定存在着为大部分人们所认可的社会公正的标准。在现实性上，它涉及一系列的价值判断，如合理与否、合法与否、合情与否等。在社会生活领域，公平和正义是一个位置较高的价值范畴，几乎所有的社会事物都接受它的引导和评价。即使政治发展的价值如民主和法治也不例外。当人们说，一个社会是民主和法治的，那绝不仅是因为这个

第二章 历史逻辑:为什么选择中国特色社会主义政治发展道路

社会存在着一系列如选举、代议、宪政等具体的政治形式,而是因为这个社会出现了分配的公平、程序的公平、制度的正义、司法的正义等。

在人类思想史上,公平正义本身就是社会主义思潮起源的一个价值基础。它对资本主义批判的道德立场充分证明了这一点。正因为如此,在新中国最初的社会主义实践中,平等甚至被放大到了社会生活的大部分方面。事实上,"社会公平和正义得到切实维护和实现"① 也一直是执政党一贯的主张和奋斗目标。习近平强调指出:"公平正义是中国特色社会主义的内在要求"②"把促进社会公平正义作为核心价值追求"③。这些论断其意就在于突出公平正义对社会主义的核心价值意义。

和谐社会建设是我国的宪法目标。从理论上看,和谐社会作为人类集体生活的一种理想状态,无疑是多种因素互动的结果。其中,公平正义是最为基本、核心的要素。任何社会的和谐程度在根本上均取决于该社会公平正义的实现程度。就此而言,追求和谐社会也就是追求社会对公平正义的进一步表达。反过来讲,社会生活中存在的种种不和谐,如阶级冲突、社会动荡等,都表明了这个社会中公平正义某种程度的缺失。然而,历史经验表明,社会的公平正义不会自动实现,因而和谐社会便不可能自发形成。对公平正义进行社会表达的需求,既是人类进入政治社会的原因之一,也一直是人类政治生活的一项基本目标。虽然中国政治发展的基本内容表现为民主、法治等,但这些内容不过是公平正义的制度表达形式,由此社会生活中公平正义的成长才具备基本的制度条件,或者说,公平正义就是这些制度建设的社会目标。构建和谐社会与追求政治发展之所以存在着很大的交集,就

---

① 胡锦涛:《在中共中央举办的省部级主要领导干部提高构建社会主义和谐社会能力专题研讨班上的讲话》,载于《人民日报》2005年2月20日。
② 《习近平谈治国理政》,外文出版社2014年版,第13页。
③ 《习近平谈治国理政》,外文出版社2014年版,第147页。

是因为它们具有公平正义这一共同的目标。如果说公平正义是我们构建和谐社会的价值基础的话，那么，只有民主法治建设才能够提供这一基础的现实保障。

伦理学家罗尔斯对现代社会秩序的构成逻辑进行过专门的研究，他认为当我们说一个社会的秩序良好时，至少表达了这样的三层意思："第一，在该社会中，每个人都接受且知道所有其他的人也接受相同的正义原则；第二，它的基本结构——也就是说它的主要社会制度和政治制度，以及这些制度如何共同适合于组成一个合作系统——被人们公共地了解为、或者人们有充分的理由相信它能满足这些原则；最后，它的公民具有正常有效的正义感，所以他们一般都能按照社会的基本制度行事，并把这些社会基本制度看作是公正的。"① 简单来说，一个秩序良好的社会需要这样的三个要素：首先，社会中存在有一整套社会成员达成共识的正义原则；其次，这些达成价值共识的正义原则被转换成为现实政治、经济、文化等方面的制度，并且这些制度能够保障形成满足正义原则的公共政策；最后，人们认同社会制度的公正性并按照其要求行事，制度和政策能够有效地作用于人们的行为。在上述罗尔斯的理论逻辑中，建立在正义原则基础上的制度系统，构成了良好社会秩序的基础。这与本书之前的描述是完全一致的。罗尔斯关于正义原则与制度、政策相结合的程度决定现实社会秩序的理论，同样表明了公平正义与民主法治之间的内在联系。

从现实情况来看，强调公平正义与民主法治相结合在构建和谐社会过程中基础地位的观点也是成立的。构建和谐社会的战略目标，在中国社会发展的特定阶段提出来，是有针对性的，即在现实性上它首先是一个问题命题。概而言之，它的提出主要是应

---

① ［美］约翰·罗尔斯著，万俊人译：《政治自由主义》，译林出版社2000年版，第36页。

第二章　历史逻辑：为什么选择中国特色社会主义政治发展道路

对两方面现实问题的：一是市场经济条件下发展不平衡所导致的城乡、地区、个人的贫富差距和社会分化问题；二是社会经济转型期由于利益关系变化所引起的错综复杂的社会矛盾问题。就问题的性质而言，前一个是公平问题；后一个则是正义问题。更重要的是这些问题都是长期积累起来的，它表明现行的制度和政策存在着缺陷和与社会发展不相适应的地方，因为和谐社会所针对的这些问题都是现行制度和政策长期运行的结果。因此，在中国社会的现实基础上构建和谐社会，一方面必须不断健全社会公平的保障——利益均衡的制度机制；另一方面必须不断完善社会正义的形式——权利保障的制度机制。和谐社会只有在利益均衡、权利保障的制度机制科学配置和有效运作的条件下才能发生和存在。"正义是社会制度的首要价值，正如真理是思想体系的首要价值一样。"①

制度具有稳定性、长远性、根本性特征，是推进公平正义不断实现最重要的工具和保障。习近平指出："不论处在什么发展水平上，制度都是社会公平正义的重要保证……对由于制度安排不健全造成的有违公平正义的问题要抓紧解决。"②"要在全体人民共同奋斗、经济社会发展的基础上，加紧建设对保障社会公平正义具有重大作用的制度，逐步建立以权利公平、机会公平、规则公平为主要内容的社会公平保障体系，努力营造公平的社会环境，保证人民平等参与、平等发展权利"③。以"三大公平"为主要内容的社会公平保障体系的提出，标志着中国共产党将构建公平正义制度体系的理论认识推向了新的阶段。它将实质公平与形式公平有机结合，将起点公平、过程公平与结果公平有机统

---

① ［美］约翰·罗尔斯著，何怀宏等译：《正义论》，中国社会科学出版社2009年版，第48页。
② 《习近平谈治国理政》，外文出版社2014年版，第97页。
③ 习近平：《切实把思想统一到党的十八届三中全会精神上来》，载于《人民日报》2014年1月1日。

一，针对目前发展阶段中国社会的公平正义问题，从社会主义制度层面积极寻求破解之道。将社会主义公平正义由理念推向实践，在实践中转换成政策、凝练成制度一直是中国共产党的努力方向。党的十八大以来，探索有效实现公平正义实践路径的战略策略日渐成熟。集中的实践展开有：第一，以精准扶贫为着力点实践公平正义。习近平指出："我们讲促进社会公平正义，就要从最广大人民根本利益出发，多从社会发展水平、从社会大局、从全体人民的角度看待和处理这个问题。"① 全面小康，就是惠及全体人民的小康。全面建成小康社会，一个都不能少；共同富裕的路上，一个都不能掉队。中国共产党确立的小康社会目标及全面建成小康社会的理念就是社会主义公平正义的直接体现。精准扶贫政策既是全面建成小康社会重要任务的体现，也是推进社会公平正义的实践指向，其本质都是社会主义公平正义的要求和体现。改革开放以来，"我国贫困人口累计减少7.4亿人，贫困发生率下降94.4个百分点，谱写了人类反贫困史上的辉煌篇章。"② 第二，以深化收入分配制度改革为重心促进公平正义。收入分配是社会公平正义最为直观的展现，也是人们对社会公平正义直观感受的重要来源。当我们说某个社会是公平正义的，那一定是因为在那里存在着为大多数人所认同的收入分配格局。从学理逻辑和政策实践看，收入分配改革的核心始终是围绕效率和公平关系展开的。改革开放以来，按照"初次分配强调效率，再分配强调公平"原则，我国逐步建立起以按劳分配为主体、多种分配方式并存的中国特色社会主义收入分配制度。这一制度设计极大地激发了广大劳动者和生产要素所有者的积极性，推动了中国经济高速增长，改善了民生条件和公共服务。但与此同时，随

---

① 《习近平谈治国理政》，外文出版社2014年版，第96页。
② 《习近平在庆祝改革开放40周年大会上的讲话》，载于《人民日报》2018年12月18日。

第二章　历史逻辑：为什么选择中国特色社会主义政治发展道路

着社会主义市场经济的纵深推进和经济快速发展，收入分配矛盾逐渐凸显。围绕中国社会逐渐形成的收入分配矛盾，党的十八大报告进一步调整和细化了收入分配的原则，提出"初次分配和再分配都要兼顾效率和公平，再分配更加注重公平"的改革思路。党的十九大报告再次明确"要坚持按劳分配原则，完善按要素分配的体制机制，促进收入分配更合理、更有序……坚持在经济增长的同时实现居民收入同步增长、在劳动生产率提高的同时实现劳动报酬同步提高"①。上述收入分配改革思路的核心意涵，就是要深入贯彻以人民为中心的发展思想，完善收入分配调控体制机制、规范收入分配秩序，将效率和公平原则贯穿于收入分配各环节，实现初次分配效率原则的公平性与再分配公平原则的效率性的辩证统一。第三，司法改革维护公正正义的制度环境。公正是法治的生命线，是法治的核心目标与价值诉求。习近平强调："促进社会公平正义是政法工作的核心价值追求。公平正义是政法工作的生命线，司法机关是维护社会公平正义的最后一道防线。"② 这意味着对司法公正的维护就是对社会公平正义的维护，同时，司法公正还具有涵养社会公平正义的重要功能。"要努力让人民群众在每一个司法案件中都能感受到公平正义，决不能让不公正的审判伤害人民群众感情、损害人民群众权益。"③

三、市场与权利：政治发展的不竭动力

市场发育和权利成长是改革开放时代的基本特征，也是中国

---

① 习近平：《决胜全面建成小康社会　夺取新时代中国特色社会主义伟大胜利——在中国共产党第十九次全国代表大会上的报告》，载于《人民日报》2017年10月28日。
② 《习近平谈治国理政》，外文出版社2014年版，第148页。
③ 中共中央文献研究室：《十八大以来重要文献选编》（上），中央文献出版社2014年版，第91页。

特色社会主义政治发展道路得以成功开辟的基础和动力。中国特色社会主义政治发展道路是与社会主义市场经济紧密结合在一起的。本质上，它们是上层建筑与经济基础的关系。市场发育的实质是市场主体及其内涵即权利的不断成长，这从历史的深度对当代中国政治提出了要求，提供了动力。没有社会主义市场经济的发展，也就无所谓中国特色社会主义政治发展道路。"改革开放以来，我们总结发展社会主义民主正反两方面经验，强调人民民主是社会主义的生命，坚持国家一切权力属于人民，不断推进政治体制改革，社会主义民主政治建设取得重大进展，成功开辟和坚持了中国特色社会主义政治发展道路"。①

（一）经济与政治：同构性发展

马克思主义认为，政治从来就不是一个自主发展的领域，它的发展和变迁在根本上可以追溯到人类经济生活中间去。恩格斯曾说过："每一时代的社会经济结构形成现实基础，每一个历史时期由法律设施和政治设施以及宗教的、哲学的和其他的观点所构成的全部上层建筑，归根到底都是由这个基础来说明的。"②这与现代社会科学关于社会变迁动力学的观点是基本一致的。"社会动力学研究所关心的是对社会体系怎样变迁做出概括。它是一个推理假设，它假设各种社会生活特征系统是相互联系在一起的，某些特征的变化会引起另一些特征的变化。"③综观近代以来中国社会政治生活的变迁过程，可以看出它之所以长期未能超越传统政治的某些特征，归根结底都是由于与它相关的经济的、文化的变量未能发生根本改变所致。同时，这些相关因素也是形成当代中国政治发展特点（如实际的社会过程与制度、规范

---

① 本书编写组：《十八大报告辅导读本》，人民出版社2012年版，第25页。
② 《马克思恩格斯选集》（第3卷），人民出版社1972年版，第66页。
③ ［英］拉德克利夫-布朗著，潘蛟等译：《原始社会的结构与功能》，中央民族大学出版社1999年版，第8页。

第二章 历史逻辑：为什么选择中国特色社会主义政治发展道路

一定程度相脱离）的根本原因。而改革开放以来政治发展的总趋势也可以从经济、文化近些年来的变化中获得解释。

在推动政治发展的各种因素中，或者说在涉及政治发展的各种变量中，经济无疑是最重要的一个基本因素或变量。从理论上来看，经济总是不断前行的，因为人类改善自身物质生活条件的愿望是永恒的；政治也是不断发展的，这不仅因为经济发展总会产生相应的政治要求和压力，更因为人类完善自身自由、平等、人权状态的愿望也是永恒的。马克思主义认为，政治的现实发展在根本上可以追溯至经济领域中间去。"一切社会变迁和政治变革的终极原因，不应当到人们的头脑中，到人们对永恒的真理和正义的日益增进的认识中去寻找，而应当到生产方式和交换方式的变革中去寻找。"① 但是，"社会的政治结构决不是紧跟着社会的经济生活条件的这种剧烈变革发生相应的改变。"② 在实际的社会过程中，政治发展与经济发展，尽管在较短的时间内可能出现某种发展环节的断裂或发展中的不平衡，但就相对长的时间来看，它们则大多表现为一个同构的、从不平衡到相对平衡的社会历史过程。

改革开放以来，中国社会所经历的最为深刻的变迁无疑是在经济领域发生的。保持了数千年、经久不衰的自然经济终于瓦解，逐渐地为商品经济形态取而代之；中华人民共和国成立以后确立的，实际上是作为自然经济扩大形态的计划经济，也逐渐地被商品经济的现代形态——市场经济所取代。这个过程目前仍在深入发展进程中。具体来说，经济领域的改革是在两个方面同时推进的。一是改革原有的农业、集体企业、国有企业的经营机制，实行"政企分开"，赋予国有企业以经营自主权，逐步地全面引入市场机制。二是打破原有的禁区，允许非公有制企业存在

---

① 《马克思恩格斯选集》（第3卷），人民出版社1995年版，第617~618页。
② 《马克思恩格斯选集》（第3卷），人民出版社1972年版，第144页。

和发展，催生出完全按市场规则运行的经济主体。目前，所有制结构、产业结构、国民经济的整体质量都有很大的改变和进步，2018年国内生产总值（GDP）已达90.03万亿元，而1978年的国民收入仅有3 679亿元。中国的经济总量自2010年超过日本以来，一直稳居世界第二位。发展着的社会主义市场经济在促进中国经济快速增长的同时，也改变着每一个中国人在经济关系中的地位。这一改变是改革开放以来中国社会变迁最为深刻的客观事实，也是中国政治发展最重要的客观基础和动力。它必将引起中国社会一系列的结构性变化，其中市场主体的民主、法治取向也许是最值得人们注目的。由于社会主义市场经济从根本上改变了中国社会长期以来的利益形成和分配方式，因此它也同时引起了利益整合方式即政治生活的根本变化。中国社会日渐强盛的权利观念如"纳税人"意识，以及法治的要求就是这种变化的征兆。改革开放之前，中国的利益关系呈现出同质性的特点，换言之，抽象意义上的利益关系比较突出。比如，个人、集体和国家间的利益关系，更多的是强调个人服从集体、集体服从国家的利益。改革开放以来，特别是实行社会主义市场经济以来，中国的利益关系发生了深刻的、历史性的变革，呈现出多元化的特点。生活在今天的每一个中国人都会感到这种扑面而来的经济、政治气息对他们的社会生活所产生的影响。经济形态的变化所带来的"秩序重构"构成了现实生活的主题。就此而言，改革开放以来的政治发展，一方面深受经济形态的转型所促生的社会变迁的深刻影响；另一方面对秩序重构也发挥着直接的重大作用。

经济发展与政治发展在现实历史中的同构性，在理论上可以被解释为：经济发展必然要求政治体系做出相应的反应。或者说，经济发展所产生的相应的政治要求和压力，是政治发展的基本动力。

其一，经济形态在很大程度上决定着政治发展的性质和方向。在传统社会向现代社会转变的过程中，经济形态对政治发展

第二章 历史逻辑：为什么选择中国特色社会主义政治发展道路

的这种作用表现极为明显。一般而言，商品经济或市场经济更有利于政治发展的民主和法治取向。目前，许多研究都已经确定商品经济或市场经济同民主与法治政治形态之间相互支持的关系。其实，对于经济与政治在现代化过程中的这种关系，马克思早有着经典性的说明："如果说经济形式、交换，确立了主体之间的全面平等，那么内容，即促使人们去进行交换的个人材料和物质材料，则确立了自由。可见，平等和自由不仅在以交换价值为基础的交换中受到了尊重，而且交换价值的交换是一切平等和自由的生产的、现实的基础。作为纯粹观念，平等和自由仅仅是交换价值的交换的一种理想化的表现；作为在法律上、政治上、社会的关系上发展了的东西，平等和自由不过是另一次方的这种基础而已。"① 这也就是说，以交换关系为基础的商品经济或市场经济内在地蕴涵着支撑和推动民主和法治发展的精神因素和物质的、主体的因素。观察近代以来的历史，我们会看到，发达国家的政治体系正是伴随着资本主义商品经济的发展成长起来并逐渐走向成熟的；而我国近些年来民主和法治发展的良好态势，也是在社会主义市场经济的发展中形成的。

其二，市场要求决定政治的具体形式。传统商品经济的基本特点是：有限的市场范围和"人格化交易"，即在熟人社区中主要依靠交易方的信誉保障而非作为第三方的政府保障所实现的交易；而现代市场经济则与之不同，它的基本特点是：扩大了的市场范围和"非人格化交易"，即在超熟人社区（可扩大至民族国家内的市场和国际市场）中主要基于作为第三方的政府保障而非并不熟悉的交易方之间的信誉保障所实现的交易；作为第三方的政府必须与经济保持"公平的距离"并接受制度对这种"距离"约定的限制。也就是说，商品经济在不同的发展阶段上对政府作为"第三方"角色的需要程度和定位是不同的。可以说，市场

---

① 《马克思恩格斯全集》（第46卷），人民出版社2003年版，第197页。

范围和交易形式的发展与政府作为第三方角色的功能是互动的。在传统商品经济条件下，政府作为第三方，其权力的非制度化和不受限制使市场只能局限于"人格化交易"的范围，此时的政府往往处于交易规则之外，是一种很少受到约束的权力；而对现代市场经济来说，政府作为第三方能否保障"非人格化交易"的实现，取决于它的权力是否被限制在了与经济的"公平距离"范围内，因此，政府处于宪法和法律之下，是一种具备合法性（民主）和规范性（法治）的权力。这种权力形式构成了现代市场经济良性发育的政治基础。

其三，经济发展程度影响政治发展的实际进程。西方的政治学家曾执着于研究经济发展与政治发展的关联性。他们就此对一些国家的实证研究，揭示了一个显而易见的现象：即经济的高度发展构成了民主政治的一个基本条件。他们认为在经济发展的历史进程中，存在着一个关键阶段，经济发展达到或超出这一关键阶段的区域指数时，相关国家政治民主化的概率就大，反之，当经济发展水平低于关键阶段的区域指数时，相关国家政治民主化的概率就小。一些学者甚至通过国民收入的统计材料确定了具体的区域指数（如国民收入达 300~500 美元等）。显然，这种具体研究结论的可靠性是值得怀疑的。但是，对一国的政治发展而言，断言经济上存在着一个关键阶段，理论上应是成立的，当然这一阶段的区域指数会因一个国家的具体情况而有所不同。因为这无非是肯定了经济发展在特定阶段上对政治发展具有较强的相关性。这种相关性应包括下列几个方面：（1）经济发展为公民的政治参与提供了现实动力，或者说经济发展提供了某些政治参与的主客观条件。一般而论，经济发展的社会，经济地位高的人数比例增大，同时，政府的活动对社会的影响也增大了。这使得人们的经济利益同政治的现实关系获得了充分的显现，在此状态下，公民更具有政治效力感和参与政治活动的愿望。"经济发展会动员一个社会的所有民众都参与到社会经济活动中来，经济发

第二章 历史逻辑：为什么选择中国特色社会主义政治发展道路

展使社会上的每一个人、每个集团、每个阶层都具有了自己的经济利益。由于有了自己的经济利益，他们就会要求参与政治生活，要求了解政治体系的活动过程，尤其关心政治体系的决策，关心政治活动将会给他们带来怎样的后果。经济发展越是把一个社会结合成一个休戚相关的整体，人们的政治意识就越强，政治参与的要求就越强烈。"① （2）经济的高度发展促成了公民文化的进一步形成：即经济发展使公民受教育的程度、大众传播媒介包括网络的作用都达到了一个前所未有的水平。（3）经济的高度发展要求分散和规范的权力结构。由于发达的经济具有分工、专门化的特点，故它是难以用集权的方式进行管理的，它客观上要求决策分散从而必然要求权力分散。而民主政治在权力结构上应是一种适度分权体制，因此，比起集权的管理模式来说，它更适应于经济发展的社会。（4）经济的高度发展极大地提高了政治变迁的社会承受力。在传统社会向现代社会的转型中，政治变迁的程度、方式深受社会承受力的影响。显然，强大的经济在物质基础上有利于社会的和解和妥协，同时也在一定程度上更能承受由于利益格局的变化所造成的社会紧张关系。

（二）社会结构变迁：推动政治发展的直接动力

中国的经济发展触动的不仅是原有的经济模式，而且还引发了整个社会结构的变迁。这是我们理解当代中国政治发展社会动力学更为直接的一个方面。关于社会结构，学者们给出过各种不同的界定。但一般来说，它指的是各种社会要素之间的模式化关系。所谓社会要素指的是各种不同类型的社会群体、组织、角色；而模式化关系即制度化的关系。

对当今中国正在经历的社会结构变迁，学界给予了特别关注。人们对这场变迁的特性作了各种解读和描述。有人将其描述

---

① 王沪宁：《比较政治分析》，上海人民出版社1987年版，第237页。

为是一种特别的社会结构的"转型":即从农业社会向工业社会的转型;从乡村社会向城镇社会的转型;从封闭、半封闭社会向开放社会的转型;从同质的单一性社会向异质的多样性社会转型;从伦理社会向法理社会的转型。① 也有人将这种变迁概括为"权力的转移"——"单极结构的实质就在于权力高度集中于政府部门手中,而 1978 年以来的国家和社会关系演变的实质则在于发生了权力从政府向经济领域和社会领域的重大转移"。② 而一度引起理论界高度注意的"市民社会"(civil society)理论也无非是试图对这个变迁过程进行理论的解读和描述。哈贝马斯的"公共领域理论"以及在此基础上发展起来的"社会—经济—国家三域分析模式"在中国一度流行的现实基础,也正是这个变迁所产生的理论需求。③ 现实的变化和学术所关注的焦点问题通常存在内在的联系,因此,关注中国学界改革开放以来学术焦点的变化,也许可以强化我们对这个变迁过程特性的理解。20 世纪 80 年代,中国学界最为关注的是个人与国家的关系,凸显的是个人相对于国家的自治地位,那时,"人的权利""人的解放"是学术语言中使用频率最高的词汇。而国家与社会的关系尚未为理论所特别注意,但在个人与国家的关系范畴中,实际上已隐含着"社会"的理论地位。而到了 20 世纪 90 年代,学界所关注的焦点已进一步深化为社会与国家的关系,凸显的是社会的自治地位和社会与国家之间的结构性关系。对这个理论发展的过程,总的来看,对中国社会正在发生的变迁的理解,无论是"社会结构的转型""权力的转移",还是"市民社会"的成长,都是要试

---

① 请参阅李培林:《"另一只看不见的手":社会结构转型、发展战略及企业组织创新》,选自袁方等著:《社会学家的眼光:中国社会结构转型》,中国社会出版社 1998 年版,第 27~41 页。
② 请参阅康晓光:《权力的转移》,浙江人民出版社 1999 年版,第 2 页。
③ "三域分析模式",即在理论上将现代社会分为相对自治的政治领域、经济领域、社会领域。而社会领域由于其在历史发展中的位置,又被称为"第三域"。目前,"第三域"已成为一个较常用的说法。

第二章 历史逻辑：为什么选择中国特色社会主义政治发展道路

图说明中国社会正在发生着什么？将来还会发生什么？尽管它们为人们提供了不同的理论视角，但它们都在不同的角度看到了中国社会正在从原有的高度整合的、单极的结构向分化的、多极的结构变迁的过程和态势。对我们目前讨论的问题来说，重要的是确定哪些原有的社会结构已经解构或正处于解构过程中，而哪些新的社会结构正在生成或呈现出了生长的态势。这些变化对中国政治发展将形成怎样的影响。

按照上述我们关于社会结构的看法，社会要素即社会群体、组织、角色的分化和这些要素的制度化关系的变化在总体上反映着我国社会结构变迁的基本情况。社会分化是经济多元化、所有制多元化和社会流动的必然结果。对这一结果人们有着不同的看法。一项较系统的研究认为中国社会已由改革开放时的干部、工人、农民三大阶层分化出大体十个阶层。这些阶层是：国家与社会管理者、经理人员、私营企业主、专业技术人员、办事人员、个体工商户、商业服务业人员、产业工人、农业劳动者、城市无业或失业半失业者。[①] 划分的依据是组织资源、经济资源、专业资源的占用情况。无论这样的研究在多大程度上反映了中国社会的实际，但它揭示的中国社会由改革开放前的整体性社会向分化性社会的转变则是确凿无疑的。社会资源的自由流动，与此相伴而生的组织和角色群体成长，以及多元利益群体的形成正是数十年来中国社会变化的一般现象。

始于20世纪80年代的社会变迁，最重要的事实就是在改变金字塔状的单极社会结构的同时，打破了作为其根基的身份制、单位制和行政制。这三者是中华人民共和国成立后所形成的金字塔状的单极社会结构的根本的制度支撑。因为就社会结构根本上可以还原为个人的社会地位而言，在我国改革开放前的社会主义

---

① 陆学艺：《当代中国社会流动》，社会科学文献出版社2004年版，第10~23页。

社会中,国家控制着全部的社会资源,个人的社会地位就是其在国家通过一系列制度性手段分配社会资源的过程中所处的位置。"由于这种国家对社会资源的分配是按照特定的制度规则有差异进行的,因而造成了人们不同的社会地位,最终形成了具有特色的社会分层体系。国家有差异的分配社会资源的制度体系主要就是身份制、单位制和行政制"。① 所谓"身份制",就是我国原先实行的将全体社会成员均依"干部""工人""农民"三种身份进行区分并对其中各个部分按"阶级成分论"进一步细化的制度。在这种制度下,不同身份的人们在占有的社会资源、拥有的社会权力、享有的机会选择等方面都有着明显的不同。同时,国家严格地控制着不同身份之间的差别和转换,虽然不同身份在很狭窄的制度通道内允许转换,比如"农转非"或"工人"转干,但总体来看,绝大多数人的身份是固定的和终身的。"在改革开放前,社会成员的身份地位是人们社会地位最主要的外显特征,成为表现人们社会地位差别的基本模式关系。"② 而"身份制"的实现在很大程度上又是与"单位制"相结合的。"单位制"是指这样一种制度结构,即所有的社会成员都隶属于国有的或集体的"单位",它可以是一个大队、公社、工厂、学校、商店、机关等。这些单位给予人们社会行为的权利和行为的合法性,按照身份提供给他们特定的利益。单位不仅是人们从事职业活动的场所,更重要的还是人们进行社会活动的场所。在人们日常生活完全依赖于单位的同时,单位也就成为国家对社会进行治理进而控制人们行为的最为主要的结构。单位制度下,"个人不是直接凭借'自然人'的身份与国家对话,而是依靠单位赋予的'单位人'的身份与国家对话,实际上中国社会的所有交往都被同构到

---

①② 李路路:《中国非均衡的结构转型》,选自袁方等著:《社会学家的眼光:中国社会结构转型》,中国社会出版社1998年版,第211页。

第二章 历史逻辑：为什么选择中国特色社会主义政治发展道路

'单位—国家'这一两级体系中。"① 在原有的制度结构中，身份制和单位制仅在社会结构的形成中起到了部分作用，它们只有与"行政制"结合起来，才能形成较为周延的制度功能。所谓行政制，即国家以行政权力为轴心，在身份制和单位制的基础上，赋予所有干部身份的人和所有单位以一定的行政级别以及相应的行政能力，在各个部门或系统，自上而下一以贯之，并根据行政级别分配社会资源和权力。也就是说，不同行政级别的干部和单位意味着不同的资源占有量和权力。"行政制"的特点在于：将社会中泛化的权力形式，如财富的权力、社会组织的权力直接同行政权力联系起来，从而使其具有了行政权力形式的某些特点。而原有的"单位"也的确分享了政府一部分无足轻重的行政权力，只有这样，单位作为国家社会治理的主导性结构才是现实的。同时，行政权力也泛化为社会权力，或者说取代了其他形式的社会权力。② 总之，"行政制"既表现了一种典型的政治泛化现象，也说明了当时社会结构分化处于比较低的程度。

这样的制度结构所造成的社会结构是高度整合的。它的根本性缺陷就在于固化了人们"与生俱来"的社会地位，限制了必要的社会流动，最终压抑了个体的积极性。

目前，原制度结构对社会的影响已经式微，它们的制度功能已不再具有原先的意义。身份制不能像以往那样固化一个人的社会地位；单位制也不再能够继续履行它强大的国家社会治理的功能；而行政制作为资源差别分配的机制，由于市场机制的导入已不再风光依旧。总体上看，以原制度结构为基础的社会结构已经在发生着根本的变化，即由原来的超稳定状态向可流动的状态转变。比如数亿农民早已不再固守他们的土地。这种状况造成了中

---

① 刘建军：《单位中国——社会调控体系重构中的个人、组织与国家》，天津人民出版社2000年版，第186页。
② 参阅李路路：《中国非均衡的结构转型》，选自袁方等著：《社会学家的眼光：中国社会结构转型》，中国社会出版社1998年版，第213页。

国社会变迁过程的两个显著的特征：即身份制、单位制和行政制的社会秩序功能逐渐让位于法律的社会秩序功能；社会资源的分配机制也由此转向契约的、市场的机制。

资源分配机制的变化是制度结构变迁的直接后果。原先的制度是一种典型的资源差别分配制度，即资源的差别占有不是资源社会流动的结果，而是制度直接追求的目的。并且，这种资源的差别占有还具有固定性。应该说，任何一个社会资源分配的结果都必然是有差别的，但在现代社会中，这种结果是资源在公平规则的条件下自由流动所形成的和不断变化的，而不是制度本身的差别所造成的。我国改革开放所引起的最为深刻的变化就是资源配置由权力向市场的转移。1992年党的十四大确立的社会主义市场经济的改革目标是：使市场在国家宏观调控下对资源配置起基础性作用。2013年十八届三中全会确立的全面深化改革的重点是使市场在资源配置中起决定作用和更好地发挥政府作用。值得强调的是，市场经济条件下，社会资源依公平规则自由流动以及由此引发的多元利益群体的形成，无非意味着人们权利意识的发育和政治参与要求的萌动，这一点正是中国政治发展的基础和直接动力。

（三）经济全球化：影响中国政治发展的外部动因

在全球化的条件下，中国政治的孤立发展是不可想像的。改革开放以来中国的政治发展，外部因素正反两方面的影响始终存在。就积极的角度而言，这种影响可以被看作是中国政治发展的外部动因。

"全球化话题是个实践——政治话题，也是个社会——经济话题，此外，它还是一个思想话题。"① 也就是说，全球化的进

---

① ［德］赫尔穆特·施密特著，柴方国译：《全球化与道德重建》，社会科学文献出版社2001年版，第3页。

第二章　历史逻辑：为什么选择中国特色社会主义政治发展道路

程是一个整体性的历史过程。这种认识无疑得到了现实的支持。在全球化的历史背景下，现代社会政治发展的进程呈现出了鲜明的特色。用形象点的词汇来说，这个特色就是相互对话。从历史上看，一国的政治变化和进步还没有什么时期像今天这样，如此显著地受到外部因素的影响和影响着外部世界。相互对话已经成为当代各国政治发展的一个显著特征，中国当然也不例外。

首先，市场经济管理制度的共通性和全球治理（global governance）的出现促成了不同政治体之间相互对话的动力，影响着中国政治发展。经济全球化的基础是市场经济的发展。当今世界上的绝大多数国家均实行了市场经济体制，从而在一定程度上成为全球经济的一部分。在制度上，市场经济的管理具有明显的共通性，即各种市场规则必须满足市场要素的自由流动和公平交易的要求。世界贸易组织（WTO）规则在很大程度上代表了这一共同的要求。中国2001年12月加入WTO，接受WTO规则的约束。从此，市场经济管理制度的改革和建设进入了"倒逼"轨道。就制度的关联性而言，所谓市场经济管理制度同时也就是行政管理制度，它与政治领域的一些制度如司法制度存在着密切的关系。应该说，我们今天所形成的市场经济制度与加入WTO这一全球化事件具有直接的相关性。同时，在全球化的历史进程中，各国还面临着许多共同的任务，这些共同的任务不仅强化了它们交流的机会，而且需要它们在各自不同的政治体制基础上，共同做出决策，这也增加了它们之间的相互影响。有学者描述说："经济全球化，影响广泛的社会运动，微电子技术造成的政治空间的收缩，以及由货币危机、环境污染、恐怖主义、毒品贸易、艾滋病等充斥于全球议程和众多其他跨国问题而导致的与日俱增的全球相互依存。"[1] 这样一种局面，在国内影响着政治权力的运作方

---

[1] ［美］詹姆斯·N. 罗西瑙著，张胜军等译：《没有政府的治理》，江西人民出版社2001年版，第4页。

式,在国际上则引起了全球治理的兴起。政府必须改变自己的行为方式以应对新的任务。"'政府'因此变得同原来'那种'政府越来越不一样了,而且范围也变得更加宽泛。治理(governance)愈益成为富有意义的概念,它意味着某些类型的行政能力或规制(regulation)能力,一些不是任何政府的组成部分(既非政府组织、也不是跨国组织的机构),实际上也参与了治理的活动。"① 在中国,治理现象的出现,一方面表现为国际上的一些非政府组织如国际透明组织等对国内相关事务影响的扩大;另一方面则表现为国内的民间组织如环保等组织的作用也在增强。

其次,各种意识形态的共存和交融构成了不同政治体之间相互对话的动力和主要方式,影响着中国政治发展。在全球化浪潮的冲击下,与经济一体化的情景有所不同,意识形态方面则出现了异彩纷呈的局面。各种政治思想激荡、相互影响。社会主义、自由主义、保守主义、民族主义、社群主义等纷纷出现或者以新的面貌出现。它们一方面论战不断,另一方面又相互影响,构成了彼此进一步发展的思想资源。

在思想史上,社会主义思潮曾对自由主义形成了迄今为止最为深刻的批判。价值上社会主义重视集体、平等和公平,其制度原则是公有制、计划经济和按劳分配;而自由主义在价值上重视的则是个人、自由和效率,其制度原则是自由契约、自由贸易和财产神圣。自 19 世纪以来,这两种思潮在很大程度上构成了全球意识形态冲突的两个主要方面。它们在实践领域深刻地影响着人类政治的进程,并在相互影响的过程中改变着全球的政治面貌。20 世纪两大阵营的长期对立,以及资本主义世界的改变,都与这两种思潮的对立和交融存在着密切的关系。自由主义正是在汲取了社会主义思潮对自由资本主义批判的基础上,才获得了理论的活

---

① [英] 安东尼·吉登斯著,郑戈译:《第三条道路——社会民主主义的复兴》,北京大学出版社、生活·读书·新知三联书店 2000 年版,第 35 页。

第二章 历史逻辑:为什么选择中国特色社会主义政治发展道路

力,并取得了实践上的进步。资本主义世界从"自由资本主义"时期向"现代资本主义"的过渡和进步,社会主义思潮对资本主义社会的批判起了很大的作用。事实上,中国改革开放以来的进步,重新认识资本主义的价值,是一个重要的逻辑起点。

最后,国际上制度化对话机制的建立强化了不同政治体之间相互对话的条件和基础,影响着中国政治发展。20世纪以来,人类在摆脱"国际无政府状态"方面有了很大的进步,联合国等国际组织和国际公法的大量出现就是例证。与传统的世界秩序只体现少数发达国家的利益诉求不同,现时代的世界秩序则要求体现更多的"公共性",当然,这种"公共性"仍需要人们更多的努力。从实际的情况来看,这些国际组织及相应对话机制的建立对各国国内政治均有一定程度的影响。改革开放以来,中国政治不断提高融入国际体系的程度,如加入联合国人权理事会,签署《公民权利和政治权利国际公约》,与美国、欧盟等国家和组织开展政治领域的对话如人权对话等。所有这一切对中国政治发展都产生着一定程度的影响。

总之,现时一国的发展,包括政治发展绝无可能孤立于全球化的进程。不同政治文明间的相互影响是全球化发展到今天的一个突出要求和表现。理论上,全球化可以分为资本主义的全球化和当代的全球化两种形态,前者主要是以资本主义生产方式为载体的全球化,带有浓厚的"西方中心论"和"资本主义中心论"的色彩;而当代的全球化则是指从"西方中心论"和"资本主义中心论"转向了全球论和整体论的发展阶段。[①] 在当代全球化的阶段上,由于国家主权观念和制度的作用,不同文明间以相互承认和尊重为前提的"相互对话"才渐渐发展了起来,成为我们目前可以明显感知到的一种政治现象。

---

① 蔡拓:《全球化认知的四大症结》,选自庞中英主编:《全球化、反全球化与中国——理解全球化的复杂性与多样性》,上海人民出版社2002年版,第124~125页。

第三章

实践逻辑（上）：中国政治制度内涵的历史性展开

改革开放以来，中国政治的变革和进步是世人有目共睹的。实践是检验真理的标准。建立在实践论基础上的"三个有利于"同样是检验政治发展的标准。是否有利于发展社会主义社会的生产力，是否有利于增强社会主义国家的综合国力，是否有利于提高人民的生活水平，是衡量我国政治变革和进步的最终尺度。"改革开放三十多年来，中国经济实力、综合国力、人民生活水平不断跨上新台阶，我们不断战胜前进道路上各种世所罕见的艰难险阻，中国各民族长期共同团结奋斗、共同繁荣发展，中国社会长期保持和谐稳定。这些事实充分证明，中国特色社会主义民主政治具有强大生命力，中国特色社会主义政治发展道路是符合中国国情、保证人民当家作主的正确道路。"① 对中国政治的进步状态，有学者总结说：中国政府正在逐步从应急型的全能性政府走向常态型的公共性政府，中国的民主化进程也正在从领导层主导的模式，走向社会各阶层为了自身的利益实践民主原则，以务实态度逐步完善民主政治制度的道路。② 从中国政治目前表现出的状态和发展趋势来看，这种描述无疑是客观的和准确的。其

---

① 中共中央文献研究室：《习近平关于社会主义政治建设论述摘编》，中央文献出版社2017年版，第15页。

② 苏琦：《透视务实的中国民主化进程》，载于《新闻周刊》2003年第26期。

实,中国的经济体制改革正是通过政治体制改革所促动的,或者说二者在现实历史进程中是同构的。事实上,在我们进行经济体制改革的同时,政治体制改革和建设也一直在进行。这些改革和建设包括诸如政治意识形态领域的变革;领导干部职务终身制的废除;党与政府重叠对口部门的整合;人民代表大会制度和立法制度的完善和发展;共产党领导的多党合作与政治协商制度的发展;中央与地方制度包括民族区域自治制度的完善和发展;选举制度的改革;行政机构的多次改革及公务员制度的初步建立;司法体制系统化改革;村民自治和基层民主的发展;干部人事制度的改革;等等。一般而言,政治发展的基本内容就是政治民主化和政治制度化。就此来看,中国政治体系近年来的变化已明显呈现出了这样的特征和趋向。

一、人民民主内涵的多维展开

中国的超大社会和"后发"属性,决定了政治发展的复杂性和多维性。这意味着中国政治发展绝不可偏执于某一方面的孤立进程,而必须寻求系统的多元发展途径。改革开放以来中国的政治发展已基本具备这一特征。

(一)选举制的完善与进步

《宪法》规定:中华人民共和国的一切权力属于人民。人民行使国家权力的机关是全国人民代表大会和地方各级人民代表大会。在当代中国,公民与人民代表大会的现实关系是全部政治制度的基石。性质上,这种关系首先是一种授权关系。它在解决政府权力的来源、合法性问题的同时,也要确定政府权力规范性的基础,即政府权力的范围和限度。授权的成立既意味着政府权力的合法取得,也意味着政府权力的有限性。在现代政治生活中,由于民主观念的作用，授权到处都是以选举的形式表现出来的。选举制度在大多数国家构成了现实政治的重要基础，中国也不例外。所谓权为民所赋。总体来看，新中国成立以来我国的选举制度及其实际运行状态，即表明了政权的人民性、合法性，构成了政治体系功能发挥的制度基础；同时，由于选举制度的政治基础作用，它也成为我国发展中政治的一个集中体现，政治领域诸多问题的渊源或多或少都可以追溯至选举制度之中。

改革开放以来政治发展的进程中，选举制度的不断改革与进步当属其中引人注目的一项内容。为了保障人民能够较充分地行使选举权利，1979 年 7 月五届全国人民代表大会（以下简称"人大"）二次会议制定了新的《中华人民共和国全国人民代表大会和地方各级人民代表大会选举法》（以下简称《选举法》），此后，全国人民代表大会常务委员会（以下简称"全国人大常委会"）又于 1982 年、1986 年、1995 年、2004 年、2010 年和 2015 年六次对《选举法》进行修改和补充，进一步完善了选举制度，使我国的选举制度不断得到健全。1979 年以来的多次选举中，享有选举权和被选举权的人数占 18 周岁以上公民人数的 99% 以上，参选率在 90% 左右。选举制度的改革和完善，最引人注目的有四个方面。

一是直接选举的范围有所扩大。从 1954 年人民代表大会制度确立至 1979 年《选举法》实施，人民代表大会代表（以下简称"人大代表"）的直接选举范围长期限于乡、镇、市辖区和不设区的市。1979 年新制定的《选举法》将直接选举人大代表的范围由乡、镇、市辖区、不设区的市扩大到县和自治县一级，从而扩大了人民群众直接参与政治生活的权利。二是选区划分与候选人提名程序有所改进。选区划分是影响公民选举权和选举结果的一个重要因素。修改后的《选举法》将原来按照居住状况划分选区的规定改为按照生产单位、事业单位、工作单位和居住状况相结合划分选区。这一改变更加符合我国实际。代表候选人的

第三章 实践逻辑（上）：中国政治制度内涵的历史性展开

提名程序是选举中的一个关键环节，修改后的《选举法》实行自下而上、自上而下提名酝酿、民主协商确定候选人的办法。1953年《选举法》虽然规定了选民或者代表可以联合或者单独提出代表候选人，但强调以组织提名为主。1986年修改后的《选举法》和《中华人民共和国地方各级人民代表大会和地方各级人民政府组织法》（以下简称《地方组织法》）规定：各政党、各人民团体，可以联合或者单独推荐代表候选人；选民或代表10人以上联名也可以推荐代表候选人。1995年修改后的《选举法》规定：选民或者代表联名推荐的候选人与政党、人民团体推荐的候选人都必须提交选民或大会会议进行酝酿，在民主协商的基础上确定正式候选人。2004年修改后的《选举法》恢复了县乡人大代表直接选举中的预选程序，并规定选举委员会可以组织代表候选人与选民见面，回答选民问题。近几届人大代表选举时，竞争性选举的气氛有所增强。三是差额选举初步推行。对选民来说，选举就是择优，这要求选民要尽量全面真实地了解候选人信息，要求对候选人进行较全面地比较，而要做到这一点，除了在选举中安排适当的差额机制外不可能再有其他的办法。1979年以前，无论选举人大代表，还是选举地方国家机关领导人员，都采取等额选举办法。而从1979年开始，不仅各级人大代表的选举实行差额选举的办法，而且地方各级人大会议上选举本级国家机关领导人员也逐渐实行了差额选举的办法。1979年制定的《地方组织法》规定，选举各级地方国家机关的正职领导人员，其候选人数一般应多一人，进行差额选举。如果提名的候选人只有一人，也可等额选举。副职领导人员和人大常委会其他组成人员则应按照规定的差额数进行差额选举。实践中，差额选举办法不断完善，范围不断扩大。各地不仅在选举地方各级人大代表、人大常委会组成人员和政府副职中坚持实行了差额选举，而且不少地方在选举正职时，也实行了差额选举。差额选举的推行，代表了选举制度发展的大方向。四是积极实践选举平等。平等是现代选举制度的一项基本原则，其核心就是"一人一票"，即每个选民在每次选举中只能在一个选区享有一个投票权，不承认也不允许任何选民因民族、种族、职业、财产状况、家庭出身、居住期限的不同而在选举中有特权。我国选举权的平等性特别注重从特定的国情出发，而不拘泥于形式上的规定。这集中表现在《选举法》处理城乡、男女、少数民族的代表权问题上。根据1995年修改后的《选举法》，省级人大和全国人大代表的选举，由原先的农村每一代表所代表的人口数五倍于、八倍于城市每一代表所代表的人口数，改为农村每一代表所代表的人口数四倍于城市每一代表所代表的人口数，城市各选区每一代表所代表的人口数应当大体相等；农村各选区每一代表所代表的人口数应当大体相等，这一改变进一步体现了城乡居民权利平等的原则。基于改革开放以来我国农村经济社会的发展状况，党的十七大报告建议逐步实行城乡按相同人口比例选举人大代表，在人大代表选举领域最终实现权利平等的原则。2010年《选举法》的修改实现了这一原则。选举平等的实践还体现在男女代表比例的变化中。以全国人大代表为例：1954年第一届全国人民代表大会有妇女代表147人，占代表总数的11.99%。而2008年第十一届全国人大代表构成中，有妇女代表637名，占代表总数的31.33%。历届人大妇女代表的数量与比例都有所增加。《选举法》还对少数民族与汉族每一代表所代表的人口数规定了不同的人口比例，根据具体情况做出了有利于少数民族的规定，以保证各个少数民族在政治生活中的平等权利。

（二）人民代表大会制度的持续完善

人民代表大会制度的成长在当代中国政治发展进程中具有极其重要的地位。因为在当代中国政治制度的结构中，人民代表大会制度是一项根本制度。所谓根本制度的主要意思如下：人民主权或人民当家作主是现代国家政权合法性的基础，而人民代表大

第三章 实践逻辑（上）：中国政治制度内涵的历史性展开

会制度是直接体现这一基础的制度；人民与国家政权的关系是最为核心和根本的政治关系，而人民代表大会制度则是从人民主权原则出发的国家政权组织形式，是连接或表达人民与国家政权关系的制度通道；在政治制度系统中，其他制度的产生和运行都是以人民代表大会制度为基础的；党的领导、人民当家作主、依法治国有机统一是当代中国政治发展的规律，而人民代表大会制度则是实现这一统一的根本政治制度安排。现行《宪法》对人民代表大会制度作为根本制度的性质进行了确认，它规定："中华人民共和国的一切权利属于人民，人民行使国家权力的机关是全国人民代表大会和地方各级人民代表大会。"（《宪法》第二条）。就此来看，当代中国政治发展，特别应该关注人民代表大会制度作为根本制度的地位、结构和功能问题。社会主义政治的基本价值是人民当家作主，人民代表大会制度是人民当家作主在制度上的直接体现。因此，在理论上制度的安排及其运作是否反映、代表了价值的要求，既涉及人民代表大会自身的结构，也涉及人民代表大会功能的设定和履行状态，并在根本上影响着我国政治发展的程度和表现状态。

1. 人大及其常委会组织与工作的制度化。

改革开放以来，与我国社会主义民主法治建设的要求相适应，与中国经济社会的现实发展相适应，各级人大及其常委会的组织系统日益完善，工作机制的制度化水平日益提高，权力机关的宪法地位日益巩固，其授权、代议、监督的政治功能日益显现。

（1）人大及常委会工作的制度化。首先，各级人大代表履行职责方式的制度化程度有了相当的提高。各级人大代表是本级国家权力机关的组成人员。依靠和发挥代表的作用，是做好人大及其常委会工作的基础。1979年之前地方人大没有设立常委会，各级人大代表除参加人民代表大会会议之外，闭会期间的活动仅仅是视察一种形式。40年来，各级人大及其常委会把代表工作作为一项全局性、经常性、基础性的工作来抓，为代表执行职务、履行职责创造了条件。为了发挥全国人大代表的作用，1985 年全国人大常委会提出了《关于改进全国人民代表大会代表视察办法的意见》，通过改进代表集中统一视察的办法，逐步实行分散的、经常的视察和有组织的集中视察相结合，以利于代表深入了解情况，反映社情民意。1987 年全国人大常委会办公厅制发了全国人大代表视察证，之后，许多地方人大常委会办公厅也制发了人大代表视察证。同年 6 月，六届全国人大常委会第二十一次会议讨论并提出了《关于全国人大常委会加强同代表联系的几点意见》，对常委会与代表的联系、代表与原选举单位和人民群众的联系方式和做法，做出了一系列具体的规定。这些措施的实施为各级人大代表工作的经常化、制度化提供了保障。

1992 年 4 月，七届全国人大五次会议通过了《全国人民代表大会和地方各级人民代表大会代表法》（以下简称《代表法》），其后又经过 2009 年、2010 年、2015 年三次修改日益完善。该法从人民代表大会制度和我国国情出发，总结了各级人大常委会代表工作经验，对人大代表的权利和义务，履行职权的方式、方法做了规定。《代表法》赋予人大代表以特定的政治内涵，明确规定了人大代表"是人民权力的受托者和人民意志的表达者，是国家权力机关的组成人员，是国家权力的直接行使者"，[1] 而不是荣誉称号。为代表履行代表职务提供了法律依据和法律保障，使代表工作和代表活动进一步规范化和程序化。《代表法》的颁布实施标志着我国各级人大代表工作进入了一个新阶段，对于保障代表依法行使职权，履行义务，发挥作用，完善我国人民代表大会制度都具有重要意义。特别是 2005 年《全国人民代表大会代表建议、批评和意见处理办法》以及各地方人大相应办法的实施，我国人大代表的工作和活动出现了新的局面。各级人大代表在参加行使国家权力的实践中还探索和创造了

---

[1] 浦兴祖：《中华人民共和国政治制度》，上海人民出版社 2005 年版，第 104 页。

第三章 实践逻辑（上）：中国政治制度内涵的历史性展开

许多行之有效的代表活动方式、方法，如代表小组活动、视察、执法检查、评议、代表活动日、约见地方国家机关负责人、定期接待选民、走访联系群众、向选民述职、开展争先创优活动等。

其次，各级人大会议形式已形成制度化状态。人大是以会议形式开展工作的，因此，会议制度及会议期间的议事规则对人大工作具有实际的影响。改革开放以来，各级人大及其常委会的工作集中表现为开好两个会议：一是一年一次的人大会议；另一是至少每两个月一次的人大常委会会议。各级人大及其常委会在遵守宪法、维护法制统一的前提下，积极探索实践，在具体工作制度和机制上进行创新。这最集中地表现在会议制度的制度化和议事规则的制度化两个方面。

根据法律规定，各级人大贯彻民主集中制的原则，遵循合议制的决策体制，通过会议方式集体行使职权。全国人大的会议分为例会与临时会议两种。例会每年召开 1 次；临时会议在全国人大常委会认为有必要时，或者有 1/5 以上的全国人大代表提议时，即可召开。在实践中，尚无举行临时会议的先例。例会的召开日期，法律原来没有规定。从 1985 年前历次全国人大会议的实际情况看，除了 10 月份以外，几乎每个月份都召开过例会。自 1985 年第六届全国人大第三次会议开始，每年例会均在 3 月份开幕。1989 年通过的《全国人民代表大会议事规则》将"全国人民代表大会会议于每年第一季度举行"以法律的形式固定下来。历次全国人大会议的持续时间，平均每次约 15 天。最长的有 26 天（第一届全国人大第二次会议），最短的只有 5 天（第四届全国人大第一次会议）。全国人大的会期，是自 1995 年起开始相对固定的。除了涉及换届选举的一次会议一般为两个星期（14～15 天）外，历年会期的时间一般都控制在 10～12 天左右。地方人大的会期，因层级不同而有所不同。省级两会会期通常为 5 天左右，而市、县两级则更少。全国人大常委会和全国人大一样，贯彻民主集中制原则，实行少数服从多数的合议制的领导体制。现行《全国人民代表大会组织法》和《全国人民代表大会常务委员会议事规则》规定，全国人大常委会会议一般2个月举行1次。自第七届起，全国人大常委会会议的举行时间开始相对稳定，一般安排在双月的下旬举行。地方各级人大及其常委会也按照法律的要求定期召开会议。会议工作的制度化是人民代表大会工作制度化的一个重要标志。

为了加强人大工作的制度化建设，依照民主的、法定的程序行使职权，全国人大和地方人大及其常委会陆续制定和完善了各自议事的制度、规则，对会议的举行、议案和工作报告的审议程序、发言和表决等做出了具体规定。早在1983年1月7日云南省第五届人民代表大会第五次会议通过的《关于云南省人民代表大会及其常务委员会组织和工作程序若干问题的暂行规定》，成为人大及其常委会议事制度的雏形。1987年11月22日河南省第六届人大常委会第三十一次会议通过了《河南省人民代表大会常务委员会议事规则》，河南人大常委会由此成为全国率先通过立法并且以"议事规则"的形式来规范人大常委会议事制度的省级人大常委会。同年11月24日，第六届全国人大常委会第二十三次会议通过并于当日由主席令公布了《中华人民共和国全国人民代表大会常务委员会议事规则》。此后，1987~1990年间，全国包括河南省在内共有27个省、自治区、直辖市的人大常委会制定本级人大常委会议事规则。这27件议事规则中，仅1988年制定的就有24件。2009年4月24日第十一届全国人民代表大会常务委员会第八次会议通过了新修改的《中华人民共和国全国人民代表大会常务委员会议事规则》，其中涉及了诸多细节的规定，如任免案应当附有拟任免人员的基本情况和任免理由等。与此同时，人民代表大会的议事规则也陆续出台。继云南、广东两省的省七届人大二次会议于1989年3月9日同日分别通过《云南省人民代表大会议事规则》和《广东省人民代表大会议事规则（试行）》之后，到1991年底，全国共有20个省级人大制定了自

第三章　实践逻辑（上）：中国政治制度内涵的历史性展开

己的议事规则。1989年4月4日，第七届全国人民代表大会第二次会议通过了《中华人民共和国全国人民代表大会议事规则》。议事规则的制定和以后的修改完善，对于规范和保障人大及其常委会依法行使职权，提高人大及其常委会的议事效率和工作质量，发挥着重要的作用。另外，许多地方的人大常委会还制定了常委会组成人员守则；有的省市通过地方立法，规范人大代表、政府组成人员和"两院"领导人员列席地方人大及其常委会会议的制度，建立了旁听地方人大及其常委会会议的制度。

（2）人大及其常委会组织机构的完善。首先，人大与常委会之间的功能分化及关系的制度化获得引人注目的进展。在比较议会制度上，人民代表大会设常务委员会作为其常设机关，是我国的一个显著特点。从实践中看，应该说这也是我国社会主义政治建设在代议制度上正在形成的一个特点。人大常委会的设置，是由我国的国情所决定的。对国情、人大与人大常委会之间的联系，彭真曾从全国人大的意义上解释说："我国国大人多，全国人大代表的人数不宜太少；但是人数多了，也不便于进行经常的工作。全国人大常委会是人大的常设机关，它的组成人员是人大的常务代表，人数少可以经常开会，进行繁重的立法工作和其他经常工作。所以适当扩大全国人大常委会的职权是加强人民代表大会制度的有效方法。"① 这段话清楚地概括了设置人大常委会的基本原因。第六届到第十三届全国人民代表大会，其代表数一直维持在近3 000人的规模，而全国人大常委会委员只维持在155～175人之间（从第六届至第九届，为155人；第十届至第十二届，为175人；第十三届全国人大常委会组成人员为159人）。近3 000名代表，这样的规模直接影响到了人大的工作形式，全国人大一年一次会议的惯例就正是基于这一理由形成的；同时巨大的代表规模也影响到了讨论问题的深入程度和会议效

---

① 《中华人民共和国法律汇编》（1979—1984），人民出版社1985年版，第628页。

果，通常情况下，全体会议很难对会议议题展开充分的讨论，只能通过代表团或代表团小组会议的形式讨论议题。而人大常委会的情况就完全不同了，从世界各国议会大多都由四五百名议员组成的情况来看，159名代表组成的全国人大常委会是非常方便以会议的形式开展工作的机构；而各级地方人大常委会的组成人员更少，以会议的方式开展工作更为方便。从理论上分析中国的政治过程，人民代表大会与它的常委会显然存在着一种功能分化和互补的状态。人民代表大会主要提供政治合法性的功能，包括政府权力的合法性和公共政策的合法性；而人大常委会则在此基础上，更主要地提供着公共政策和监督的功能。我国1982年《宪法》的一个重要意义就在于强化了全国人大与它的常委会之间的这种功能互补状态：在组织上，规定全国人大常委会的组成人员不得担任国家行政、审判和检察机关的职务，以使委员专职化，在专门从事常委会工作的同时，加强对"一政两院"的监督；在职权上，将原来属于全国人大的一部分职权交由它的常委会行使，规定全国人大与常委会共同行使国家立法权和监督权。全国人大制定和修改刑事、民事、国家机构和其他的基本法律；全国人大常委会制定和修改除应当由全国人大制定的基本法律以外的其他法律，并可对全国人大制定的法律进行部分补充和修改。在全国人大闭会期间，全国人大常委会可以审查、批准计划和预算的部分调整方案，决定国务院各部部长、各委员会主任等人选。根据《宪法》规定，全国人大常委会拥有相当广泛、非常重要的职权，其在中国国家政治生活中具有相当大的作用，拥有相当高的地位。可以说，全国人民代表大会职权的分散，与人大常委会职权的扩大，有利于进一步发挥人大制度的功能，推进社会主义民主政治建设。实践的结果表明，人民代表大会与它的常委会之间功能互补的制度安排是适合中国大国国情的。

其次，各级人大常委会的组织机构日益健全。随着人大工作实践的发展并与我国社会主义政治建设相适应，全国人大常委会

第三章 实践逻辑（上）：中国政治制度内涵的历史性展开

的组织机构也日益健全和完善。第一届全国人大常委会设办公厅，办公厅下设法律室、研究室、编译室、人民接待室、民族室、顾问室、秘书处、总务处。改革开放以来，基于人大工作的稳步展开和立法的需要，全国人大常委会的立法、研究等工作机构得到了加强。全国人大常委会目前的办事机构主要有：办公厅、法制工作委员会、预算工作委员会、香港特别行政区基本法委员会和澳门特别行政区基本法委员会。办公厅下设秘书局、研究室、联络局、外事局、新闻局、信访局、人事局、机关事务管理局、人民大会堂管理局等部门，主要承担全国人大会议、全国人大常委会会议、委员长会议的各项筹备和会务等方面的工作。

县级以上地方各级人大设立常委会是我国地方政权建设的一件大事，也是改革开放以来我国政权体系日益完善的一大表现。早在1954年制定新中国第一部《宪法》时，就有人提出地方各级人大也应当同全国人大一样设立常委会。但由于考虑到当时的地方各级人大不行使立法权，设立这个机构的必要性不足，故该意见未被采纳。1979年，第五届全国人大第二次会议通过《关于修正宪法若干规定的决议》，该决议规定了县级以上地方各级人大设立常委会，并将此写入了同时通过的《地方组织法》。至此，县级以上地方各级人民代表大会设常委会成为我国的一项宪法制度并得到普遍实施。

最后，人大专门委员会的设立日益适应人大工作的需要。为了使作为国家权力机关的各级人大能够经常性地开展工作，各级人大不仅设立常务委员会，作为它的常设机关，而且还设立若干专门委员会作为它的常设专门机构。人大专门委员会与常委会不同，专门委员会不具有权力机关的性质，而是在权力机关领导下担负某种专门任务的机构。按照隶属关系，各专门委员会受本级人民代表大会领导，只有在大会闭会期间，才受本级人大常委会领导。1954年全国人大成立伊始就设立了民族委员会、法案委员会、预算委员会和代表资格审查委员会，其中，前两者为常设机构。实践证明，设立专门委员会对于加强最高国家权力机关工作很有必要。但 1975 年《宪法》取消了这一规定。为了更有效地行使国家权力，依照《宪法》规定全国人大及其常委会加强了组织建设，特别是专门委员会的建设。1982 年《宪法》明确规定："全国人民代表大会设立民族委员会，法律委员会、财政经济委员会、教育科学文化卫生委员会、外事委员会、华侨委员会和其他需要设立的专门委员会。"改革开放以来，全国人大专门委员会的组织不断完善。第六届全国人大设有民族委员会、法律委员会、财政经济委员会、教育科学文化卫生委员会、外事委员会和华侨委员会，第七届全国人大增设了内务司法委员会，第八届增设了环境与资源保护委员会，第九届增设了农业与农村委员会；根据目前发展阶段国家治理的需要和体制改革的实际，第十三届全国人大增设了社会建设委员会，并将法律委员会和内务司法委员会分别改为宪法和法律委员会、监察和司法委员会。目前全国人大共设立了 10 个专门委员会。

根据《地方组织法》第三十条的规定，省、自治区、直辖市、自治州、设区的市的人民代表大会根据需要，可以设法制委员会、财政经济委员会、教育科学文化卫生委员会等专门委员会；县、自治县、不设区的市、市辖区的人民代表大会根据需要，可以设法制委员会、财政经济委员会等专门委员会。实践中，地方人大设置专门委员会的情况差异较大，比如省级人大专门委员会设置最多的有 10 个（贵州），最少的则只有 2 个（海南）。一般而言，地方人大专门委员会的设置须适应各地方的实际情况，数量不是法律的刚性要求。

2. 人大代表结构的进一步优化。

结构与职责相适应是政治领域最一般的要求，也是我国社会主义政治建设的一个基本内容。从理论上讲，由人民授权、《宪法》规定的人民代表大会的职责是既定的，但是，这个职责的实际履行状态则受到多种因素的影响。其中，人大代表的构成及代

第三章 实践逻辑（上）：中国政治制度内涵的历史性展开

议能力就是一个重要方面。特别是改革开放以来，人民代表大会的自身建设取得了明显的成就，人大代表的素质和结构较以往有了明显的改善。

人大代表结构的变化反映了中国经济社会发展的基本情况。与其他国家的议会不同，人民代表大会具有更为充分的代表性，这种代表性首先是由人大代表来源的广泛性所保障的。在多达十三届的全国人民代表大会的实践中，代表名额的分配和候选人的确定一直遵循各区域、民族、行业、界别等方面相平衡的原则。就历届全国人大的组成情况来看，按照我们习惯的分类，代表中包括了工人、农民、知识分子、解放军、干部、港澳同胞、归国华侨、少数民族、妇女、中共党员、民主党派、无党派人士等身份的代表。有学者以职业为根据，对第九届、第十届全国人大代表进行了分类，结果显示代表的职业横跨了从法律界人士、企业家到运动员、医生等十四个主要职业领域。[①] 应该说我国各级人大代表来源的广泛性是毋庸置疑的，这从一个角度表明了我国人大代表结构的某种合理性。

在代表来源广泛性的基础上，随着我国经济社会的发展，各级人大代表的结构也发生了适应性的变化。这些变化的主要特征有：

第一，人大代表的受教育程度有所提高。随着全民受教育程度的提高，人大代表的受教育程度已不可与新中国成立初期同日而语，总体上呈现出不断提高的趋势。虽然不同层级的人大代表，其受教育的程度会有所不同，下级人大代表通常没有上级人大代表的程度高，但总体而言，近几届的人大代表应该说构成了一个高学历的群体。比如在十一届全国人大2 897名代表中，具有大专以上文化程度的占92%以上，其中一半以上具有研究生学历。再比如北京市十三届人大代表中，大专以上学历的代表

---

① 蔡定剑：《中国人民代表大会制度》，法律出版社2003年版，第221页。

752人，占97.54%，比上届提高两个百分点。其中，研究生学历的354人，比例达45.91%。

第二，人大代表的知识结构日益合理。作为一个决策群体，人大代表的知识结构在一定程度上影响着决策的效果。特别是在知识经济、知识社会的背景下，决策者的知识结构具有非常重要的意义。每个代表的知识总是有多有少，侧重的领域、专业也有所不同。但作为一个群体，它必须拥有与经济社会发展相适应的相对合理的知识结构，从而使具有不同知识水平、不同专业能力的代表相互影响、相互配合，构成一个有效的决策群体。改革开放以来，人大代表领域的一个最为明显的变化就是相当数量的不同层级、不同领域的专门人才如律师、教授、工程师、经济师等进入各级人大，形成了文、理、工、农等不同专业人才的代表相互配合、互相补充的局面。在一些人才较为集中的城市，这种情况表现得尤为突出。如北京市十三届人大代表中，具有高级专业技术职称的就有471人，比例达61.09%。

第三，新社会阶层的代表活跃于各级人大。经济社会的发展必然伴随着社会结构的进一步分化。改革开放以来，中国社会分化出了许多新的社会阶层和社会角色，最突出的当属民营企业主和农民工。这些新的社会阶层的代表及时进入了各级人大，表明了中国政治体系的开放性。第十届全国人大有民营经济的代表超过230人，占全体代表的8%左右。在民营经济发达的东南沿海地区，各级地方人大代表中，民营经济代表的比例还会高一些。虽然对民营经济代表的看法众说纷纭，但就社会阶层的利益表达而言，民营经济的代表进入各级人大不仅是必然的，其对中国政治的影响也是积极的。与民营经济的代表相比，农民工代表进入人大的时间要迟一些。第十一届全国人大的农民工代表有3人。第十三届全国人大的农民工代表多达45人。

第四，人大代表的政治结构较为稳定和平衡。就党派情况而言，各级人民代表大会中，中国共产党党员占据多数的状态一直保持稳定。在地方人大，共产党员代表所占比例一般不低于50%，不超过65%，全国人大的比例会更高一些。这符合中国共产党作为执政党的地位，这个比例能够保证党的路线方针得到贯彻，保证把党的意图变成人民的意志。与此相互补，民主党派和无党派代表大体稳定在35%左右，如四川省第十一届人大民主党派和无党派代表接近40%；全国人大的比例有时会低一些。少数民族代表在各级人大中的稳定性是最高的，这与人大代表的产生基于一定的人口基数相关，也与保障少数民族代表权的政策相关。比如第十一届全国人大有少数民族代表411名，接近代表总数的14%。值得注意的是，每个少数民族都有本民族的代表，人口极少的少数民族至少都有一名代表。在西藏自治区，世代生活在喜马拉雅山南麓的珞巴族，人口不足三千人，也拥有一名全国人大代表。

总的来看，人大代表结构的变化能够基本反映改革开放以来中国经济社会发展的现状和要求，保障人大履行宪法授予的职能。但是，就人大代表的代表性及履职能力的要求而言，人大代表结构的优化仍存在着一定的改进空间。一段时期以来，人大代表结构中存在的"三多""三少"问题：即领导干部多、企业家多、党员多，基层代表少、工人和农民少、非党人士少便反映了结构优化的必要性和改进方向。党的十八大要求，提高基层人大代表特别是一线工人、农民、知识分子代表比例，降低党政领导干部代表比例。现行《选举法》第六条规定："全国人民代表大会和地方各级人民代表大会的代表应当具有广泛的代表性，应当有适当数量的基层代表，特别是工人、农民和知识分子代表；应当有适当数量的妇女代表，并逐步提高妇女代表的比例。"第十三届全国人民代表大会代表构成表明了代表结构优化的总体情况：在选出的代表中，少数民族代表438名，占代表总数的14.70%，全国55个少数民族都有本民族的代表；归侨代表39名；连任代表769名，占代表总数的25.81%。与十二届相比，妇女代表 742 名，占代表总数的 24.90%，提高了 1.5 个百分点；一线工人、农民代表 468 名（其中有 45 名农民工代表），占代表总数的 15.70%，提高了 2.28 个百分点；专业技术人员代表 613 名，占代表总数的 20.57%，提高了 0.15 个百分点；党政领导干部代表 1 011 名，占代表总数的 33.93%，降低了 0.95 个百分点。①

3. 发展中的人大监督和监察委员会制度的建立。

监督权是宪法和法律赋予各级人大及其常委会的一项重要职权，事实上，人大及其常委会拥有的重大事项决定权、人事任免权等都可视为监督权的范畴。人大监督权，从根本上说是人民当家作主、管理国家事务的政治权力。有学者认为："在行政权处于强势的时代，对它进行监督、检查和控制，无疑是人们对立法机关的合理期待。与提出某些法律议案相比，立法机关通过行使监督权，也许更能使问题得到解决。"② 这种判断是有实践依据的。

（1）人大监督已经形成良好态势。1982 年，中华人民共和国第四部宪法（以下简称"八二宪法"）颁布以来，人大及其常委会监督工作涉及的主要内容包括：法律监督、工作监督和人事监督三个方面。法律监督主要是指对政府、监察委员会（以下简称"监委"）、法院、检察院以及下一级大大及其常委会违反宪法、法律、法规的行为的监督。工作监督，就是指对本级政府、监委、法院、检察院或下一级人大及其常委会，在执行国家的方针、政策和上级或本级人大及其常委会决议、决定中的失误进行批评和纠正。人事监督，就是对政府、监委、法院、检察院违反法律规定任免国家机关工作人员的情况，对人大及其常委会选举或者任免的国家机关工作人员违宪、违法或者渎职行为予以纠正或处置。

---

① 材料来源：http：//m.news.cctv.com/2018/03/03/ARTISYDeEgJE35ReEqY8ma9z180303.shtml。

② Kevin. J. O'Brien. Reform Without Liberation：China's National People's Congress and the Politica and Institutional Change，Cambridge University Press，1990. P. 77.

第三章　实践逻辑（上）：中国政治制度内涵的历史性展开

改革开放四十年，各级人大及其常委会依据法定职权围绕改革开放和现代化建设中的重大问题和人民群众关心的"热点"问题，在监督方面做了大量实际工作。比如，九届全国人大把监督工作提到与立法同等重要的高度，先后对22件法律和法律问题的实施情况进行了检查，听取并审议了"一府两院"① 40个专题报告。十届全国人大及常委会共听取和审议国务院、最高人民法院、最高人民检察院的41个专项工作报告，15个决算、审计和计划执行情况报告；由副委员长带队，就22件法律的实施情况组织了25次执法检查；受理群众来信47万多件次，接待来访21万批次。② 十二届全国人大常委会把加强执法检查摆在突出位置，探索形成了包括6个环节的执法检查工作流程。一是选好执法检查题目，重点抓住经济社会发展中亟须解决、人民群众普遍关心的突出问题，检查相关法律的实施情况。二是搞好执法检查组织工作，由委员长、副委员长担任执法检查组组长，带队赴地方开展检查；坚持常委会直接检查与委托地方人大开展检查相结合，扩大执法检查的覆盖面；注重深入基层了解实际情况，把问题找准、把症结查清。三是全面报告执法检查情况，提出务实有效的建议，使执法检查报告成为解决问题、完善制度的重要依据。四是认真进行审议，常委会组成人员充分发表意见、集思广益；同时选择部分执法检查项目，结合审议开展专题询问，国务院及其有关部门负责同志到会听取意见、回答询问。五是推动改进实际工作，督促"一府两院"认真研究处理常委会执法检查报告和审议意见，切实解决突出矛盾和问题；有关专门委员会进行跟踪监督。六是要求"一府两院"报告整改落实情况，常委会根据实际情况安排进行审议。这6个环节形成对法律实施情况的"全链条"监督工作流程，切实增强了人大监督工作的系统

---

① "一府"指人民政府，"两院"指人民法院、人民检察院，下同。
② 参见2008年3月8日吴邦国在十一届全国人大一次会议上的报告。

性、针对性和有效性。① 质询是人大监督的基本制度，质询案从无到有，影响越来越大。1980年9月，五届全国人大三次会议上，代表们发起了人大历史上质询第一案，北京、天津、上海等5个代表团先后4次向冶金部提出质询，共提了60条意见。时任冶金部部长等人，认真回答了代表们的质询，详细介绍了有关的数据。1989年5月在湖南省七届人大二次会议上，代表们就清理整顿公司的问题向省政府提出质询案。负责该项工作的副省长在回答代表质询时，对涉及省政府负责人子女、亲戚在公司任职等相关情况一问三不知。177名代表很不满意，联名对该副省长职务提出罢免案。结果以506票赞成、162票反对、98票弃权获得通过。在2007年广东省九届人大三次会议上，佛山市代表团25位代表就四会市在北江边江南工业园建电镀城问题，联名提出对省环保局的质询案。由于省环保局负责人敷衍塞责，两次口头答复都使人大代表很不满意。最后，代表们动议撤销接受质询的省环保局副局长的职务。由于在各级人大的场合，质询案在数量上仍数个案，上述这些质询案，其所产生的影响和深刻意义远远超出质询案本身。有人评论它是人民真正当家作主的一缕曙光。同时，审议"一府两院"的工作报告变得越来越具有实际意义。在人民代表大会的历史上已开始出现工作报告不被通过的情况。2001年2月14日，在沈阳市第十二届人大四次会议上，沈阳市中级人民法院因爆出"腐败窝案"，其工作报告未获人民代表大会通过，这在新中国历史上是第一次。2007年1月24日，湖南衡阳市第十二届人民代表大会第五次会议上，《关于衡阳市中级人民法院工作报告的决议》因赞成票未达到应到代表人数一半而未获通过。上述事实均表明，各级人大监督职能的履行已形成良好态势。

---

① 张德江：《关于全国人大常委会工作报告》，http：//www.npc.gov.cn/npc/zhibo/zzzb33/node_27356.htm。

第三章　实践逻辑（上）：中国政治制度内涵的历史性展开

特别需要强调的是，在人大监督工作的实践中，一些地方人大常委会在加强和改进监督的实践中，除了开展一般的常见的监督，如听取和审议政府、法院、检察院的工作报告和专题汇报，对国民经济和社会发展计划、财政预算的审查监督等，还依照宪法和法律的规定，不断拓宽监督渠道，改进监督方式，大胆探索和创造了一些行之有效的监督形式和做法，这些创新性探索主要有：执法检查，代表评议，述职评议，个案监督、倡导并督促建立和落实执法责任制与错案责任追求制，提出质询案，组织特定问题调查，提出罢免案等。① 这些创新性的监督形式付诸实践都取得了明显的效果，其中，有些监督形式受到了全国人大常委会的充分肯定，并已被采用，有的已经或正在上升为法律制度，为改进和加强整个国家权力机关的监督提供了宝贵经验。

应该说，无论是人们对人大监督的认识，还是人大监督的实践都经历了一个发展过程，对此，有学者讲道：人们从不敢言监督、到羞羞答答言监督，到当前理直气壮谈监督，表明百姓对人大监督的认识水平和领导层对人大监督的接受能力已经达到了一个相当的程度。② 从人大监督的实际效果来看，也是比较明显的，对宪法和法律实施的监督，以及对行政、审判、检察机关的工作监督，保障了宪法和法律、法规的贯彻实施，推动了党和国家的路线、方针、政策的贯彻执行，为促进改革开放和现代化建设，维护社会稳定，做出了积极贡献，赢得了人民群众的信赖和拥护。有人明确指出："全国人大在提高监督能力方面还是取得巨大的进步的。与过去相比，它更加关注法律的执行，并使得地方官员理解和明确他们的权力责任和范围。这同时也是一个在中国普及法治的过程。另一方面，工作监督也能持续地提醒国家官

---

①　尹世洪、朱开杨：《人民代表大会制度发展史》，江西人民出版社2002年版，第326~335页。

②　林伯海：《人民代表大会监督制度的分析与构建》，中国社会科学出版社2004年版，第331页。

员要摆正其位置,将自己置于公仆的地位。随着工作报告和预算审查工作的改进,全国人大也为它提高对国务院的重大运作独立进行立法监督提供了某种条件。"① 当然,人大监督仍存在很多问题需要解决,还有很多空间需要拓展,很多功能有待开发。

(2)人大监督已步入法治轨道。像立法权的行使需要法律支持一样,人大监督权的行使也需要法律的支持。从我国宪法对人大职权的规定来看,无论是对规范性文件的宪法监督,还是对"一府两院"职责履行的监督,人大的监督权都有着充分的宪法依据。人大并不是没有监督权,不是缺少宪法的监督授权,而是缺乏有关监督权如何行使的程序性规定。十届人大常委会于2006年8月27日通过的《中华人民共和国各级人民代表大会常务委员会监督法》(以下简称《监督法》),是新中国第一部监督专门法,它在规范各级人大常委会监督行为领域有许多新的规定。

第一,建立了各级人大常委会听取和审议"一府两院"专项工作报告制度。《监督法》规定,各级人大常委会有权决定本行政区域内的重大问题,因而对"一府两院"在重大问题上所做出的决定享有针对性的监督权。为此,《监督法》规定在人大闭会期间由各级人大常委会对"一府两院"的专项工作报告进行审议,这一制度保障了各级人大常委会对"一府两院"实施宪法和法律活动监督的主动性和经常性,也保证了各级人大在重大问题和重大事项上的决定权。

第二,实现人大执法检查的规范化。执法检查是人大把工作监督和法律监督结合起来的一种监督形式,它既检查"一府两院"在法律执行过程中存在的问题,从而促进依法行政、公正司法;又检查法律、法规自身存在的缺陷,以利于法律、法规的及时修改和完善。针对以往执法检查随意性大、程序不统一、方法不规范等问题。《监督法》专章规定"法律法规实施情况的检

---

① 孙哲:《全国人大制度研究》,法律出版社2004年版,第222页。

查",各级人大常委会"每年选择若干关系改革发展稳定大局和群众切身利益、社会普遍关注的重大问题,有计划地对有关法律、法规实施情况组织执法检查",并进一步规范了法律检查的权限、程序及反馈方式等。同时,为了保证人大执法检查工作的实效,根据目前我国的具体国情,《监督法》还规定了可以实行委托执法检查的制度。

第三,解决人大立法监督的实效化问题。这个问题是指:根据宪法和《中华人民共和国立法法》(以下简称《立法法》),我国已经建立起了以权力机关特别是最高权力机关为核心、其他机关为辅助的立法监督制度。但是,现实中突出的立法无序现象,说明这个制度存在着非常大的漏洞。针对这种现象,《监督法》弥补了人大对"一府两院"监督中的立法缺陷,明确授权"县级以上地方各级人大常委会有权撤销下一级人大及其常委会做出的不适当决议、决定,有权撤销本级人民政府发布的不适当的决定和命令"。同时规定人大常委会行使上述权力的程序,由省、自治区、直辖市的人民代表大会常务委员会参照《立法法》,做出具体规定。强调了"备案审查"机制在立法监督中的地位和作用,以"规范性文件的备案审查"专章的一系列规定与《立法法》相衔接。这将有助于强化各级权力机关的审查职责,促使其及时清理、过滤掉不合时宜或违法的规范性文件,从源头上保障法制统一。

第四,建立了全国人大常委会对最高人民法院和最高人民检察院司法解释的违法审查机制。人大作为权力机关,其对审判机关和检察机关实施宪法和法律情况的监督,不仅表现在对"两院"具体适用法律及审判活动的监督,还应表现在全国人大常委会对最高人民法院、最高人民检察院所作的司法解释的监督。《监督法》第三十二条明确授权全国人大常委会享有对最高人民法院、最高人民检察院所做司法解释的监督职权,并规定了全国人大常委会具体审查司法解释合法性的法律程序。该条规定:国务院、中央军事委员会和省、自治区、直辖市的人民代表大会常务委员会认为最高人民法院、最高人民检察院做出的具体应用法律的解释同法律规定相抵触的,最高人民法院、最高人民检察院之间认为对方做出的具体应用法律的解释同法律规定相抵触的,可以向全国人民代表大会常务委员会书面提出进行审查的要求,由常务委员会工作机构送有关专门委员会进行审查、提出意见。前款规定以外的其他国家机关和社会团体、企业事业组织以及公民认为最高人民法院、最高人民检察院做出的具体应用法律的解释同法律规定相抵触的,可以向全国人民代表大会常务委员会书面提出进行审查的建议,由常务委员会工作机构进行研究,必要时送有关专门委员会进行审查、提出意见。

第五,建立各级人大常委会行使监督权的公开制度。本质上,人大监督可以被看作是公民监督的一种形式。① 说到底,一国的监督体系,都是建立在公民监督权之上的,是公民监督权派生出来的。公民行使监督权的方式通常有两种:一是直接行使监督权。如公民直接对政府机关或公务员提出批评和建议。二是通过选出或授权组织代表自己行使监督权。如各国议会和专门机关所行使的监督权。因此,各级人大,特别各级人大常委会能否对"一府两院"进行有效监督,在根本上涉及人民授予人大及其常委会的监督权能否实现。为此,各级人大常委会对"一府两院"如何行使监督职权、其效果如何等,必须要向人民公开,让人民了解,便于人民监督。《监督法》从两个方面强调了各级人大常委会行使监督职权的公开原则。第六条规定:各级人民代表大会常务委员会行使监督职权的情况,应当向本级人民代表大会报告,接受监督。第七条规定:各级人民代表大会常务委员会行使监督职权的情况,向社会公开。

---

① 参见王家福、刘海年:《中国人权百科全书》,中国大百科全书出版社1998年版,第255页。

(3) 监委会制度的建立。概而言之，人民代表大会制度的主要功能有二：一是授权，即人民通过各级人民代表大会将抽象政府权力转换为具体的政府权力；二是监督，即保障具体政府权力的行使符合授权的目的。在现实中，这两方面功能存在着一定的失衡状态，权力的滥用和腐败现象的大范围存在表明了这种失衡状态，或者说表明了监督权缺失的发展程度。为了强化人民代表大会制度的监督功能，在总结改革开放以来监督工作经验的基础上，中共十八届三中全会开始探索国家监察体制改革试点工作，在北京、山西、浙江试点监察委员会制度。中共十九大要求："深化国家监察体制改革，将试点工作在全国推开，组建国家、省、市、县监察委员会，同党的纪律检查机关合署办公，实现对所有行使公权力的公职人员监察全覆盖。"[①] 2018年3月，第十三届全国人民代表大会第一次会议通过了《中华人民共和国监察法》。随后，作为国家监察职能专责机关的四级监察委员会普遍建立，就此人民代表大会所产生的国家权力结构中，又形成了一个相对独立的监察权，与行政权和司法权并列。

监察委员会的性质是国家监察职能的专责机关。国家监察委员会是最高监察机关，由全国人民代表大会产生，向全国人民代表大会及其常务委员会负责，并接受其监督，负责全国监察工作。地方各级监察委员会由本级人民代表大会产生，对本级人民代表大会及其常务委员会和上一级监察委员会负责，并接受其监督。各级人民代表大会常务委员会听取和审议本级监察委员会的专项工作报告，组织执法检查。国家监察委员会领导地方各级监察委员会的工作，上级监察委员会领导下级监察委员会的工作。监委会制度的建立将极大地改变长期以来公权力监督弱化的局面。将原分散于各个部门中的监督力量集中起来，并与党的纪检

---

① 本书编写组：《党的十九大报告学习辅导百问》，学习出版社、党建读物出版社2017年版，第53页。

部门合署办公，实现了监督职能和力量的集约化，形成了"把权力关到制度的笼子里"的有效体制。中国悠久的传统政治文明，有着非常值得当今借鉴的优秀成分，但也有留给今人的历史困惑。其中，最大的困惑就是我们数千年的政治文明没有发育出可长久解决"吏治"问题的办法。监委会制度的实践代表了中国共产党回应这一历史困惑的新探索。

（三）协商民主广泛、多层、制度化发展

所谓协商民主是指政府与社会各方就公共政策进行对话和讨论，以期达成政策共识的活动。作为一种新兴的民主理论与实践形式，协商民主大致有如下特点：第一，协商民主的前提是协商过程中参与主体的平等性，基于社会多元利益而形成协商主体必须具有平等的地位，这是协商民主的前提条件。第二，协商的内容具有公共性即必须涉及一定范围的公共事务。第三，协商民主过程强调各参与主体的普遍性与公开透明性。协商应当建立在各协商主体信息对称或对等的基础上，通过互动式的对话、商讨、辩论、听证、审议等形式进行，这是协商民主的程序保障。第四，各协商主体对协商结果合法性的认同。按照规范化和制度化的正当程序进行的民主协商过程所达成的共识应具有一定的合法性，各协商主体必须给予认同，否则协商民主就不具有可持续性。实践表明，协商民主在政治发展过程中具有重要意义，它是对代议民主的补充与矫正。

协商民主是社会主义民主的重要形式。社会主义协商民主理论是人民民主理论的有机构成部分，体现着人民民主理论在新时代的发展。早在2006年2月，中共中央颁布《关于加强人民政协工作的意见》中就第一次明确提出："人民通过选举、投票行使权利和人民内部各方面在重大决策之前进行充分协商，尽可能就共同性问题取得一致意见，是我国社会主义民主的两种重要形式。"接着中共十八大将协商民主从民主的一般形式提升到民主

第三章 实践逻辑（上）：中国政治制度内涵的历史性展开

的制度形式，提出了健全社会主义协商民主制度，推进协商民主广泛、多层、制度化发展的重大命题。十八届三中全会又将协商民主定义为中国民主的特有形式。习近平《在庆祝中国人民政治协商会议成立 65 周年大会上的讲话》中指出："保证和支持人民当家作主，通过依法选举、让人民的代表来参与国家生活和社会生活的管理是十分重要的，通过选举以外的制度和方式让人民参与国家生活和社会生活的管理也是十分重要的。人民只有投票的权利而没有广泛参与的权利，人民只有在投票时被唤醒、投票后就进入休眠期，这样的民主是形式主义的。"[1] 因此，"人民通过选举、投票行使权利和人民内部各方面在重大决策之前进行充分协商，尽可能就共同性问题取得一致意见，是中国社会主义民主的两种重要形式。在中国，这两种民主形式不是相互替代、相互否定的，而是相互补充、相得益彰的，共同构成了中国社会主义民主政治的制度特点和优势。"[2]

在我国，协商民主是有传统和基础的，是制度化的。在协商民主话语在 21 世纪初期作为正式话语出现之前，关于中国政治体系中协商要素的理论概括用的是政治协商概念。就协商民主的实践展开形式而言，如政党协商、人大协商、行政协商、政协协商、人民团体协商、基础民主协商、社会组织协商等，它们无非是中国共产党领导的多党合作和政治协商制度具体内涵的历史性展开。"协商民主是我国社会主义民主的主要组成部分，是我国社会主义民主政治的特有形式和独特优势，也是中国共产党执政和决策的重要方式。"[3] 观察改革开放以来中国的政治发展，就民主制度内涵的展开而言，中国共产党领导的多党合作和政治协商制度数十年来的发展应是一个集中的体现。首先，对制度内组

---

[1][2] 习近平：《在庆祝中国人民政治协商会议成立 65 周年大会上的讲话》，http：//cpc.people.com.cn/n/2014/0922/c64094 - 25704157.html。

[3] 中共中央文献研究室：《习近平关于社会主义政治建设论述摘编》，中央文献出版社 2017 年版，第 53 页。

织和主体性质的认识及定位与时俱进：中国共产党的性质和地位由中国工人阶级先锋队到中国工人阶级先锋队，同时是中国人民和中华民族的先锋队；从领导人民为夺取全国政权而奋斗的党，成为领导人民掌握全国政权并长期执政的党；民主党派的性质定位从民族资产阶级、小资产阶级政党到社会主义劳动者、拥护社会主义的爱国者的政治联盟，再到参政党；参加人民政协的界别从传统行业到社会新阶层的拓展；政协委员的社会身份从被团结的对象到社会精英。其次，对制度的组织载体人民政协的认识有所深化：人民政协从传统的统一战线组织到参政议政的重要场所，再到中国政治体制的重要组成部分和社会主义民主的重要形式，再到社会主义协商民主的重要途径和专门协商机构。最后，对制度本身的认识有了一个根本性的变化：从统一战线制度到具有中国"特点和优点"的政治制度，再到中国基本政治制度。总体看来，协商民主的发展是改革开放以来中国政治发展的一个重要方面，其中，这一民主形式制度化程度的提升给人印象深刻。表现为：一是制度及组织作为基本政治制度的地位得到确立；二是人民政协被定位为专门协商机构；三是协商民主的主体和内容越来越具有开放性和包容性。

1. 政治协商制度及组织作为基本政治制度的地位得到确立。

中国共产党领导的多党合作和政治协商制度，被定义为我国的基本政治制度之一。新中国成立七十年来，这一制度在实践中不断丰富和完善，随着人们对这一制度认识的深化，它的地位也不断提高。1993年，八届全国人大一次会议审议通过的《中华人民共和国宪法修正案》，将"中国共产党领导的多党合作和政治协商制度将长期存在和发展"载入根本大法；1997年，中共十五大将坚持和完善共产党领导的多党合作和政治协商制度写进了社会主义初级阶段基本政治纲领；2004年，新修订的政协章程也把"中国共产党领导的多党合作和政治协商制度是我国的一项基本政治制度"纳入了章程内容。至此，在我国现实政治生活

第三章 实践逻辑（上）：中国政治制度内涵的历史性展开

中长期存在并发挥重要作用的这一制度得到了宪法及其他制度文本的全面肯定，成为一项有法律、政策保障的政治制度。

在当代中国，政治协商制度具有较高程度的制度化载体，即遍及全国的人民政协组织体系。人民政治协商会议是中国人民的爱国统一战线组织，是我国政治生活中社会主义民主的重要形式。在发展进程中，人民政治协商会议作为国家政权组织形式之外的正式制度和正式组织得到确立。首先，人民政协是当代中国政治体系的有机构成部分，处于这一体系之内而不是之外，是这个体系所包含的许多正式制度和正式组织之一。所谓正式制度和组织通常是指具有成文法形式的制度和组织或者具有惯例形式（长期存在和运行）的制度和组织。从新中国成立初期的《中国人民政治协商会议共同纲领》《人民政协组织法》到1989年《中共中央关于坚持和完善中国共产党领导的多党合作和政治协商制度的意见》、2005年《中共中央关于进一步加强中国共产党领导的多党合作和政治协商制度建设的意见》、2006年《中共中央关于加强人民政协工作的意见》都确认人民政协是我国政治制度的重要组成部分。而新中国成立70年来，特别是改革开放以来，各级人民政协委员会成系统的建制及制度化运行更表明这一组织的重要性和正式性。当代中国政治体系所包括的正式制度主要有：选举制度、人民代表大会制度、行政制度、司法制度、民族区域自治制度、共产党领导的多党合作制度、政治协商制度、基层自治制度等。像其他国家一样，我国政治体系中的正式制度也可分为国家政权组织制度和社会政治组织制度。上述制度中，由于政党制度应对和解决的是社会的政治组织问题，政治协商制度应对和解决的是社会的有序参与问题，这便决定了作为多党合作和政治协商制度的具体组织形式，人民政协不可能像人民代表大会制度那样成为组织国家政权的制度。作为社会主义民主的重要形式，人民政协是同统一战线相联系的民主形式，而不是国家政权机构那样的民主形式；是同各党派之间合作和协商的民主形式，而不是社会群众运动那样的民主形式；是为统一战线成员和各民主党派提供的民主协商和参与的平台，而不是同执政党和政府对抗的政治形式。概而言之，人民政协是政治协商制度主要的和基本的组织形式，是中国特色有序政治参与的主要载体。

2. 人民政协被定位为专门协商机构。

推动社会主义协商民主广泛、多层、制度化发展是新时代政治建设战略。这个战略是形成人民政协性质和功能新认识的现实依据。也就是说，关于人民政协专门协商机构科学内涵的认识，必须在新时代和协商民主政治建设战略基础上进行。实践中，社会主义协商民主具有系统构成特征。本质上，关于人民政协专门协商机构内涵的揭示就是以这一系统化构成为背景的。因此，概而言之，专门协商机构无非是针对人民政协在我国政治体系、特别是协商民主体系中独特地位新的理论概括。

首先，人民政协协商职责之"专门"。人民政协作为专门协商机构，其内涵强调的是协商职责之于人民政协的专门性。人民政协专门协商机构的性质，首先是相对于其他协商渠道即中国共产党、人大、政府、民主党派、人民团体、基础组织、企事业单位、社会组织、各类智库等而言的。在我国，推动协商民主广泛、多层、制度化发展，是一个系统性命题。协商的多渠道，协商形式的多样化是我国协商民主的典型特征。在我国协商民主系统中，只有人民政协才具有专门协商机构的职责特点和性质。

作为中国特色社会主义民主的基本形式之一，协商民主在现实中已经有了相当程度的展现。其中，组织化、制度化程度最高，历史最悠久的当属以人民政协为渠道开展的协商民主。此三个特点是人民政协能够承担和充分发挥专门协商机构功能的现实资源。与其他协商民主渠道相比，发挥协商民主的作用，是人民政协本身的职责所在，所谓"专门"是也，即人民政协是专门发挥协商民主作用的机构。在中国协商民主体系中，除了人民政

第三章 实践逻辑（上）：中国政治制度内涵的历史性展开

协之外，其他协商渠道如政党、人大、政府等，不过是有关党政部门履行各自职责必需的工作方式和机制，目的在于通过协商更好地履行职责。比如对人大来说，立法协商仅是其履行立法职责的具体工作方式之一，通过立法听证等协商形式，使社会需求进入立法过程能够获得一定程度的保障。而对人民政协来说，协商民主的意义则与之大不相同，协商形式不仅是人民政协的具体工作方式，贯穿于它"三大任务"的实现过程之中，而且，发挥协商民主的作用，本来就是它的基本职责。也就是说，协商民主构成履行职责的具体工作方式，还是构成职责本身，是区分人民政协与其他协商民主渠道的重要依据，这一区别应该是定义人民政协专门协商机构的客观依据之一。

其次，人民政协协商内容之"广泛"。与其他协商民主形式相比，政协协商属于民主协商范畴，在协商的内容方面表现得极为广泛。协商内容相对最为广泛，是人民政协专门协商机构的重要内涵之一。按照习近平《在庆祝中国人民政治协商会议成立65周年大会上的讲话》对我国协商民主形式的概括，我国的协商民主形式主要有政治协商、立法协商、行政协商、民主协商、社会协商、基层协商等。① 其中，人民政协的协商属于民主协商。在此协商形式的系统构成中，除民主协商之外，其他协商形式在协商内容上均存在着基于实践形成的特定范围。如政治协商主要是中共和民主党派之间围绕重大方针政策和重要人事任免展开的协商；立法协商是人大就立法事项和法律草案与社会各方展开的协商；行政协商是人民政府就行政决策事项与利益相关方及社会各方展开的协商；社会协商和基层协商主要是人民团体和社会各方围绕各种社会具体事务展开的协商等。这些协商形式的一个共同特点就是协商内容通常只面向有关业务所涉公共事务。在

---

① 习近平：《在庆祝中国人民政治协商会议成立65周年大会上的讲话》，http://cpc.people.com.cn/n/2014/0922/c64094-25704157.html。

这些协商形式中，只有人民政协的民主协商内容可以跨越其他各种协商形式的界限，将它们纳入人民政协的协商范围。比如，立法事项、法律草案、重大行政决策在做出决定前在人民政协展开的协商等。也就是说，大凡国家和社会公共事务，理论上都可以进入人民政协协商民主过程之中。就协商内容而论，其他协商形式通常仅面向政治体系子系统所涉公共事务，而人民政协则是面向整个政治体系所涉公共事务的。因此，协商的内容是面向政治体系各构成部分所涉公共事务，还是面向整个政治体系所涉公共事务，是区分人民政协作为专门协商机构与其他协商民主形式的又一依据所在。

最后，人民政协协商过程之"通达"。协商民主过程连接、沟通政治体系各个方面，是政协协商相对于其他协商形式的又一特色，也是人民政协专门协商机构重要内涵的又一展现。所谓协商过程的"通达"，是指政协协商过程连接政协内部，沟通政协外部特别是有决策权的党政机关。一般而言，人民政协的协商过程主要表现为组织性制度，而其他协商民主形式则主要表现为程序性的制度安排。以制度化的角度视之，这种程序性安排目前已形成了从刚性到柔性的一个谱系。严格刚性的协商制度一般由法律做出规定，如《立法法》（2015年修正版）第三十六条规定"法律案有关问题专业性较强，需要进行可行性评价的，应当召开论证会"。立法听证成了相关立法的必经程序。一般刚性的协商制度则由不同层次的文件做出规定，如《关于加强政党协商的实施意见》规定，政党协商形式主要有三种：定期的会议协商、不定期的约谈协商、随机的书面协商。协商是必须的，但协商的形式则是可选择的。柔性的协商形式多见于社会团体的协商和基层民主协商，如居民委员会关于小区管理开展的协商等。

与上述程序性的制度安排不同，人民政协范畴中的协商民主则主要表现为组织性制度，即以充分发挥协商民主作用为目标将有关方面连接、沟通起来开展协商的制度。人民政协作为当代中

第三章　实践逻辑（上）：中国政治制度内涵的历史性展开

国政治体系中的正式组织，具有系统化的组织结构。不仅形成了与全国政权体系并行的政协组织（乡镇一级政权除外），而且，其运作也形成了颇具中国特色的"两会"制度。作为正式组织，人民政协发挥协商民主作用的实践中，所形成的专题协商、对口协商、界别协商、提案办理协商等形式，都具有组织性制度的特征。所谓专题协商，就是围绕某一政策专题，人民政协组织相关委员和人士与党政机构政策专题负责人展开的协商。而所谓对口协商，则是政协的各专门委员会及参加政协的各党派、团体与党和政府相关部门间的协商。在这一特点上，提案办理协商也不例外，提案者、办理者、政协提案工作机构之间开展的协商，就是围绕提案落实事项，将三方连接起来开展协商的制度。总之，组织性的而非程序性的协商民主制度，即协商过程连接政协内部，沟通政协外部的特征也应该是定义人民政协专门协商机构的又一客观依据。

3. 协商民主的参与主体和内容的制度化程度不断提高。

协商民主广泛、多层、制度化发展，换句话说就是协商民主要全面嵌入中国政治体系运作过程之中。中共十八大以来，协商民主形成了政党协商、人大协商、行政协商、政协协商、人民团体协商、基础民主协商、社会组织协商等实践形式，实现了人民群众通过协商形式广泛参与国家和社会治理的局面，形成了社会主义协商民主参与主体蔚为壮观的景观。作为专门协商机构的人民政协，也充分反映了我国协商民主对参与主体的广泛要求。自成立以来，人民政协就是以界别为参加单位的。参加人民政协的党派、团体、界别、特邀在政协组织中统称界别。一届全国政协全体会议的参加单位有四十六个界别之多。1954年以后，由于一些界别如区域、军队都已经参加人大，参加人民政协的界别有所减少。改革开放以来，随着市场经济深入发展而来的社会结构进一步分化，特别是单位制的变化和解体，人民政协的界别包容性也日益发展。十届全国政协由三十四个界别组成。① 界别的最大好处是它的开放性，可以容纳中国社会发展和进步过程中分化出的新生阶层和社会力量。利用党派、团体、界别、特邀等形式广泛、灵活的组织作用，能够吸纳现实社会脱颖而出的具有影响力的各方人士进入多党合作和政治协商制度之中，充分发挥人民政协统一战线和有序参与的作用。

"政治协商是中国基本政治制度的重要组成部分。新中国成立以来，随着我国多党合作和政治协商制度的确立，政治协商就逐步形成为制度"。② 长期以来，政治协商形式不断完善，形成了一系列制度。中国共产党就一系列重大方针政策和重大问题与各民主党派、各界代表进行定期或根据需要不定期的协商：一是就政府重大决议进行协商；二是就国家财政经济问题进行协商；三是就一系列法律、法规进行协商；四是就国家政权建设中的重大问题进行协商。此外，还就国内外形势、党际关系等问题进行协商。中共十八大以来，"把推进协商民主广泛多层制度化发展作为政治体制改革的重要内容，强调在党的领导下，以经济社会发展壮大问题和涉及群众切身利益的实际问题为内容，在全社会

---

① 本届全国政协的34个单位即：中国共产党、中国国民党革命委员会、中国民主同盟、中国民主建国会、中国民主促进会、中国农工民主党、中国致公党、九三学社、台湾民主自治同盟、无党派民主人士、中国共产主义青年团、中华全国总工会、中华全国妇女联合会、中华全国青年联合会、中华全国工商业联合会、中国科学技术协会、中华全国台湾同胞联谊会、中华全国归国华侨联合会、文化艺术界、科学技术界、社会科学界、经济界、农业界、教育界、体育界、新闻出版界、医药卫生界、对外友好界、社会福利界、少数民族界、宗教界、特邀香港人士、特邀澳门人士、特别邀请人士。民主党派是人民政协的重要界别。在人民政协的组织构成中，民主党派成员在各级政协委员、常务委员和政协领导成员中占有较大比例，在政协各专门委员会负责人和委员中，在政协机关中，均占有一定数量。如全国政协十届一次会议时，民主党派成员、无党派人士担任政协委员的有1 343人，占委员总数的60%；担任政协常委的有195人，占常委总数的65.2%；担任全国政协副主席的有13人，占副主席总数的54.2%。在省、市、县各级人民政协中，共有33.6万名民主党派成员、无党派人士担任政协委员。

② 中共中央统战部：《中共中央关于进一步加强中国共产党领导的多党合作和政治协商制度建设的意见学习问答》，华文出版社2005年版，第81页。

第三章　实践逻辑（上）：中国政治制度内涵的历史性展开

开展广泛协商，坚持协商于决策之前和决策之中。"① 改革开放、特别是中共十八大以来，协商民主优良传统得到全面恢复和持续发展，制度化程度不断发展。

总体看来，在当代中国政治制度体系之中，相对其他制度而言，没有任何一项制度像中国共产党领导的多党合作和政治协商制度那样，在实践中展现了如此明显的增量轨迹，在认识上发生了如此大的变化。追溯这一变迁的动力，一是由于改革开放使得中国社会的政治观念发生了一定程度的改变，从而开启了在现代政治文明基础上与其他政治模式进行对话的进程。二是由于伴随着市场经济发展所引起的执政党、国家和社会三者关系的适应性变化和调整。原来执政党与国家高度整合的体制和状态必须为社会释出一定的空间，反映到政治制度上就是必须发挥执政党之外的其他社会力量的作用。三是由于新中国的政治制度运行时间不长，作为最大的发展中国家，它的国体——人民民主专政和政体——民主集中制之间还存在一定的张力和不适应，当这种不适应遭遇到改革开放和市场经济释放的社会力量之时，制度发展的一个重要方面就指向了一定程度上能够整合社会力量且具备一定历史基础的制度：中国共产党领导的多党合作和政治协商制度。社会主义协商民主就是这种背景下作为该制度的基本内涵得以充分展现的。

（四）社会民主的历史性展开

在当代中国的政治发展中，村民自治、城市社区自治、企事业单位民主管理等受到了国内外的广泛关注。改革开放以来，基层民主正式纳入政治发展进程。从党的十二大报告到党的十九大报告，都确认基层民主建设的意义和目标。其间，我国颁布一系

---

① 中共中央文献研究室：《习近平关于社会主义政治建设论述摘编》，中央文献出版社2017年版，第53页。

列关于基层民主建设的法律和法规：如1987年全国人大常委会通过了《中华人民共和国村民委员会组织法（试行）》，规定了村民委员会是农村的基层自治组织，由村民直接选举产生，从此开始了我国基层民主的壮阔实践。1989年七届全国人大常委会第十一次会议通过了《中华人民共和国城市居民委员会组织法》（以下简称《城市居民委员会组织法》），1998年九届全国人大常委会第五次会议通过了《中华人民共和国村民委员会组织法》（以下简称《村民委员会组织法》），使基层自治制度获得了更加坚实的法律基础。中共十八大要求："要健全基层党组织领导的充满活力的基础群众自治机制，以扩大有序参与、推进信息公开、加强议事协商、强化权力监督为重点，拓展范围和途径，丰富内容和形式，保障人民享有更多更切实的民主权利。"①

在村民自治方面，1980年，广西宜州市②屏南乡合寨村成立了全国第一个由村民选举产生的村民委员会。1998年，"全国现有六十多万个村委会中的绝大多数进行了六至七次的换届选举，二百五十多万个村干部由村民直接选举产生。"③ 2005～2007年这一轮村委会换届选举中，623 690个村已完成选举，全国平均选举完成率达99.53%。截至2007年，中国农村已建立起62万多个村民委员会，村委会选举的全国平均参选率在90%以上。目前，中国80%以上的村庄制定了村民自治章程或村规民约，91%的农村建立了民主理财、财务审计、村务管理等制度。④ 虽然在农村的直选中发生了许多问题，并且目前仍存在着很多问题，但其发展的总趋势则是越来越规范，越来越具有竞争性，越来越公正。正如有学者评论的那样："可以说，十多年村级民主

---

① 本书编写组：《十八大报告辅导读本》，人民出版社2012年版，第27页。
② 2016年国务院同意撤销县级宜州市，设立河池市宜州区。
③ 徐勇：《基层民主：社会主义民主的基础性工程》，载于《学习与探索》2008年第4期。
④ 吴兢：《高举旗帜科学发展：我国村民自治法律体系日臻完善》，载于《人民日报》2008年1月12日。

第三章 实践逻辑（上）：中国政治制度内涵的历史性展开

选举过程，不仅是村级民主选举的范围不断扩大的过程，同时也是村级民主从动员选举到自动参与、从组织提名到自由提名、从等额选举到差额选举、从内定人选到自由竞选的发展过程。村级民主的制度在不断完善、范围在不断扩大、程度在不断提高。虽然迄今真正实行自由民主直选村委会的村数量依然有限，但是，即使全国有百分之一的村实行了民主选举，这也意味在短短的十多年中村民自治政策已经给近万个村、两三千万农民群众带来了直接民主的机会，无论从何种意义上说，这都是一件丰功伟绩"。①

在城市，一些地方早已开始了居民委员会直选的试点工作。目前依据《城市居民委员会组织法》建立起来的 8 万多个居民委员会有力保证了市民管理社区事务的权利。居民委员会的选举也经历了由等额选举到差额选举的转变。目前，城市社区在社区服务、社区财务和财产的管理、社区环境、社区卫生、社区文化和教育、社区治安六个方面一定程度上实现了居民自治。就企事业单位民主管理来看，职工代表大会是企事业单位民主管理的主要机构。1981~1988 年期间，中共中央和国务院先后颁布了《国营工业企业职工代表大会暂行条例》《全民所有制工业企业职工代表大会条例》等。随后，《公司法》《劳动法》《工会法》等法律相继出台，明确和细化了职工代表大会的权力和职责。截至 2017 年，全国已建工会的企事业单位单独建立职工代表大会制度的有 515.4 万家，已建工会的企事业单位单独建立厂务公开制度的有 504.7 万家。② 企业职工通过职工代表大会和其他形式参与到决策和管理中来。在一些地方，工会直选也开展了起来。广东省 12 万多个基层工会中有 1/3，即 4 万多个基层工会是经过民主直选产生的。这些直选产生的工会，承担着代表职工与资方谈

---

① 项继权：《中国村民自治的实践基础和成效》，载于《视野》2001 年第 1 期。
② 《全国逾 500 万家企事业单位建立职代会和厂务公开》，载于《工人日报》2017 年 10 月 10 日。

判、签订集体合同、捍卫职工正当权益的职责。

在中国基层民主发展进程中,各地结合实际情况,形成了一系列具有制度创新意义的做法如村支书的"两票制"和"两推一选"制、乡镇党委书记公推直选等。首先,村民自治最突出的进展是实行"海选",即村主任领导人完全由村民提名和选举产生。"海选"是授权机制的一大突破,即村委会干部的权力由本村村民所授予,从机制上保证干部更好地为村民——授权者负责和服务。当村主任由"指选"(指定候选人)和"派选"(上级派定候选人)变为"民选"(村民直接提名和选举村主任)后,实际执掌村庄公共权力的"一把手"——村党支部书记的选举方式——由少数党员选举便受到冲击。为此,在一些地方,村支书实行"两票制"和"两推一选"制,其共同特点是扩大村党支书的民意基础。党支书不再是由少数党员或者上级党组织所决定,而由多数村民所决定。随着民主选举的深入,自21世纪以来,村务公开和民主管理得到高度重视,以与民主选举相配套。① 其次,"公推直选"乡镇党委书记是扩大基层民主的又一有益探索。"公推"是指党员和群众公开推荐党委书记候选人,适用于初始提名阶段;"直选"是指党员直接选举基层党组织书记,目的是更好地体现选举人的意志。"公推直选"需要经过资格审查、党员群众推荐、组织考察、确定人选、差额选举等步骤。这种把党组织的用人标准交给广大党员、干部和群众,改组织推荐为公开推荐,改等额选举为差额选举,改党代表选举为党员直接选举的大胆创新和成功实践,有效扩大了党内民主,把党员和群众的知情权、参与权、选择权和监督权落到了实处,有利于引导党员正确行使民主权利,有序参与党内事务。②

---

① 徐勇:《基层民主:社会主义民主的基础性工程》,载于《学习与探索》2008年第4期。
② 张英等:《我国基础民主的发展路径和基本经验》,载于《理论月刊》2010年第4期。

第三章 实践逻辑（上）：中国政治制度内涵的历史性展开

二、中国共产党领导的多党合作的制度化

政党政治是现代政治的普遍现象。所谓政党制度就是指这种普遍现象在世界各国的规范化状态，亦即政党执掌政权或参与政治的方式。经过数十年的发展，今天的中国已经形成独具特色的既不同于独占政权的一党制，也区别于竞争性多党制的非竞争性的合作型政党制度。这一制度的基本内容和特征是：共产党领导，多党合作；共产党执政，多党参政；平等独立，协商监督；结构多元，目标一致。[①] 坚持中国特色社会主义道路是共产党和各民主党派达成的共识，是多党合作制的政治基础，在此基础上实行"长期共存、互相监督、肝胆相照、荣辱与共"的相互合作的基本方针。具体来说，就是在多党合作的关系中，各民主党派接受共产党领导，民主党派与共产党的关系是一种政治上的合作关系，这种合作是走什么道路、执行什么样的路线和纲领等方面的合作，是在各项重大方针、政策和工作部署上的合作；在政权关系上，中国共产党是执政党，各民主党派是参政党，各民主党派的职能在于参加国家政权，参与国家大政方针和国家领导人选的协商，参与国家事务的管理，参与国家方针、政策、法律、法规的制定执行；在政党的关系上，是执政党与参政党的关系，而不是竞争性的轮流执政的关系。作为参政党，各民主党派对共产党进行监督，提高共产党执政能力，共产党亦对各民主党派进行监督，增强各民主党派的参政能力。

改革开放以来，中国共产党领导的多党合作的制度化程度大大提高。新中国成立初期，我国政党制度运行良好，并制定了很好的方针和政策。但由于各方面的原因，对多党合作的制度化问

---

① 浦兴祖：《当代中国政治制度》，复旦大学出版社 2005 年版，第 351～352 页。

题重视不够，而且也没有明确提出过多党合作制度化问题。直到党的十三大的政治报告中也只是提到要："逐步使国家大政方针和群众生活重大问题的政治协商和民主监督经常化"。改革开放以后，我国政党制度的制度化建设才逐步完善起来。1987年10月，中国共产党领导的多党合作和政治协商制度被写入了党的十三大报告。1989年，中共中央颁布了《中共中央关于坚持和完善中国共产党领导的多党合作和政治协商制度的意见》，为中国共产党领导的多党合作和政治协商制度的制度化和规范化奠定了理论基础，这是新中国成立乃至建党以来中国共产党第一个关于政党制度的文件，标志着我国政党制度进一步走上了制度化、规范化的轨道。1993年宪法修正案将"中国共产党领导的多党合作和政治协商制度将长期存在和发展"载入宪法，为中国特色政党制度奠定了法律基础。1995年1月，政协八届常委会第九次会议通过了《政协全国委员会关于政治协商、民主监督、参政议政的规定》，对政治协商、民主监督和参政议政的目的、内容、形式和程序做出了具体规定，为政协工作进一步开辟了制度化渠道。1997年10月，党的十五大将坚持和完善多党合作纳入中国共产党在社会主义初级阶段的基本纲领，作为社会主义政治方略的基本内容之一。这样，我国政党制度不仅纳入了国家宪法的框架体系，而且写进了执政党的基本纲领，成为由国家意志和执政党意志双重维护的稳固的制度。2002年11月8日，党的十六大把坚持和完善中国共产党领导的多党合作制度作为建设中国特色社会主义必须坚持的基本经验确定下来，强调了坚持和完善中国共产党领导的多党合作和政治协商制度是建设社会主义政治文明的一项重要内容。2005年中共中央颁布的《中共中央关于进一步加强中国共产党领导的多党合作和政治协商制度建设的意见》进一步明确了多党合作和政治协商的原则、内容、方式、程序等。2006年中共中央先后颁发的《中共中央关于加强人民政协工作的意见》和《中共中央关于巩固和壮大新世纪新阶段统一战线的意见》，进一步将中国共产党领导的多党合作和政治协商制度推向制度化、规范化、程序化。2007年，国务院发布了《中国的政党制度》白皮书，全面地、创造性地回答了如何"进一步加强中国共产党领导的多党合作和政治协商制度"的问题，极大地丰富发展了马克思主义政党学说，对进一步推动我国政党制度建设起到了重要作用。中共十八大以来，为适应社会主义协商民主发展的要求，顺应民主党派性质的变化，民主党派的基本职能也有了新的拓展和延伸。2015年颁布的《中国共产党统一战线工作条例（试行）》规定："民主党派的基本职能是参政议政、民主监督，参加中国共产党领导的政治协商。"这一概括将民主党派"参政议政、民主监督"两项职能，拓展为三项基本职能。2015年12月，中共中央办公厅公布了《关于加强政党协商的实施意见》，首次对"政党协商"的概念予以完整的表述，指出"政党协商是中国共产党同民主党派基于共同的政治目标，就党和国家重大方针政策和重要事务，在决策之前和决策实施之中，直接进行政治协商的重要民主形式。"并规定无党派人士和工商联也参加政党协商。

总之，改革开放以来，中国政党政治进步的一个重要表现即它的制度化水平获得不断提升。具体而言，表现有三个方面：一是中国共产党集中统一领导的加强和党政关系的制度化取向；二是各政党政治关系的制度化；三是多党合作形式的制度化。

（一）加强中国共产党集中统一领导和党政关系的制度化取向

中国共产党领导是中国特色社会主义最本质的特征，是当代中国政治制度最鲜明的特色和政治优势。加强党的领导是贯穿于改革开放以来政治建设的一条主线。党的领导现实展开涉及三重关系：第一，对中国特色社会主义伟大事业而言，"党政军民学，东西南北中，党是领导一切的"。① 这一意义上的党的领导，是以党与社会的关系为基础的，强调的是党总揽全局、协调各方的作用，是针对推动中国社会进步的一切工作而言的。第二，对国家政权机关和人民政协而言，要展现出党的集中统一领导的格局。"在我国政治生活中，党是居于领导地位的，加强党的集中统一领导，支持人大、政府、政协和法院、检察院依法依章履行职能、开展工作、发挥作用，这两个方面是统一的。"②这一意义上的党的领导，是以党政关系为基础的，强调的是党对国家政权机关和人民政协工作的"集中统一"领导方式，即履行职能的支持和保障，是针对党的执政地位和执政权的展开方式而言的。第三，对党的组织系统和党的建设而言，必须强调党中央的权威和集中统一领导。"保证全党服从中央，坚持党中央权威和集中统一领导，是党的政治建设的首要任务。"③这一意义上的党的领导，是以党自身系统为基础的，强调的是党中央对全党的权威和集中统一领导，是针对党的组织原则民主集中制而言的。

在上述三个层面的领导关系中，党是领导一切的，显然是从党的领导的广度上讲的；而从党的集中统一领导到党中央权威和集中统一领导则是从党的领导的深度上讲的。在这三个层面的纵横领导关系中，党中央权威和集中统一领导具有核心地位和作用。理论上讲，党中央权威和集中统一领导是实现全党团结统一和展现领导力的必要和充分条件，只有在这一条件形成和不断充分发展的基础上，党对国家政权机关和人民政协的集中统一领导以及对推动社会进步的一切工作的领导才是可能

---

① 习近平：《决胜全面建成小康社会 夺取新时代中国特色社会主义伟大胜利》，人民出版社2017年版，第20页。
② 习近平：《决胜全面建成小康社会 夺取新时代中国特色社会主义伟大胜利》，人民出版社2017年版，第36页。
③ 习近平：《决胜全面建成小康社会 夺取新时代中国特色社会主义伟大胜利》，人民出版社2017年版，第62页。

第三章 实践逻辑（上）：中国政治制度内涵的历史性展开

的和现实的。而在实践展开中，此三个层面的领导关系又统一于中国共产党治国理政的实践过程中。一方面，党中央集中统一领导在党内的实现过程同时也就是党的集中统一领导在国家政权和人民政协履职中的展现过程；另一方面，这一过程所展现的党的集中统一领导发挥作用的范围就是全面推进中国社会的进步，即党是领导一切的。因此，党的领导现实展开在不同社会关系领域虽然各有侧重，但构成了党的领导的一个整体。其中加强和维护党中央权威和集中统一领导是党的领导体制中最本质的要求。

1. 党的领导体制中民主集中制内涵的实践展开。

在我国的政治生活中，民主集中制占有极其重要的地位。"民主基础上的集中与集中指导下的民主相结合"是涉及政治生活的人们了然于胸、认同度非常高的原则。我们甚至一度将人民代表大会制这一根本政治制度也概括为民主集中制。然而，在检视共和国最初三十年政治生活的历史经验和教训时，领袖和人民都看到了权力过分集中的弊端。这也就是说，权力过分集中的政治常态是民主集中制运行的一个现实结果。民主集中制是因，权力过分集中是果。

改革开放初期，以邓小平为核心的中央领导集体强力扭转长期存在的高度集权领导模式，探索构建适应共产党执政规律和社会主义建设规律的领导模式。在历经近10年的探索后，党的十三大重拾中国共产党领导模式的优良传统——"集体领导制"和"民主集中制"，并将其定位为改革开放时代中国共产党的领导模式。党的十三大报告指出："健全党的集体领导制度和民主集中制，要从中央做起。主要是：建立中央政治局常委向中央政治局、中央政治局向中央全会定期报告工作的制度；适当增加中央全会每年开会的次数，使中央委员会更好地发挥集体决策作用；建立中央政治局、政治局常委会、中央书记处的工作规则和生活会制度，使集体领导制度化，加强对党的领导人的监督和制约。"① 理论上看，集体领导制度的良性运行有赖于两个核心机制：即集体分工协作机制和集体决策机制，也就是各位党委常委分别代表不同领域、分管不同工作，同时又协调合力进行重大决策，各自分管的工作对党委负责。其中最关键也是最困难的是建立分工责任和集体责任的平衡关系，实现二者的有机统一。改革开放以来的实践中，集体领导制度的外在形态得到了较好的坚持，但是随着分管领域的逐渐固化，各个领域工作展开过程的关联程度也逐渐下降，呈现出分工有余、协作不够，甚至出现部分工作领域成为分管领导的一言堂的现象。分工责任与集体责任失衡，常委会其他成员甚至书记对部分工作领域的决策事项也难以发挥足够的影响力。

中共十八大以来，以习近平同志为核心的党中央锐意重塑集体领导制度，探索民主集中制的有效实现途径。通过建立领导小组强化了总书记在治国理政中的核心地位，打破了存在于不同领域之间的信息和权力壁垒，及时地回应社会需求，提升了政策效率。十九届中央领导集体巩固十八大以来加强民主集中制的实践探索，进一步强调加强和维护党中央集中统一领导的制度建设。要求完善和落实民主集中制的各项制度，坚持民主基础上的集中和集中指导下的民主相结合，既充分发扬民主，又善于正确集中统一。党的集中统一领导的强调和制度建设不仅有矫正过度分权弊端、实现分工责任与集体责任平衡的意义，还有时刻警醒党内政治生活要防范高度集权弊病的意义，切忌因为强调集中统一而忽视了民主集中制价值的重要性。总之，加强和维护党中央权威和集中统一领导，其直接缘由和针对性是弥补一段时期以来党的集体领导制度实践中表现出的不足。它的嵌入有可能使集体领导

---

① 《沿着有中国特色的社会主义道路前进——在中国共产党第十三次全国代表大会上的报告》，人民出版社1987年版。

第三章　实践逻辑（上）：中国政治制度内涵的历史性展开

制具有防止出现高度集权和过度分权的"平衡器"功能。

中共十九大修改了党章，进一步科学阐释了民主集中制内涵。关于民主集中制内涵的表述，新党章大体可分为三个层次：一是基本内涵即"民主集中制是民主基础上的集中和集中指导下的民主相结合。它既是党的根本组织原则，也是群众路线在党的生活中的运用"；二是民主集中制中的民主即"必须充分发扬党内民主，尊重党员主体地位，保障党员民主权利，发挥各级党组织和广大党员的积极性和创造性"；三是民主集中制中的集中即"必须实行正确的集中，牢固树立政治意识、大局意识、核心意识、看齐意识，坚定维护以习近平同志为核心的党中央权威和集中统一领导，保证全党的团结和行动一致，保证党的决定得到迅速有效的执行"。[①] 就党章修改的内容而言，前两个层次维持原来的表述，第三个层次增加了"四个意识"和坚定维护以习近平同志为核心的党中央权威和集中统一领导的内容。这意味着基于以往党的领导实践经验、特别是基于党的十八大以来实践经验的基础上，中国共产党形成了关于民主集中制有效实现形式新的规律性认识。

中共十九届中央政治局第一次会议通过了《加强和维护党中央集中统一领导的若干规定》（以下简称《规定》）。概括起来看，《规定》围绕加强和维护党中央集中统一领导的目标，形成了十二项具体工作制度和要求。理论上看，这十二项具体工作制度和要求是基于党的领导方式——政治领导、思想领导、组织领导——而形成的有机的工作制度体系。结合近年来党的领导体制实际情况，十二项具体工作制度基本覆盖了三类领导方式中的关键环节。其基本逻辑是通过中共中央政治局内纵向领导关系的优化进一步落实分工负责的责任制，实现分工责任和集体责任的有机统一。

---

① 《中国共产党党章》，人民出版社2017年版，第20页。

加强和维护党中央集中统一领导可被视为一项极富系统性、实践性、长期性的政治工程。它高度契合了国内外的发展变化对于强力发挥党的作用提出的时代诉求，是整合党内力量、提升国家能力和动员社会资源的必然之选。首先，加强和维护党中央集中统一领导涉及党的领导方式的诸方面，又深入到具体的工作过程之中，在层层传导和广泛落实的基础上可以有效串联起各个层级和各个领域的党组织、政权组织和社会团体，从而加强和维护党和国家组织系统中"自上而下的一体化组织结构"和这一系统"同外部环境互动而形成的一体化动员结构"①。其次，党的十九大对加强和维护党中央集中统一领导的强调以及随后做出的安排，所要应对的是"全面从严治党，提高党的执政能力和领导水平"的要求，进而适应民族复兴和社会主义现代化强国战略组织支撑的要求。这一过程主要表现为党在政权组织和中国社会中的轴心地位和作用的实践展开。最后，《规定》在突出"加强"的同时还强调"维护"。也就是说，党中央集中统一领导是一项要长期抓牢、做实的事情。加强党中央集中统一领导要求绝不是终点，而是要将上述一系列具体工作制度和要求一以贯之、长期坚持下去，使党中央集中统一领导成为我国领导体制基本和稳定的特征。

2. 党政关系的制度化取向。

作为执政党的共产党与政府（人大和"一府两院"）的关系是当代中国政治体系所固有的一个基本关系，这个关系的制度表现在政治体系及其运行中具有重大影响。改革开放以来，这一领域的变化和进步是明显的。首先，改变了新中国历史上一度建立起来并得到长期实行的党政关系的高度整合状态即一元化的党政结构，采取了一系列以"党政分开"为取向的改革措施。比如：

---

① 景跃进、陈明明、肖滨：《当代中国政府与政治》，中国人民大学出版社2017年版，第18页。

第三章 实践逻辑（上）：中国政治制度内涵的历史性展开

在结构上取消党与政府重叠的对口部门；在功能上强调党通过人大、通过法律对社会进行领导，而不是像历史上那样以党代政直接对社会发号施令。其次，在改革开放的实践中形成了有关党政关系新的认识和新的定位。改革和完善党的领导方式、执政方式、领导体制是多次出现在党的施政纲领中长期坚持的方针，继确定"党必须在宪法和法律的范围内活动"的行为原则之后，中国共产党第十六次代表大会更是提出了"依法执政"的原则。"党必须在宪法和法律的范围内活动"主要是一个权与法关系的命题；而"依法执政"则既是一个权与法关系的命题，又是一个党政关系的命题。与"党必须在宪法和法律的范围内活动"特别强调党的守法不同，执政党"依法执政"的原则不仅强调了执政党的守法问题，而且特别包含着党政关系制度化、规范化和程序化的内涵和发展方向。

党政关系制度化发展的一个结果，集中表现在与这一过程相适应而形成的行政责任制上。业已建立的首长负责制与委员会制相结合的行政制度就是以现行的党政关系为基础的。理论上，行政责任制一般包括首长负责制和委员会制。前者是指一切行政行为的最后决定权集中于行政首长，同时行政首长对行政工作全面负责的制度。而后者则是指由若干人组成的委员会行使行政决定权，采取少数服从多数的原则，并由委员会集体对行政工作负责的制度。虽然改革开放前的三部宪法即 1954 年《宪法》、1975 年《宪法》、1978 年《宪法》都未明确我国采用何种行政责任制，但由于这一时期党政关系高度整合状态或曰党的一元化领导的畅行，就总体而言，"直到 1982 年宪法之前，我国行政负责的方式采取的是委员会制"。① 中国共产党十一届三中全会后，党和国家的工作重心转移到社会主义现代化建设上。这一发展方向

---

① 张友渔：《论我国行政机关的首长负责制》，载于《政治与法律》1984 年第 3 期。

的转移最直接的一个要求便指向了行政责任制。邓小平曾说过："现在名曰集体负责，实际上等于无人负责。一项工作布置之后，落实了没有，无人过问，结果好坏，谁也不管。所以急需建立严格的责任制。"① 于是，"八二宪法"开始明确我国实行行政首长负责制。该法第八十六条规定："国务院实行总理负责制。各部、各委员会实行部长、主任负责制"；第一百零五条规定："地方各级人民政府实行省长、市长、县长、区长、乡长、镇长负责制"。随后通过的《中华人民共和国国务院组织法》（以下简称《国务院组织法》）对行政首长负责制又进行了细化。改革开放以来，就行政效率与经济增长及社会管理的关系来看，我国行政首长负责制的推行总体上是成功的。由于我国是社会主义国家，党政体制具有自身明显的特色。因此，我国所实行的行政首长负责制必须与这一体制特色相适应，它既不同于单纯的首长制，也与西方国家的首长负责制有一定的区别。为了保证行政效率和科学决策，中国形成将行政首长负责制与委员会制相结合的责任制。表现为行政首长要向人大负责且享有一定的行政决断权，同时重大问题要由会议（行政会议、同级党委会）做决定。这种结合的体制背景即是现行的党政关系。其运行机制包括两个会议：一是行政会议。1986年12月，六届人大第十八次会议对《地方组织法》进行了修正，以修正案方式专门增加了第六十三条规定："县级以上的地方各级人民政府会议分为全体会议和常务会议。全体会议由本级人民政府全体成员组成。""政府工作中的重大问题，须经政府常务会议或者全体会议讨论决定"。"两会制度"从形式上看属于合议制，它使我国的首长负责制带有一定的委员会制的色彩。二是同级党委会。各级行政首长一般同时兼任同级党委的副书记，同级党委组成人员与政府常务会议组成人员部分重叠，行政管理的重大事项须由党委做出方向性的

---

① 《邓小平文选》（第二卷），人民出版社1994年版，第150~151页。

第三章 实践逻辑(上):中国政治制度内涵的历史性展开

决定,交由行政机关转化和执行。党政机构改革也是党政关系制度化的又一集中表现。与以往机构改革的要求相比,中共十九大关于机构改革布局的鲜明特点是:统筹考虑各类机构设置,科学配置党政部门及内设机构权力、明确职责;在省、市、县对职能相近的党政机关探索合并设立或合署办公。概而言之,就是要在机构系统中贯彻"党的领导、人民当家作主、依法治国有机统一",核心特点是统筹各类党政机构改革。

(二) 各政党政治地位和关系的制度化

中国共产党领导的多党合作制是新型且年轻的政党制度,它的内涵正在实践中逐渐展开。随着这一历史进程,各政党政治地位和关系的制度化也逐渐显现和发展,这集中反映在下列两对范畴内涵的不断充实和制度化的进程:即执政与参政,领导与合作。

1. 执政与参政。

与其他社会组织不同,政党的活动是围绕国家政权进行的,中外各政党莫过如此。因此,从与国家政权的关系上来观察政党,来确定政党的政治地位,历来是政党理论的一个重要基础。

在中国共产党领导的多党合作制中,政党通常被分为执政党和参政党。必须强调的是:这一划分正是基于党政关系进行的,而不是基于其他角度如党际关系的角度划分的。在中国政治体系中,执政党和参政党首先意味着它们在国家政权中特定的政治地位,同时也意味着它们是履行不同功能的政治角色。就此而言,我国的执政党指的是在国家政权中处于核心地位、在根本上掌握着国家政权的政党。所谓执政,在规范意义上当然不是以党代政、以党治国,而是依法执政。"执政主要包含两层关系:一个是人民与政党的关系,民主政治条件下,任何政党都是代表人民执掌政治权力的;再一个是政党与政府的关系,执政的前提是党政结构和功能的分化,正因为存在这种分化,才存在党政之间的关系问题和执政方式问题。而所谓执政中的'依法',其最重要的方面乃是以党政结构和功能的分化为基础，使党政关系表现出制度化、规范化和程序化的状态。"① 执政党是从与国家政权的关系上来定义和描述的，参政党也不例外。参加国家政权和参与国家管理的政党，是为参政党。所谓参政，不是像西方一些国家经常出现的政党联盟那样的联合执政，它的规范表达是："参加国家政权，参与国家大政方针和国家领导人选的协商，参与国家事务的管理，参与国家方针、政策、法律、法规的制定和执行"。② 从制度的实际来看，由于我国的各民主党派在各级人大、行政机关和司法机关中均有代表担任重要职务，执政党和参政党的划分便不能完全基于是否"掌握"国家政权来进行，从"掌握"国家政权的意义上无法把它们划分清楚，准确的划分依据应该辅之以是否在"国家政权中处于核心地位"。也就是说，在中国共产党领导的多党合作和政治协商制度中，从党政关系来划分执政党与参政党，不能像传统政治学那样单纯地诉诸是否"掌握"国家政权，而特别要重视各政党在国家政权中所处的不同地位。

共产党执政，各民主党派参政是中国政党制度的一个重大特色，这一政党制度功能的发挥是与我国政治体系中其他政治制度紧密结合在一起的，它们在结构上是有机的，在功能上更是互动的和互补的。从比较政治的角度讲，西方的政党一般不存在执政党与参政党之分，只有执政党与在野党之别。理论上，政党的作用以及政党之间的关系与一个国家的国体和政体是紧密相关的。西方的政党制度与它们"权力分立"的政治制度是结合在一起的，这就决定了西方政党之间是一种竞争和制约的关系。与西方政党制度不同，中国的政党制度与人民民主专政的国体和人民代表大会制度的政权组织形式结合在一起。就此而言，共产党和各

---

① 程竹汝：《依法执政：社会主义政治文明重要的实践形式》，载于《科学社会主义》2010年第5期。
② 国务院新闻办公室：《中国的政党制度》，见 www.gov.cn/zwgk/2007－11/15/content_806278.htm。

第三章 实践逻辑（上）：中国政治制度内涵的历史性展开

民主党派之间的关系必然要与这样的国体和政权组织形式相适应。执政与参政之间的结构关系、特征和运行方式必然体现出自身的特色。从结构上看，共产党在国家政权中处于执政核心地位，各民主党派作为共产党的亲密友党参加国家政权。有主有次，主次分明。从党际关系特征来看，共产党和各民主党派是非竞争型的合作型政党关系。宪法规定：中华人民共和国是工人阶级领导的、以工农联盟为基础的人民民主专政的社会主义国家。与这种国体相适应的政权组织形式是人民代表大会制度，与这种国体相适应的政党制度是中国共产党领导的多党合作和政治协商制度。各民主党派作为各自所联系的一部分社会主义劳动者、社会主义事业建设者和拥护社会主义爱国者的政治联盟，在中国共产党的领导下参加国家政权、参与国家事务的管理，是人民民主的重要特征和体现。① 概言之，共产党执政和民主党派参政其现实指向都是为了实现人民当家做主的愿望、维护人民管理社会公共事务的权力和实现最广大中国人民的根本利益。因此，无论是从国体和政体的维度还是从政党关系的价值取向来看，共产党和各民主党派都是一种非竞争型的政党关系。而在运行方式上，共产党的执政和各民主党派的参政都是按照民主集中制来运行的。民主集中制是中国政治体系的构成原则，它不仅适应于国家政权领域，同样适应于政党制度之中。

执政党与参政党的角色定位，是中国共产党领导的多党合作制度内涵的一个基本方面，其中参政党角色更是独具特色。在现实政治过程中，各民主党派参政的内容是极其广泛的、全方位的，涉及人大、政府、监察、司法等国家政权机关。参政党的地位和参政权利受到宪法和法律的保护以及执政党的支持。民主党派参政的基本点概括起来说，就是"一个参加，三个参与"。一

---

① 国务院新闻办公室：《中国的政党制度》，见 www.gov.cn/zwgk/2007-11/15/content_806278.htm。

是参加国家政权。民主党派成员和无党派人士通过一定程序进入人大、政府和司法机关,担任领导职务或成员,直接参与国家政权建设和民主政治建设。二是参与国家大政方针和国家领导人选的协商。执政党在确定国家建设和发展的重大问题,确定人大、政府和司法机关的领导人员的建议名单前,都要与民主党派和无党派人士进行协商,认真听取意见,并使其正确意见融入党和国家的决策之中。三是参与国家事务管理。主要是通过以法定程序担任人大、政府和司法机关的领导职务和成员,与其他领导和成员一起,代表人民行使管理经济文化和社会事务的权力。四是参与国家方针政策、法律法规的制定和执行。以人大代表、政协委员、民主党派、党外人士或特约监察员、督导员等各种身份,分别在人大、政府、政协和司法机关等场所参政议政,对党和国家的方针政策、重大决策和政治经济文化和社会生活中的重大问题,提出意见和建议。①

  中国政党制度的基本特征是"共产党领导、多党派合作,共产党执政、多党派参政"。从历史上看,这一政党制度的萌芽发轫于抗日战争期间各党派的合作,特别是建立新中国时期的各党派合作。在新中国成立以后,尽管在地位上,共产党是执政党,民主党派是参政党,但在相当长的时期并没有执政和参政的称谓,而是被称为革命党和各民主党派。改革开放以来,为了更加准确地表达中国共产党和各民主党派在中国政治体系中的地位和作用,并与大多数国家政党政治中的称谓相衔接,1989年颁布的《中共中央关于坚持和完善中国共产党领导的多党合作和政治协商制度的意见》当中第一次明确提出"执政党"和"参政党"的概念,指出:"中国共产党是社会主义事业的领导核心,是执政党。各民主党派是各自所联系的一部分社会主义劳动者和一部

---

① 参阅张献生:《我国多党合作制度中的执政与参与关系——对我国政党制度中几个基本关系探讨之二》,载于《中央社会主义学院学报》2004年第3期。

分拥护社会主义的爱国者的政治联盟,是接受中国共产党领导的,同中共通力合作、共同致力于社会主义事业的亲密友党,是参政党。"① 参政党概念的提出,明确了各民主党派在我国多党合作中的地位。2005年2月中共中央颁发了《中共中央关于进一步加强中国共产党领导的多党合作和政治协商制度建设的意见》,指出:"在新世纪新阶段,民主党派是各自所联系的一部分社会主义劳动者、社会主义事业建设者和拥护社会主义爱国者的政治联盟,是接受中国共产党领导、同中国共产党通力合作的亲密友党,是进步性与广泛性相统一,致力于中国特色社会主义事业的参政党。"

2. 领导与合作。

领导与合作是中国共产党领导的多党合作制度中的又一对基本范畴。这一对新中国成立以来就不断使用但内涵始终不很清晰的范畴,通过改革开放以来一系列正式文件的表达开始进入制度化的轨道。与执政与参政基于党政关系的划分不同,领导与合作则是基于党际之间的政治关系来划分的,它意味着制度内主体间不同的政治关系。制度所包含的这一关系存在着两个层次:一是中国共产党对民主党派的领导;二是各党派之间的相互合作。所谓领导原意即带领和引导的意思,中国共产党对各民主党派的领导就是这一意义上的领导。有关文件的规范表达就是政治领导,即政治原则、政治方向和重大方针政策的领导。② 所谓政治原则,就是把四项基本原则和中国特色社会主义理论作为全党和全国人民团结奋斗的共同思想基础。所谓政治方向,就是由共同奋斗目标决定的前进方向,即中国特色社会主义的道路。所谓重大方针政策,就是在坚持这些基本政治原则和政治方向过程中,共产党与各民主党派经过充分协商制定的事关全局和长远发展的基

---

①② 《中共中央关于坚持和完善中国共产党领导的多党合作和政治协商制度的意见》,http://cpc.people.com.cn/GB/64162/71380/71387/71589/4855193.html。

本政策。"可以说，只要这些政治原则、政治方向和重大方针政策在民主党派中得到贯彻落实，就是在多党合作中全面实现了中国共产党的政治领导。"① 合作的一般意义是指不同主体之间为了达成共同目的，彼此相互配合的一种联合行动。它包含的基本要素有：一致的目标；统一的认识；信赖的气氛；适当的方式等。各党派之间的相互合作与此意大致相当。在我国，各党派合作的目标是一致的，即宪法载明的把我国建设成为富强、民主、文明、和谐、美丽的社会主义现代化国家。合作具有共同一致的政治基础：即坚持以马克思主义、毛泽东思想、邓小平理论、三个代表重要思想、科学发展观和习近平新时代中国特色社会主义思想为指导，坚持社会主义初级阶段的基本路线、基本纲领和基本经验，坚持长期共存、互相监督、肝胆相照、荣辱与共的基本方针，中国共产党和各民主党派都必须以宪法为根本活动准则，负有维护宪法尊严、保证宪法实施的职责。这个共同一致的政治基础均写入了各政党的章程。各党派长期共事形成了牢固的相互信任气氛以及经过长期探索形成了以政治协商、民主监督、参政议政为基本形式的合作方式。只要这些合作的要素得以充分发展，就是实现了各政党之间的有效合作。

中国共产党领导，多党派合作这种新型政党关系是中国政党制度的一个独创。如何看待共产党对民主党派领导与合作的性质与方式呢？早在1940年3月6日，毛泽东在《抗日根据地的政权问题》一文中就指出："所谓领导权，不是一天到晚当作口号去高喊，也不是盛气凌人地要人家服从我们，而是以党的正确政策和自己的模范工作，说服和教育党外人士，使他们愿意接受我们的建议。"② 毛泽东的论述触及了领导的本质，即领导绝不是

---

① 中共中央统战部：《中共中央关于进一步加强中国共产党领导的多党合作和政治协商制度建设的意见学习问答》，华文出版社2005年版，第2页。
② 《毛泽东选集》（合订本），人民出版社1964年版，第700页。

第三章 实践逻辑（上）：中国政治制度内涵的历史性展开

强迫式的服从。从理论上说，领导权不等于统治权。强制性是二者相区分的关键因素。领导权是基于意识形态及政策的合理性与合法性所形成的引导或指导作用；统治权则是基于政治的、行政的、法律的等强制性的力量所产生的强制性作用。虽然统治权并不排斥领导权，但两者的区别是显而易见的。党的领导"主要是靠它所倡导的科学的政治理想和主义的思想吸引力，它的治国纲领、路线、政策所准确体现的人民意志与利益的政治引导力"。①就中国共产党领导的多党合作实践来看，强调上述区别是重要的。毛泽东的论述表明了中国共产党对民主党派领导的性质和方式。领导的性质是政治领导，方式是说服教育。坚持政治领导和正确的领导方式是中国共产党领导的多党合作和政治协商制度良性运行的一个关键。也就是说，共产党的领导，是在各民主党派享有宪法规定的权利和义务范围内的政治自由和组织独立基础上的领导。从领导的本义上讲，这一制度所确定的领导，"决不意味着我们党可以把它们当做附属的团体，决不意味着我们党可以去命令、干涉或者控制它们"。② 各民主党派接受共产党的领导，也不是组织上对共产党的附属，而是对共产党政治主张的赞同，是对共产党领导能力与执政水平的肯定，是对在共产党领导下可以实现其政治意愿和利益的确认。民主党派组织上的独立性和党际关系上的平等性，决定了中国共产党在我国政治生活和多党合作中的领导，只能是政治领导，而不是组织领导和行政领导。③ 党的领导的性质和与此相适应的方式决定了多党合作的深度和广度，既然是政治原则、政治方向上的领导，那么共产党与各民主党派就有条件在此基础上进行充分沟通，在汇聚各方意见的基础

---

① 郭道晖：《治党：固守陈规还是与时俱进》，载于《法学》2002年第7期。
② 李维汉：《关于民主党派的几个问题》，选自中共中央统战部研究室：《历次全国统战工作会议概况和文献》，档案出版社1988年版，第28页。
③ 张献生：《我国多党合作制度中的领导与被领导关系——对我国政党制度中几个基本关系探讨之一》，载于《中央社会主义学院学报》2004年第1期。

上形成决策，使决策更加科学化、民主化。反过来，多党合作也只有在共产党的领导下才能发挥出实际的作用。共产党的领导有利于形成"统揽全局、协调各方"的政治格局，避免西方多党制条件下的过度竞争常常导致的不良社会后果，促进社会的稳定和发展。

在现实过程中，共产党的领导与多党合作是一个双向互动的过程。这个过程既推动着共产党的执政能力建设也促进了各民主党派的参与合作。"各民主党派是同中国共产党通力合作的中国特色社会主义参政党，无党派人士是我国政治生活中的一支重要力量。各民主党派和无党派人士一定要把坚持中国特色社会主义政治发展道路作为根本方向，提高参政议政、民主监督水平，提高政治把握能力、组织领导能力、合作共事能力。"① 领导与合作关系的确立是中国近代历史自然形成的结果。理论上，政党是阶级利益的代表，各种阶级组成不同的政党，有着不同或相近的党纲和奋斗目标。如果一个政党的理论、路线、方针、政策体现出科学与道义上的优势，从而使其具有了理论上的科学性、先进性和正当性，能够代表其他政党的要求和利益，就会获得它们的支持和拥护。这样的党也就会逐渐获得领导的资格。共产党就是通过这样的优势获得领导权最终获得执政权，并通过执政取得进一步的成就来强化自身的领导权。各民主党派也正是在这一历史进程中逐渐认识到了中国共产党所代表的利益和发展方向，承认了与共产党合作的必要性并在具体的合作中建立了新中国，进而共同构筑了今天中国特色社会主义发展的新局面。

（三）多党合作形式的制度化

在中国共产党领导的多党合作制度中，如果说执政与参政主

---

① 中共中央文献研究室：《习近平关于社会主义政治建设论述摘编》，中央文献出版社 2017 年版，第 53 页。

第三章 实践逻辑（上）：中国政治制度内涵的历史性展开

要意味着制度内主体不同的地位及作用（责任）方式、领导与合作主要意味着制度内主体不同的政治关系的话，那么，协商与监督就是制度内主体的政治行动方式。

1. 协商与监督。

目前已形成的政治协商方式主要包括两个方面：一是中国共产党同各民主党派的协商；二是中国共产党在人民政协同各民主党派和各界代表人士的协商。① 根据比较正式的解释，中国共产党与各民主党派的政治协商主要体现为政党之间的协商。协商采取三种形式："一是中共中央邀请各民主党派领导人和无党派代表人士举行民主协商会，就中共中央将要提出的大政方针进行协商；二是中共中央主要领导人根据形势需要，不定期邀请民主党派领导人和无党派代表人士举行高层次、小范围的谈心活动，沟通思想，交换意见；三是由中共中央召开民主党派和无党派代表人士座谈会，通报或交流重要情况，传达重要文件，听取政策性建议，或讨论某些专题。除会议协商外，民主党派中央可向中共中央提出书面建议。"②

监督的本来含义是指监察与督促。民主监督是中国共产党领导的多党合作制度的基本内容之一，当然也是制度内主体政治行动的主要方式之一。就监督行为的性质而言，它有如下几个特点：（1）它是中国共产党与民主党派之间的互相监督。由于中国共产党处于执政地位，监督的重心当然是中国共产党。（2）这种监督是建立在根本利益一致的基础上，其目的是更好地致力于共同事业。（3）这种监督是政治监督，即监督的主要内容是党和国家的重大方针政策和重大问题，中共十九大强调："重点是监

---

① 国务院新闻办公室：《中国的政党制度》，见 www.gov.cn/zwgk/2007－11/15/content_806278.htm。

② 中共中央统战部：《中共中央关于进一步加强中国共产党领导的多党合作和政治协商制度建设的意见学习问答》，华文出版社2005年版，第91页。

督党和国家重大方针政策和重要决策部署的贯彻落实",① 具有层次高、范围广、形式多样的特点。(4) 这种监督是一种民主监督,通过提出意见、批评、建议的方式进行,不同于国家权力机关的监督和监察、司法监督,不具备国家权力性质和法律约束力。改革开放以来,实践中发展起来的民主监督形式主要有:在政治协商中提出意见和批评;在深入调查研究的基础上,向党委及其职能部门提出书面意见和批评;参加人大及其常委会和各专门委员会组织有关问题的调查研究;通过在政协大会发言和提案或在视察调研中提出批评和建议;应邀担任司法机关和政府部门的特约监督员等。

从历史上看,政治协商、民主监督的政治形式可以追溯至1948年中共提出"五一口号",特别是中国共产党领导和各民主党派积极参加的第一届人民政协过程之中。人民政协成立之初,虽然民主监督已经蕴含在这一组织的深层结构之中,但在当时的制度定义中,人民政协只是一个政治协商的机构,其并不具有民主监督的职能。1956年,毛泽东深刻总结了苏联实行一党制的弊端,在《论十大关系》一文中明确指出:"究竟是一个党好,还是几个党好?现在看来,恐怕是几个党好。不但过去如此,而且将来也可以如此,就是长期共存,互相监督。"② 同年,毛泽东又指出:"共产党万岁,民主党派也万岁。他们可以监督我们,这也是一种民主。共产党有两怕,一怕老百姓,二怕民主人士。"③ 严格讲来,"民主监督"一词是在1979年颁布的《全国统战部长座谈会纪要》一文中首次明确提出的:"政协是我国政治体制中贯彻社会主义民主、实行互相监督的重要形式,它的主

---

① 本书编写组:《党的十九大报告学习辅导百问》,学习出版社、党建读物出版社2017年版,第30页。
② 毛泽东:《论十大关系》,载于《人民日报》1976年12月26日。
③ 《毛泽东听取第二个五年计划汇报的谈话纪要》,载于《党的文献》2004年第1期。

第三章 实践逻辑（上）：中国政治制度内涵的历史性展开

要任务应当是实行政治协商和民主监督。"1989年中共中央颁布的《关于坚持和完善中国共产党领导的多党合作和政治协商制度的意见》，以及后来颁布的多部关于多党合作和政治协商制度的文献都进一步规范了政治协商和民主监督的内容、形式和程序，拓宽了政治协商和民主监督的渠道，使政治协商和民主监督不断具体化、现实化和制度化。

在中国共产党领导的多党合作制度中，无论是政治协商还是民主监督最重要的特征就是"柔性"，即不像人民代表大会等正式机构的民主和监督形式那样具有"刚性"。在制度内，共产党执政，民主党派参政的地位决定了协商和监督，只能是"柔性"的建议、批评及对政治生活和公共政策的影响，而不是最后的权威决策。同时"柔性"还意味着协商是在决策之前和决策执行过程中进行的；意味着监督是在法律程序之外进行的。从我国政治体系的有机关系上讲，由于国家权力机关是人民代表大会，"一府一委两院"由人大选举产生，对人大负责受人大监督。换言之，中国的权力机关只有一个，而不是两个。也就是说，如果政治协商和民主监督成为刚性的协商和监督的话，那么中国的政治制度也就无所谓多党合作了，也无所谓人民代表大会制了，这势必演变为多党竞争的格局，这样的政治体系不是有机的而是无内在联系的。

政治协商与民主监督既相互联系又相互区别。从联系来看，协商与监督存在着很大的交集，从事物的一个方面看是协商，从另外一个角度看则可能就是监督；就协商和监督的主体及对象而言，二者也基本上是一致的；协商和监督发挥的功能也基本相近，都是推动民主政治的发展。就此而言，监督与协商密不可分，监督是协商的深化。从区别来看，协商与监督的内容不同，协商的内容是国家大事；监督的内容从大政方针到政府的施政作风，都是民主监督的范畴。可以说监督的内容比协商的内容更加具体多样。在形式上，协商需要组织程序和形式来保障。监督则是做批评、提意见，形式灵活。从时空来看，协商一般在前，监督一般是对协商共识的监督，在协商之后。

2. 代表与参与。

在中国共产党领导的多党合作制度所包含的基本关系或范畴中，执政与参政意指制度内主体不同的政治地位，领导与合作意指制度内主体不同的政治关系，协商与监督意指制度内主体的政治行动方式，而代表与参与则意味着制度内主体政治行动方式的性质。上述四对基本关系或范畴构成了紧密联系的一个政体，揭示了中国共产党领导的多党合作和政治协商制度的基本内涵。

政治行动方式的性质是"代表与参与"区别于其他三对范畴的基本特征之处。作为制度内主体政治行动方式的性质，所谓代表就是指中国共产党领导的多党合作制度中的全部主体的所有政治行为，无论是协商、监督，还是参政议政，都是"代表"人民利益的，都是通过它们分别代表的特定群体的利益进而反映整体社会利益的。代表意味着制度内主体的政治行为不是发自于自身独特需求的，不是自利的，而是反映相对普遍的某些需求，是他利的，即行为必须具备一定程度的代表性。这一制度中的代表与人民代表大会制度中的代表其性质有很大不同，后者的代表有一个很明确的来源，即通过选举及选举关系表明的授权，其代表关系是实证的、明确的、法律上的，而这些特征正是前者所缺乏的。这同时也就在代表意义上说明了为什么人大是国家权力机关而人民政协不是。那么，中国共产党领导的多党合作制度内主体行为的代表性是如何产生的呢？概括起来说，是通过现实生活长期积累的影响力产生的。当我们追溯一个人或一个政党为什么会有影响力时，影响力中起作用的一个一般原因就会得到肯定：这个人或这个政党影响社会生活的深度和广度很大程度上是受它们所代表的利益和主张所左右的。在中国共产党领导的多党合作制度中，各政党和各方面人士政治行为的代表性存在有两个方面的机制保障：一是进入制度内的行为主体的选择须依据现实生活长期积累的影响力标准推举而定；二是通过一系列规范参与行为的规章制度保障。就历史的实际情况来看，将各行各界、各个领域在现实生活中产生的有一定影响力的人物吸纳进制度之内，已形成多党合作制度的一种能力。从该制度形成之初到今天都莫过如此。在这一制度之内，我们会看到各政党、各人民团体、社会各界、各民族各个时期的精英人物。

作为制度内主体政治行动方式的性质，参与就是指中国共产党领导的多党合作制度中的全部主体的所有政治行为，无论是协商、监督，还是参政议政，都是"参与"公共政策过程，都是通过制度确定的各种具体方式影响公共政策而不是决策。具体来说，所谓参与就是指各民主党派及其成员对政治、经济、文化、社会生活中重要问题以及人民群众普遍关心的问题开展调查研究，反映社情民意，通过调研报告、提案、建议案或其他形式向中国共产党和国家机关提出了大量的意见和建议。① 在制度内，参与与参加不同。参加是进入国家政权体系，如"一个参加，三个参与"的参加即参加国家政权。与之不同，参与泛指中国共产党领导的多党合作制度中所有介入公共政策过程、影响公共政策的行为及其性质。它与参加的最大不同就在于它是国家政权之外的活动。

三、法治秩序的成长

改革开放以来，现实政治生活中法治秩序的成长集中表现在下述三个领域：其一，在政治权力的宏观运作中，政治权力特别是中央政府权力运作的制度化程度有了相当的发展。宪法的权威

---

① 国务院新闻办公室：《中国的政党制度》，见 www.gov.cn/zwgk/2007–11/15/content_806278.htm。

性获得了一定程度地提升。在制度上，宪法已将所有社会主体的行为包括各政党的行为都纳入了法律的范围，对比我们曾经信奉的"无产阶级专政是不受任何法律限制的政权"的观念，这确是中国政治宏观制度的一次巨大变革；在此基础上，依法治国宪法原则的确立，不仅使宪法的制度化获得了来自法治理念的支持，而且为业已形成的各种制度的变迁提供了基本的制度原则和价值基础。"坚持依法治国首先要坚持依宪治国，坚持依法执政首先要坚持依宪执政"。① 在宪法制度的运行中，宪法所确定的基本政治制度——人民代表大会制近些年来一直在较规范的运行，其制度化水平有了很大的提高。比较新中国 70 年来不同时期政治权力的宏观运行状态，应该说近年来这一领域的进步是明显的，它构成了中国政治发展最具实质的一个方面。其二，在政治权力的微观运行中，尽管权力的行使存在着许多越轨和腐败现象，但政治体制中的规范因素也随之而大量增长。在当今的现实中，我们可以清楚地看到：人大的监督功能在渐渐得到强化，对行政机关的质询在有的地方已多次发生，对司法机关的监督也在实践中不断探索新的有效方式，如个案监督的方式等；监察委员会制度的建立，使得专责监督职能机构形成了集约化力量；行政法治不仅在价值层面获得了提升，被人们普遍看作是法治发展的核心，而且在体制上又有了较充分的体现，比如行政诉讼、权力清单制度的发展；行政体制内其他的权力制衡资源也正在被调动起来，比如审计机关审计力度的加大，实行了审计结果的公开制度，有人将审计领域的这种变化看作是"发现了利用体制内的现有资源进行有效监管的新的可能"；② 网络及传媒公共问责功能的强化更是有目共睹的事情，在当代中国，网络及传媒的公共问

---

① 本书编写组：《党的十八届四中全会〈决定〉学习辅导百问》，党建读物出版社、学习出版社 2014 年版，第 7 页。

② 苏琦：《透视务实的中国民主化进程》，载于《新闻周刊》2003 年第 26 期。

第三章 实践逻辑（上）：中国政治制度内涵的历史性展开

责功能事实上已经构成了规范权力的一个不可缺少的保障性条件，这从那些对网络及传媒唯恐避之不及的人们身上可以获得验证，一项关于规范政治权力的专门研究指出：公共网络及传媒有能力对各种权力构成有效约束，这在那些缺乏约束政客和官僚权力的其他方式的国家中尤其如此；①《立法法》的实施在规范立法权的同时，也对中央与地方的立法权限作了法律上的区分，等等。虽然对这些规范化的因素在现实中的作用不可夸大，但必须看到它们是中国政治史上从未有过的事情。而更重要的是这些规范化的因素构成了中国政治发展不可缺少的结构性要素，从而也预示着中国政治将出现某种新的增长点。其三，个人权利和自由的发展是体现政治进步最具体的方面，也是近些年来中国政治体制改革成果最直接和最明显的表现。有人评论说：中国改革的最大成就之一就是个人权利和自由的初步形成和发展，②比如私有财产和思想自由权利的发展。对比中国改革开放前后人们个人权利和自由的实际状况，应该说这个说法是不错的。个人权利和自由的发展在深层上意味着中国社会的制度、规范正在转向以人为最高价值的趋向，即当今政治话语中强调的"以人民为中心"，这说明中国社会正在具备现代社会的基本特征。从理论上来看，法律制度作为一个系统其各种特征是亲和在一起的，比如，与私法对权利的强调不同，公法可能更多地强调的是义务，由此看来，公法的发达也就同时意味着法律制度的义务本位。学界通常认为，中国传统法律制度的基本特征就是它的公法形式。③ 因而就法律制度的价值和规范基础来看，个人权利的发展侵蚀的不是传统法律制度的个别方面，而是改变它的构成基础。

---

① 参阅［美］苏姗·罗斯·艾克曼著，王江等译：《腐败与政府》，新华出版社2000年版，第218页。
② 参阅康晓光：《权力的转移》，浙江人民出版社1999年版，第87页。
③ 参阅张中秋：《中西法律文化比较研究》，南京大学出版社1999年版，第80~92页。

(一) 立法体制的发展和中国特色社会主义法律体系的形成

1. 立法体制的适应性发展。

从立法制度看,我国目前已经形成了多层次、多位阶、多形式的立法体制。具体表现为:"一元(国家法制统一)、两类(权力机关立法与行政机关立法)、两级(中央立法与地方立法)、四区(普通行政区立法、特别行政区立法、民族自治地区立法、经济特区立法)"的立法体制。2000年通过实施2015年修订的《中华人民共和国立法法》,对立法主体的范围、立法权限的划分、立法程序、法律解释等作了较详尽的规定,标志中国特色的社会主义立法制度的确立。这个立法体制包括:(1)全国人大及其常委会行使国家立法权。全国人大制定和修改刑事、民事、国家机构的和其他的基本法律。全国人大常委会制定和修改除应当由全国人大制定的法律以外的其他法律;在全国人大闭会期间,对全国人大制定的法律进行部分补充和修改,但不得同该法律的基本原则相抵触。(2)国务院即中央人民政府根据宪法和法律,制定行政法规。(3)省、自治区、直辖市的人大及其常委会根据本行政区域的具体情况和实际需要,在不同宪法、法律、行政法规相抵触的前提下,可以制定地方性法规;设区的市的人大及其常委会根据本市的具体情况和实际需要,在不同宪法、法律、行政法规和本省、自治区的地方性法规相抵触的前提下,可以制定特定范围内的地方性法规,报省、自治区的人大常委会批准后施行。(4)经济特区所在地的省、市的人大及其常委会根据全国人大的授权决定,还可以制定法规,在经济特区范围内实施。(5)自治区、自治州、自治县的人大还有权依照当地民族的政治、经济和文化的特点,制定自治条例和单行条例,对法律、行政法规做出变通规定。自治区的自治条例和单行条例报全国人大常委会批准后生效,自治州、自治县的自治条例和单行条例报省、自治区、直辖市的人大常委会批准后生效。(6)国

第三章 实践逻辑（上）：中国政治制度内涵的历史性展开

务院各部、各委员会、中国人民银行、审计署和具有行政管理职能的直属机构，可以根据法律和国务院的行政法规、决定、命令，在本部门的权限范围内，制定规章。省、自治区、直辖市、较大的市的人民政府，可以根据法律、行政法规和本省、自治区、直辖市的地方性法规，制定特定范围内的规章。

为了保障多元立法条件下全国法制的统一，《立法法》规定了不同位阶法律规范的效力。宪法具有最高的法律效力，一切法律、法规都不得同宪法相抵触。法律的效力高于行政法规，行政法规不得同法律相抵触。法律、行政法规的效力高于地方性法规和规章，地方性法规和规章不得同法律、行政法规相抵触。地方性法规的效力高于地方政府规章，地方政府规章不得同地方性法规相抵触。同时，实行立法监督制度。行政法规要向全国人大常委会备案，地方性法规要向全国人大常委会和国务院备案，规章要向国务院备案。全国人大常委会有权撤销同宪法、法律相抵触的行政法规和地方性法规，国务院有权改变或者撤销不适当的规章。中共十九大要求，"加强宪法实施和监督，推进合宪性审查工作，维护宪法权威。"① 目前，全国人大及其常委会已经加强合宪性审查工作。

立法体制的建立应该被视为我国人民代表大会制度进步的重要体现之一。对此，有学者评价道："如果说全国人大还不是一个独立立法机关的话，至少可以说它已经转变成为一个有影响的立法机关，并获得了意义深远的立法自主性。或许按照发达国家的标准这种自主性还不够，但一个有效的立法体制确实已经在中国建立了。"② 特别需要指出的是，近些年来，围绕"健全立法机关主导、社会各方有序参与立法的途径和方式"，立法工作形

---

① 本书编写组：《党的十九大报告学习辅导百问》，学习出版社、党建读物出版社2017年版，第31页。

② 孙哲：《全国人大制度研究》，法律出版社2004年版，第175页。

成了一系列创新之处：(1) 改进法律法规的提案制度。法律规定，特定机关和人大代表、人大常委会组成人员都可以向本级人民代表大会或它的常务委员会提出属于人大或人大常委会职权范围内的议案，包括立法案。特别是人大代表和人大常委会组成人员提出议案的法定人数逐步规范。(2) 实行"审次"制度。现在，全国人大常委会的立法一般实行三审。(3) 实行法规草案的委托起草制度。自20世纪90年代开始，逐步打破了以往法律法规草案由政府部门起草的单一格局，有的由人大有关委员会、法制工作机构和政府的法制工作机构直接组织起草，有的委托大专院校、科研单位和社会团体以及有关专家、学者起草，拓宽了法案的起草渠道，这对加快立法步伐，防止和克服立法中的部门利益倾向有一定的积极作用。(4) 建立公开征求意见制度。近年来，全国人大常委会和有地方立法权的地方人大常委会将一些重要法律草案或者法规草案在新闻媒体上公布，公开征求广大人民群众的意见，并逐步形成制度。(5) 建立立法咨询和立法听证制度。"健全立法机关和社会公众沟通机制，开展立法协商，充分发挥政协委员、民主党派、工商联、无党派人士、人民团体、社会组织在立法协商中的作用，探索建立有关国家机关、社会团体、专家学者等对立法中涉及的重大利益调整论证咨询机制。"① 实践中，湖北省人大常委会早在1998年聘请有关法学专家成立了立法顾问组。安徽省人大常委会也设立了由立法咨询员组成的立法咨询委员会。这些立法咨询组织，不仅为立法机关审议和修改法规草案提出建议，而且有的还参与法规起草的调研、论证工作，对提高立法质量起到了重要参谋作用。广东省人大常委会于1999年9月在国内首次举行立法听证会。武汉市人大常委会于同年10月也举行了立法听证会。实行立法听证制度，可

---

① 本书编写组：《党的十八届四中全会〈决定〉学习辅导百问》，党建读物出版社、学习出版社2014年版，第8页。

以更好地了解民情民意，防止立法的偏颇，完善法案的内容，保证立法的公正性、合理性和可行性。①

2. 中国特色社会主义法律体系的形成。

2011年3月十一届全国人大第四次会议宣告我国已经形成了中国特色社会主义法律体系。这个法律体系涵盖宪法及宪法相关法、民商法、行政法、经济法、社会法、刑法、诉讼及非诉讼程序法等七个法律部门。总体而言，我国已经基本形成了一个以宪法为核心、以法律为主干，包括行政法规、地方性法规等不同法律渊源在内的，由不同位阶法律规范构成的中国特色社会主义法律体系。1997年党的十五大和1999年第三次宪法修正案提出和确定了依法治国，建设社会主义法治国家的基本治国方略。这个方略的推进对中国政治的进步产生了极其深远的影响。在当代中国，法治正在深入社会生活和政治生活的方方面面。

首先，原本在我国法律制度中几乎不存在的市场经济法律制度，近些年来已初步形成了自身的体系。"八二宪法"实施以来的四次宪法修正案其实质都是为市场经济法律制度的发展开辟道路。（1）1988年宪法修正案：首次在法律上承认私有经济和土地使用权的商品化，为经济体制改革开辟道路。（2）1993年宪法修正案：将"社会主义初级阶段"和"有中国特色的社会主义""改革开放"写进宪法，以"家庭联产承包为主的责任制"取代"人民公社"，以"市场经济"取代"计划经济"。（3）1999年宪法修正案：确立了"邓小平理论"的指导地位，特别确立了"实行依法治国，建设社会主义法治国家"的政治发展战略和以公有制为主体，多种所有制经济共同发展为基本经济制度。（4）2004年宪法修正案：主要突出了"以人为本"的理念和保障人权的原则。确立"三个代表"重要思想在国家政治和社会生活中的指

---

① 王维国：《改革开放30年人民代表大会制度创新回顾》，载于《中国社会科学院研究生院学报》2008年第6期。

导地位；增加推动物质文明、政治文明和精神文明协调发展的内容；引入了人权保障的宪法条款，"国家尊重和保障人权"载入宪法，成为宪法原则。2018年宪法修正案：确立科学发展观、习近平新时代中国特色社会主义思想在国家政治和社会生活中的指导地位；充实中国共产党全面领导的内容，《总纲》第一条第二款增加"中国共产党领导是中国特色社会主义最本质的特征"；完善依法治国和宪法实施举措，将宪法序言第七自然段中"健全社会主义法制"修改为"健全社会主义法治"；增加有关监察委员会的各项规定等。宪法修正案的真正意义在于：在张扬宪法权威的同时，为市场经济法律制度的发展提供合宪性的空间。目前，我国市场经济的法律制度在市场主体、市场行为、市场秩序、宏观调控、社会保障、国际经济交往等方面都有所发展。从法律制度发展的历史进程来看，市场经济法律制度发展的重要性绝不在于它增加了一种新的制度，而在于它的发展打破了原有的制度结构，改变了原有制度的结构状态。

其次，新中国成立后所形成的一整套法律制度已经发生或正在发生着适应性变革：各种国家机关组织法和行为法的制度化程度有所提高。制定和实施了一系列具有里程碑意义的行政立法：如1989年4月颁布的《中华人民共和国行政诉讼法》（以下简称《行政诉讼法》）、1994年5月颁布的《中华人民共和国国家赔偿法》、1996年3月颁布的《中华人民共和国行政处罚法》（以下简称《行政处罚法》）、1999年4月颁布的《中华人民共和国行政复议法》（以下简称《行政复议法》）、2000年3月颁布的《中华人民共和国立法法》和2003年8月颁布的《中华人民共和国行政许可法》（以下简称《行政许可法》）等。刑事法律制度一改过去的政治性刑事立法，修改后的刑法典取消了"反革命罪"的各种罪名，明确了罪刑法定、法律面前人人平等、罪刑相当三项基本原则；适应市场经济的内在要求，民事法律制度更是强调了主体平等、权利义务相统一的原则，并引入了无过错赔偿

第三章 实践逻辑（上）：中国政治制度内涵的历史性展开

责任、精神损害赔偿等现代突出人的价值的民法制度。

最后，在法律制度更新的进程中，诉讼制度的变化和权利规范的大规模发展是最引人注目的。行政诉讼和国家赔偿法律制度的建立，改变了中国社会长期以来的"民与官"在法律关系上的不平等状态，并将行政机关行为纳入了司法的监控之中。这一制度对中国政治发展的影响将是极为久远的。而民事诉讼中对抗制的采用、刑事诉讼制度中有关"沉默权""犯罪嫌疑人"、无罪推定和律师提前介入等都体现了程序的进步。在中国法律制度更新的历史进程中，权利规范的大规模发展在很大程度上得益于人权理论和观念的兴起。人权理论和观念的兴起是正处于变革中的中国社会最引人注目的景观之一。尽管当今世界上存在着多种人权理论，我国在人权问题上也有着自己特有的立场，但无论中国社会接受了何种人权理论，其接受本身就意味着"人权"应该成为现实政治、法律制度赖以存在的道德基石。从一段时期中国公共政策的过程来看，"人权"正在成为各种现实制度、规范的基本价值尺度。其成就主要表现为：（1）宪法人权立法。宪法一贯确定、维护广泛的公民基本权利，并将"国家尊重和保障人权"确定为宪法原则。（2）司法人权立法。全国人大分别于1996年和1997年先后对《刑事诉讼法》和《刑法》进行了修改：确定了罪刑法定原则和无罪推定原则。根据《刑事诉讼法》《民事诉讼法》和《行政诉讼法》等法律，我国已经形成了较完善的公开审判制度、人民陪审员制度、辩护制度、法律监督制度、死刑复核制度、诉讼代理制度和司法救助等涉及司法人权的制度。（3）经济、社会、文化人权立法。这一方面的立法数量繁多，如《民法通则》《物权法》《专利法》《著作权法》《商标法》《合同法》等保护财产权的法律；《公司法》《合伙企业法》《反垄断法》《反不正当竞争法》等保障市场公平竞争的法律；《劳动法》《劳动合同法》《就业促进法》《生产安全法》等保障劳动就业、生产安全的法律；《产品质量法》《食品质量法》《消费者权益保护法》《环境保护法》等保障人民的生存环境和健康权的法律;《教育法》《高等教育法》《职业教育法》等保障公民受教育权的法律,均表明我国人权立法的充分发展。(4)保障特殊人群的人权立法。妇女、儿童和残疾人的权利保障一直受到立法的特别关注。除了《宪法》和一般立法如《婚姻法》《继承法》等对妇女、儿童、残疾人的权利保障做了特别规定外,全国人大及其常委会还制定了《未成年人保护法》《妇女权益保障法》《母婴保健法》等专门法来保障特殊人群的各项权利。总之,正在发生的法律制度变革的实质是:市场经济的发展所促生的平等、自由、人权等私法原则向公法领域进一步拓展。

(二) 以权由法定、权依法使为目标的行政法治建设

对建设社会主义法治国家而言,行政法治具有极其重要的地位。学者们通常认为它是实现依法治国的关键或核心。这种看法是很有一些道理的:一是从历史的经验来看,法律要对普通民众形成有效约束是比较容易的,因为民众面对的是法律规则及背后组织起来的政府力量;而法律欲约束政府则不那么容易,因为对政府来说,由于缺少像自身那样组织起来力量的压力,法律对它常常只是一系列抽象的规则罢了;二是现代国家的法律,绝大多数又都是直接与行政权相关的,需要行政权予以推动或落实;三是"行政肥大"是中国权力结构的基本特征,这个描述除了中国超大社会需要强大的行政权推动发展的正面意义之外,更包括强大的行政权所滋生的层出不穷的非规范行为。因此,如果法治能够在行政领域推行的话,那就说明推行法治最为困难的法律有效性问题得到了解决,法治已经有了一个稳固的基础。

改革开放以来,行政法治的进步是公共生活领域表现非常明显的方面。总体说来,这一进步的历史过程可以用三个略有不同的概念进行概括:从政府法制到依法行政,再到法治政府的进步。就此而言,改革开放以来行政法治的进步可分为三个阶段:

第三章 实践逻辑（上）：中国政治制度内涵的历史性展开

第一阶段是政府法制建设的阶段（1978~1988年）。主要是适应党和国家工作重心从以阶级斗争为纲转向以经济建设为中心的需要，以《国务院组织法》《地方组织法》和数百个单行法律、行政法规的颁布实施为标志，建立健全了行政组织法律制度和对经济社会各方面进行管理的行政法律制度，重点是规范与保障行政机关运用法定职权依法治事和依法管理。政府法制虽然也包括了从行政立法到行政执法的全过程，但其重心则在于相关行政法律制度的建设，偏好于立法方面。这与改革开放初期行政立法严重滞后相适应。这一时期重大的行政法治事件有：1979年，全国人大增设"法制委员会"；五届人大二次会议通过《中华人民共和国地方各级人民代表大会和地方各级人民政府组织法》等7部法律；1980年，国务院法制局成立；1984年，《国家公务员暂行条例》开始起草；1986年，湖南汨罗县①成立全国第一个基层法院行政审判庭，武汉第一中级人民法院成立全国第一个中级人民法院行政审判庭；1988年，最高人民法院设立行政审判庭，浙江温州出现中国民告官"第一人"。第二阶段是依法行政阶段（1989~1998年）。主要是适应建立社会主义市场经济体制和发展社会主义民主政治的需要，以1989年《行政诉讼法》和1996年《行政处罚法》颁布实施为标志，逐步建立了行政诉讼、行政复议、国家赔偿等行政救济法律制度，以及规范行政执法的法律制度，重点是规范、监督、制约行政权，保护、扩展、救济公民权。依法行政的重心在于行政行为的规范性，这与改革开放以来出现的大量行政立法相适应，要求在行政行为领域严格落实这些立法。这一时期重大的行政法治事件有：1989年，《行政诉讼法》颁布；1990年，《行政复议条例》颁布；1994年，《国家赔偿法》颁布；1996年，《行政处罚法》颁布，相对人开始有了请求听证的权利；1997年，十五大提出"依法治国"，《中华人民

---

① 1987年经国务院批准撤县改设汨罗市。

共和国行政监察法》颁布。第三个阶段是法治政府阶段（1999年至今）。主要是适应依法治国、依法执政、依法行政的需要，以宪法1999年把"中华人民共和国实行依法治国，建设社会主义法治国家"写入总纲为开端，以1999年《国务院关于全面推进依法行政的决定》、2004年《全面推进依法行政实施纲要》以及《立法法》《行政许可法》《中华人民共和国公务员法》《监督法》等重要法律颁布实施为标志，基本形成了我国行政法制度体系和法治政府框架，重点是把依法行政作为依法治国的主要环节，把建设法治政府作为建设法治国家的主体工程，全面整体推进行政法治建设。① 法治政府的理念与政府法制、依法行政有所不同，如果说政府法制偏好于行政立法、依法行政偏好于行政立法的落实，而法治政府则不仅在于强调上述内容，还在于关注行政法治可持续发展的体制条件。这一时期重大的行政法治事件有：1999年"依法治国"入宪，《行政复议法》颁布，国务院发布《关于全面推进依法行政的决定》；2000年《立法法》颁布；2003年《行政许可法》颁布，《突发公共卫生事件应急条例》颁布；2004年"人权"入宪，《全面推进依法行政实施纲要》颁布；2006年"法治政府"建设被确定为和谐社会的基本要求；2008年，《国务院关于加强市县政府依法行政的决定》颁布。

　　强化监督和优化行政权运行机制，形成权由法定、权依法使的行政体制是中共十八大以来推行政府法治的基本特征。在全面依法治国战略布局中，严密的法治监督体系，构成中国特色社会主义法治体系的有机部分。中共十八届四中全会审议通过的《中共中央关于全面推进依法治国若干重大问题的决定》将作为正式制度的八种监督形式（党内监督、人大监督、民主监督、行政监督、司法监督、审计监督、社会监督、舆论监督）放在法治政府

---

① 参阅袁曙宏：《30年行政法治建设回顾与前瞻》，载于《法治日报》2000年12月7日。

第三章　实践逻辑（上）：中国政治制度内涵的历史性展开

部分加以强调，其意就在于加强对行政权的制约和监督。其中，关于加强司法监督的措施，明显具有优化司法与行政权力关系的特征。健全行政机关尊重行政诉讼的相关制度建设的实质就是通过优化二者之间的关系，提升行政诉讼对行政行为监督的实效。在行政权的他律制度中，行政诉讼是常态化、机制化程度较高的形式。健全行政机关尊重行政诉讼的相关制度建设，其具体要求包括："健全行政机关依法出庭应诉、支持法院受理行政案件、尊重并执行法院生效裁判的制度"。① 这些要求已经体现在修改后的新《行政诉讼法》之中。从行政诉讼的现实情况来看，这项制度建设的要求切中司法监督制约因素的要害，具有问题针对性。一方面，行政诉讼是我国司法监督（司法审查）的主要形式，也是营造法律权威的核心场域。另一方面，行政诉讼制度实施以来，制度运行过程暴露出了众所周知的所谓"两难"，即行政案件审判难和行政机关败诉案件执行难。而"两难"问题背后的缘由就是体制的不健全所带来的权力关系失衡。

在法治政府建设领域，与权力关系的调整和优化相衔接、相适应，更多的策略是诉诸行政权运行机制的建设。这非常符合我国具有深厚行政文化传统的特点。集中体现在以下三个方面：一是推行政府权力清单制度。目前，中共十八届四中全会要求的政府权力清单制度，在实践中已经拓展为权力清单、负面清单、责任清单三种形态。在法治的意义上，行政法是授权法，行政行为的本质是授权行为。在行政法律体系已初步形成背景下，界定行政权界限的条件已经成熟。法定职责必须为，法无授权不可为的恰当机制即推行政府权力清单制度。权力清单制度的现实推进，促进了政府机构内部权力关系的优化整合，加快了政府职能转变。二是建立行政重大决策合法性审查机制，特别是重大决策终

---

① 本书编写组：《党的十八届四中全会〈决定〉学习辅导百问》，党建读物出版社、学习出版社2014年版，第15页。

身责任追究制度及责任倒查机制。重大行政决策旨在提供重要的公共物品，决策结果会对社会公益产生重大影响，合法性当是其第一要件。建立健全重大行政决策合法性审查机制，推动重大行政决策程序的法定化，需要解决重大行政决策由谁来实施合法性审查、怎么进行合法性审查等基本问题。这意味着行政系统内部决策、执行和监督权力关系的进一步调整和优化。三是加强政府内部权力制约机制的建设。要求对行政权力集中的部门和岗位实行分事行权、分岗设权、分级授权、定期轮岗等内部流程控制机制。其目的在于从机制上避免和防止设租寻租、滥用职权。

总的来看，改革开放以来我国的行政法治建设经历了从政府法制到依法行政，再到法治政府的进步。这意味着在行政法治领域，我国已经从法律体系的建设迈向了法治体系的建设。

（三）以司法公正为目标的司法体制改革

改革开放以来，虽然由于司法腐败及司法不公现象的存在，司法常常成为舆论所诟病的领域，但与问题同时并存的进步也是不应被忽略的。总体看来，这些进步主要体现在以下方面：

首先是司法价值的转变。伴随经济增长和社会进步，中国社会的司法价值观发生了巨大的变化。这种变化的总体态势是由专政工具向民权保障的方向发展，司法价值转向了秩序、公正、人权等规范价值。这种转变表现在以下几个方面：

其一，在官方所公布的文件中，首次出现了"人权的司法保障"一词，[①] 将司法与人权联系起来，并且作为人权的保障，这在当代中国司法的历史上是一个划时代的事情。它表明了中国官

---

① 见《1996年中国人权事业的进展》，载于《中华人民共和国国务院公报》（1997年）。在1991年国务院首次向外公布《中国的人权状况》白皮书时，所用的措辞是"司法中的人权保障"，尽管这是中国官方首次将司法与人权联系起来的话语，但这个措辞所表明的内容与《1996年中国人权事业的进展》中使用的"人权的司法保障"有所不同，后者对司法作为人权保障的思想表达得更为明确一些。

第三章 实践逻辑（上）：中国政治制度内涵的历史性展开

方已经开始接受司法作为人权保障的司法价值观。这种认识事实上也有一个过程，当改革开放使中国融入现代世界的时候，它必须面对现代政治文明中的司法普遍作为人权保障的事实，同时中国国内一直存在的权利要求在市场经济的推动下也愈加发展。内外的共同作用强化了中国社会对司法作为人权保障的认识。其二，司法公正成为官方、学界、社会各界共同认同的司法价值。中共十五大报告提出了："推进司法改革，从制度上保证司法机关依法独立公正地行使审判权和检察权"的改革纲领。十七大报告的相关表述是："建立公正高效权威的社会主义司法制度"。在最高人民法院和最高人民检察院向人大所作的报告中，努力实现司法公正已成为司法界工作的核心。在中国特定的话语中，司法公正甚至被看作是司法工作"最大的政治"。最高人民法院表示：审判工作的核心是司法公正，人民法院审判工作的出发点和追求的目标就是司法公正，人民群众对法院最大的期望和要求也是司法公正。法院最大的政治就是要坚持严肃执法，确保司法公正。其三，为了体现司法公正，某些司法符号进行了适应性变革。比如法官和检察官服装的变化就是如此，法官的制服取消了以肩章和"大沿帽"为特征的军官式服装，代之以法官袍和西服佩带胸徽的制服款式。这在当代中国司法史上还是首次，其符号意义不可低估，正如学者评论说："法官审判制服堪称最形象、最独特、最直观和最具隐喻色彩的司法符号。中国法官制服的演变其实在一定程度上反映了司法理念的蜕变和司法文化的更新。"[1] 中共十八大以来，司法的公正价值获得了进一步的强调。习近平提出："促进社会公平正义是政法工作的核心价值追求。公平正义是政法工作的生命线，司法机关是维护社会公平正义的最后一道防线。"[2] 这体现了党中央领导集体对于政法工作、特

---

[1] 刘武俊：《法官袍的司法隐喻》，载于《南方周末》2000年3月31日。
[2] 《习近平谈治国理政》，外文出版社2014年版，第148页。

别是司法工作的公平正义价值认识达到了新高度。"司法机关是维护社会公平正义的最后一道防线",意味着对司法公正的维护就是对社会公平正义的维护,同时,司法公正还具有涵养社会公平正义的重要功能。反之,司法不公就是对社会公平正义的公然践踏。正是基于司法对于守护社会公平正义具有重要意义,习近平强调:"我们要依法公正对待人民群众的诉求,要努力让人民群众在每一个司法案件中都能感受到公平正义,决不能让不公正的审判伤害人民群众感情、损害人民群众权益。"①

其次是独立司法的进步。中国不存在类似于西方的司法独立制度。但审判权、检察权的独立行使,不受任何个人和团体干涉的制度则是现行宪法和法律所规定的。在当代中国,自宪法确定司法权独立行使的制度以来,特别是执政党将司法权的独立行使作为既定的政策以后,独立司法的进程在实践中已有相当的发展。表现为:(1)改变了一度成为现实制度的各级党委审批案件的做法;(2)《行政诉讼法》的实施强化了法院的独立地位;(3)司法"大众化"的倾向有所改变,修改完善的《中华人民共和国法官法》(以下简称《法官法》)和《中华人民共和国检察官法》(以下简称《检察官法》)确定了建立全国统一的司法考试制度,摈弃长期以来只在司法机关内部在编人员中选任法官和检察官的做法。就目前的总体态势而言,中国司法向独立司法发展的趋向是明显的:不仅司法权独立运行的制度环境已有所改善,而且由于现行法律制度已将行政机关的部分行政行为纳入了可诉的范围,独立司法向行政与司法分权的发展也将是势所必然的事情。既然行政行为可以成为引起诉讼的事实和理由,那么,如果司法与行政的关系不能建立在现代分权原则的基础上,这种制度的长期存在就会受到根本的置疑。建立依法独立行使司法权

---

① 中共中央文献研究室:《十八大以来重要文献选编》(上),中央文献出版社2014年版,第91页。

第三章 实践逻辑（上）：中国政治制度内涵的历史性展开

的制度是执政党长期坚持的改革方向。中共十八届四中全会要求："建立领导干部干预司法活动、插手具体案件处理的记录、通报和责任追究制度。任何党政机关和领导干部都不得让司法机关做违反法定职权、有碍司法公正的事情，任何司法机关都不得执行党政机关和领导干部违法干预司法活动的要求。"①

最后是司法角色职业化取向的发展。"推进法治专门队伍正规化、专业化、职业化，提高职业素养和专业水平"，②是执政党在长期法治实践中形成的法治队伍建设方向。长期以来，在司法队伍建设上，我国一直存在两种路线的冲突和选择：一种是大众化的路线；另一种是职业化的路线。司法角色大众化否定司法是一个存在独特行为文化的领域，而职业化则恰恰相反，认为这个领域的行为文化非常独特，因而需要具备相应职业素养的人来出任，就像医生需要相应的职业素养一样。20世纪90年代，我国就已经确立了司法角色职业化的发展方向。《法官法》和《检察官法》的实施就代表了这一方向。现行《法官法》和《检察官法》关于司法角色的录用规范在以下三个方面完成了对原有制度的历史性超越：一是该法第51条规定："国家对初任法官、检察官和取得律师资格实行统一的司法考试制度。"这一制度的设立在中国法治史上可以被看作是一个具有里程碑意义的进步。二是院长等重要角色的任职条件由"实际工作经验"改为从法官（检察官）或者其他具备法官（检察官）条件的人员中择优遴选。这意味着院长等重要角色不可能再绕开相关条款规定的专业学历和司法考试的要求。它表明我国试图从制度上根本扭转长期以来政治体系有关部分角色录用的非职业化倾向。三是提高了司法角色在职业上的任职条件，确定了"高等院校法律专业本科毕

---

① 本书编写组：《党的十八届四中全会〈决定〉学习辅导百问》，党建读物出版社、学习出版社2014年版，第15页。
② 本书编写组：《党的十八届四中全会〈决定〉学习辅导百问》，党建读物出版社、学习出版社2014年版，第23页。

业"的任职条件。这三个方面制度上的进步将最终改变我国官员群体分化程度低的局面。司法角色最终从原有的"公务员体制"中分离出来，使他们更加符合司法职能的内在要求。

但是，必须看到司法角色大众化是新中国成立以后长期存在的现象，它是在司法作为"专政工具"定位下渐渐形成的。目前虽然我们确定了职业化的发展方向，但在大众化条件下形成的这支队伍转变起来较困难，又很难用严格职业化的方式进行管理（比如高薪制），队伍现状对司法职业社会地位的提高有着根本性的影响。

优化司法职权配置，重塑司法公正和司法公信力的体制结构是中共十八大以来司法体制改革的基本特征。所谓优化司法职权配置，主要是通过两条途径展开的：一是围绕司法机构的体制改革，目的在于通过对司法系统内权力结构的调整，矫正原政治体制中不适应法治要求部分。二是围绕健全司法权运行机制展开，目的在于充实司法权独立行使的条件和建立司法责任制。

围绕司法机构的体制改革主要包括两方面的内容：一是推动省以下地方法院、检察院人、财、物统一管理。二是探索设立跨行政区的人民法院和人民检察院，办理跨地区案件。目前，这两项改革要求均已进入实践过程，已经实现财物的统筹和人的统一管理；最高人民法院也已经设立了六个司法巡回区和相应法庭。我国现行的司法组织关系具有两个显著特点：一是党政部门对司法机关组织上的主导性；二是横向的司法组织关系配置，即各级地方政府均享有相应的司法行政权。① 这两方面的特点是相互支持的。从渊源上看，这套体制与我国的政治传统存在着太多的密切联系，即历史上发达的官僚政治使我们今天处理司法问题也会非常自然地强调行政化的方式。因此，现行司法组织体制

---

① 这里的司法行政权指的是组织、管理司法机关及其人员的权力。它与我国目前司法行政机关所享有的权力在性质上是相同的，但在范围上则是不同的。

第三章 实践逻辑（上）：中国政治制度内涵的历史性展开

实际上是我国整个政治系统行政化倾向的一部分或一个缩影。这套司法组织体制在依法治国实践中表现出了明显的不适应：集中反映在违反司法职能的内在要求，基本上将行政机构设置及管理的一套贯彻于司法系统；与此相关，缺乏严格规范约束的行政对司法的人事、经费等管理关系使司法统一和职权独立缺少必要的条件。

上述两方面的改革措施，是我国司法改革数十年来真正可以称得上是体制性改革的措施。基层和中级两个层级的人民法院和人民检察院的人、财、物按行政隶属关系集中由各省、自治区直接管理，一定程度上切断了这两级司法机关与县、地或市的司法行政关系。这样，在全国司法区大体不变的情况下，这种做法可预测的后果包括：可以强化全国法制的统一，避免由于现行体制条件下司法机关过于分散的行政隶属关系所造成的地方保护主义；可以使司法机关远离同级党政机关而获得独立行使职权的条件，强化司法审查的法治功能。

健全司法权力运行机制，在全面依法治国战略布局中被置于非常重要的地位。这表现在执政党十八届三中全会和四中全会通过的两份决定对此都有着多方面多层次的布局。其中最重要的措施包括：一是完善审级制度。明确四级法院职能：一审明断是非定分止争；二审案结事了；再审有错必纠；最高法院保障法律统一实施。二是建立主审法官、合议庭办案责任制。针对长期存在的审者不判、判者不审的判审分离；权责不明，错案追究难以落实；上下级法院行政化报批，影响审级独立等司法行政化诸问题。建立主审法官、合议庭办案责任制，让审理者裁判、由裁判者负责；改革审判委员会制度，明确审判委员会主要研究案件法律适用问题。

在健全司法权运行机制改革方向上，去行政化是我国司法改革长期追求的目标。早在1999年，《人民法院五年改革纲要》就已明确提出了"审判工作的行政管理模式，不适应审判工作的特点和规律，严重影响人民法院职能作用的充分发挥"。并将强化合议庭和独任审判员的职责，规范审判委员会活动作为法院改革的目标之一。法院内部管理行政化的本质在于违背司法审判的亲历性原则，在法院院长、庭长、审判员之间，在审判委员会和合议庭之间，按上级服从下级的原则来配置审判权。它与以事实为根据、以法律为准绳的司法原则相背离。让审理者裁判，让裁判者负责的改革要求，是从根本上解决上述问题的针对性举措。相关改革还使落实司法官员责任制成为可能。司法官员的职责不同于其他官员，因为"一次不公的（司法）判断比多次不平的举动为祸尤烈。因为这些不平的举动不过弄脏了水流，而不公的判断则把水源败坏了"。① 可见司法责任制的重要性。目前，建立办案质量终身负责制和错案责任倒查问责制在现实中已初见端倪。

（四）以全民守法为目标的行为文化建设

历史经验表明，在人们的内心深处根植法的信念是件不容易的事情。然而，现实社会关于法的普遍认识和信念，对法治的现实进程则有着基础性的影响。长期以来，解决中国社会法的信念问题一直构成依法治国战略重心的一个方面。如1986年开始的以五年为一期的全民普法教育，迄今已进入"七五"普法阶段。中共十八大以来，在以往实践的基础上，法治行为文化建设进一步聚焦关键人群行为文化的示范性建设以及依法治国和以德治国相结合策略。关键少数是执政党针对中国法治建设的规律性要求提出来的。它作为依法治国战略重心的缘由，不仅在于理论上它是支撑法治持续发展自律机制得以有效发挥作用的现实条件——关键少数行为文化的示范作用是激发社会自律机制普遍有效的关键因素；更重要的是在实践上它还是中国社会法的信念得以有效

---

① ［英］弗·培根著，水天同译：《培根论说文集》，商务印书馆1983年版，第193页。

第三章　实践逻辑（上）：中国政治制度内涵的历史性展开

拓展的现实途径——关键少数带头守法是中国社会法的信念乃至法律权威得以形成的关键因素。如果说法的信念在人群中的拓展构成法治持续发展的主观动力机制的话，那么，关键人群是否在他们的意识和行为领域具备了社会主义法治精神和行为取向，则构成中国法治持续发展的基础条件。通过全面从严治党、抓住法治"关键少数"和高素质法治专门人才队伍建设，辅之以依法治国与以德治国相结合策略，逐渐形成支撑法治持续发展的社会氛围和行为文化基础，构成了中共十八大以来全面依法治国方略的一个鲜明特征。

1. 全面从严治党的实践目标和效果之一就是形成执政党带头守法的局面。

习近平提出："我们党要履行好执政兴国的重大职责，就必须依据党章从严治党、依据宪法治国理政……真正做到党领导立法、保障执法、带头守法。"① 在"四个全面"战略布局中，全面从严治党通常被定义为是其他战略的政治保障。那么，对全面依法治国战略而言，它的政治保障作用为何？通过全面从严治党，提供执政党带头守法的组织基础和行为文化前提，无疑构成所谓政治保障作用的核心内容。就党的执政地位而言，应该说这一作用是全面从严治党和全面依法治国战略内在统一的重要表现。

全面从严治党的内容极为广泛，但其最为基本的要求即严格党的纪律，包括内容上严格党的纪律和执行上严格党的纪律。一段时期以来，从严治党的现实推进，包括制度的完善如巡视制度、措施的推进如"一学两做"活动等，已使党风有了很大的改变和进步。这种体现在风气中的进步为执政党带头守法提供了十分重要的现实前提。所谓内容上严格党的纪律就是党的纪律对党员的要求要严于法律的要求，即把纪律和规矩挺在法律前面。

---

① 中共中央文献研究室：《十八大以来重要文献选编》（上），中央文献出版社2014年版，第91页。

"党规党纪严于国家法律，党的各级组织和广大党员干部不仅要模范遵守国家法律，而且要按照党规党纪以更高标准严格要求自己"。① 只有把纪律和规矩挺在法律前面，筑起纪律和规矩的坚固防线，才能从源头上净化党内风气。党的纪律在行为规范上要严于国家法律的要求，成例很多。比如，《中国共产党纪律处分条例》第十四章专门对严重违反社会主义道德的行为设定了相应规范，而国家法律对一些纯道德行为一般不作法律上的规范要求。又如，《关于领导干部报告个人有关事项的规定》对领导干部的个人事项申报进行了规定，而国家法律对普通公民个人的大部分事项并不做强制性报告的要求，等等。理论上，党规党纪严于国家法律的制度设计源于中国共产党的先锋队性质，即中国共产党是中国工人阶级的先锋队，同时又是中国人民和中华民族的先锋队。先锋队性质要求必须通过党内法规把党要管党、从严治党落到实处，促使党员、特别是领导干部带头遵守国家法律法规。

在中共十八届四中全会《中共中央关于全面推进依法治国若干重大问题的决定》关于中国特色社会主义法治体系的理论概括中，完善的党内法规体系构成其中有机部分之一，并且强调要注重党内法规同国家法律的衔接和协调。这是全面从严治党与全面依法治国战略相统一的内在要求。目前，完善的党内法规体系正在实践中有效推进。《中国共产党章程》规定"党必须在宪法和法律的范围内活动"。《中国共产党党内法规制定条例》也指出，制定党内法规应当遵守"党必须在宪法和法律的范围内活动"的原则，就此而言，党内法规无疑是国家宪法和法律得以实现的重要支撑和保障。《中央党内法规制定工作五年规划纲要（2013—2017年）》提出"宪法为上、党章为本"的基本要求。宪法为上，就是要保证党内法规体现宪法和法律的精神和要求，

---

① 本书编写组：《党的十八届四中全会〈决定〉学习辅导百问》，党建读物出版社、学习出版社2014年版，第26页。

保证党内法规体系与中国特色社会主义法律体系内在统一；党章为本，就是要按照党章确定的基本原则、要求和任务，推进党内法规制定工作。完善的党内法规体系以及同国家法律的衔接，有望使中国法治的现实进程获得执政党最为有力的支持。

2. 紧抓法治关键少数，构建带头守法与全民守法互动的法治格局。

当代中国法治的进步具有自身独特的政治逻辑，作为主体支撑的关键少数就是其中极其重要的一个环节。① 对中国法治建设而言，所谓主体支撑的缘由和意蕴是循着领导干部带头守法到普通民众全民守法的逻辑展开的，亦即领导干部带头守法对中国社会具有普遍的道德唤醒和引导意义。与普通社会成员相比，领导干部的守法具有自身显著的特点，即他们不仅要遵守调整普通社会行为的一般法，而且更要遵守调整他们职责行为的特别法。后者对法治的影响更大。"党员干部是全面推进依法治国的重要组织者、推动者、实践者，要自觉提高运用法治思维和法治方式深化改革、推动发展、化解矛盾、维护稳定能力，高级干部尤其要以身作则、以上率下。把法治建设成效作为衡量各级领导班子和领导干部工作实绩重要内容，纳入政绩考核指标体系。"② 这段话所包含的战略安排主要有两个方面：一是要求，即党员干部要不断提升法治思维和法治方式的履职能力；二是措施，即把法治建设成效和法治素养纳入政绩考核和干部选拔之中。

党的十八大以来，全面依法治国战略中的一个贯通性的逻辑和要求就是提升领导干部的法治思维和依法办事能力。党的十八大首次提出要提高领导干部运用法治思维和法治方式深化改革、推动发展、化解矛盾、维护稳定的能力。其后习近平又多次强调各级党

---

① 程竹汝：《中国法治模式构建中的政治逻辑》，载于《中共中央党校学报》2016 年第 4 期。
② 本书编写组：《党的十八届四中全会〈决定〉学习辅导百问》，党建读物出版社、学习出版社 2014 年版，第 26 页。

组织和领导干部，要善于运用法治思维和法治方式推动各项工作、特别是政法工作。中共十八届四中全会审议通过的《中共中央关于全面推进依法治国若干重大问题的决定》更是要求将法治建设成效和法治素养纳入政绩考核和干部选拔之中。这标志着执政党对执政规律的认识、对法治规律的认识、对领导干部素质和能力建设的认识都提升到了新的高度。理论上，所谓法治思维就是基于法治的固有特性和法治信念，认识事物、分析问题、判断是非、解决问题的思维方式。从领导干部的角度看，法治固有的取向一般包括：权力来源于法律，权力受限于法律，权力依法行使、权力与责任相统一，权力要尊重权利等。就全面依法治国战略的现实推进而言，将法治建设成效和法治素养纳入政绩考核和干部选拔之中的策略，是一件再怎么强调都不过分的事情。如果说改革开放以来中国经济面貌焕然一新的进步与经济绩效考核机制密切相关的话，那么，将法治建设成效和法治素养纳入政绩考核和干部选拔之中对法治建设将形成的巨大效应，就是完全可期待的事情。

　　理论上，法治建设中抓住领导干部这个关键少数，还包括高素质法治专门人才队伍建设。虽然这项战略举措可追溯至20世纪90年代实施的《法官法》和《检察官法》，但全面依法治国战略则赋予了其一系列新的内容。主要包括：一是完善司法人员分类管理制度。健全区别于公务员的法官、检察官职务、职称序列和工资制度。按照试点地区的实践情况，相对的"高薪"已进入实践过程。二是健全法官、检察官由省级法院和检察院统一招录和逐级遴选制度。上级司法机关的法官和检察官一般从下级司法机关优秀法官、检察官中遴选；设置不同审级法官、检察官的任职条件。优化法官、检察官队伍结构，按照试点地区实践情况，现任法官、检察官须按一定比例重新入职。三是健全法官、检察官、人民警察职业保障制度。在具体的司法过程中，司法权无疑都是通过法官、检察官们实现的，因此，与他们直接相关的制度建设，对司法公正有着重大、直接的影响。

　　法治专门人才队伍相关制度的建设在全面依法治国战略中具有重要地位，上述改革措施正体现了这一要求。司法职能本身要求承担它的相关角色必须具备较高的法治素养，而现代法治社会只不过更加强化和严格了这一要求。"法律职业要求从业者必须具备高度专业化的法律思维、法律意识、法律语言、法律方法、法律解释、法律推理、法律信仰和法律伦理，等等。"① 今天，虽然在理论上和制度的设定上，较高法治素养和一定程度的职业训练已被确定为司法角色胜任职责的基本条件。但是，长期形成的干部制度的惯性仍然是推行改革措施的现实障碍。比如长期以来相当数量的法院院长、副院长的任职资格不能严格按照《法官法》的要求进行，就是典型例证。如果说分类管理是基于司法人员的专业特性，那么，这一管理方式则必须建立在严格的职业标准和录用程序上，否则，分类管理就是缺少前提和基础的。职业保障制度建设是上述改革措施的又一重要方面。所谓司法职业保障制度是指司法人员履行职责的职务身份和物质待遇的保障制度。职务身份保障制度即为了避免各种势力基于司法官身份而影响其独立、公正履行职责，故以法律的形式对司法官的身份予以固定，即他们一经任用，非依法定事由并经法定程序，不得被免职、调离、提前退休或给予行政处分的制度。从理论上讲，司法官身份是否稳定必然会影响到其职责的履行；如果在职务身份上，司法官处处受制于人、时时要忧虑自己身份的话，独立行使司法权进而司法公正就失去了前提。

　　3. 坚持依法治国与以德治国相结合，强化道德对法治文化的支撑作用。

　　作为国家治理的战略选择，依法治国与以德治国相结合是我

---

　　① 贾宇：《构建中国特色社会主义司法制度》，载于《西北大学学报》2013年第1期。

国长期以来坚持的战略方针。在十八大以来全面依法治国战略布局中,这一战略方针被看作是中国特色社会主义法治道路的鲜明特点;其在理论上得到进一步厘清的同时,又被赋予了一系列新的内涵。这集中表现在从严治党所要求的"道德入纪"、对关键少数以德修身、以德立威、以德服众的要求,以及对社会公德、职业道德、家庭美德、个人品德建设的强调及实践措施等。

关于中国特色社会主义法治道路,习近平总结说:"这条道路的一个鲜明特点,就是坚持依法治国和以德治国相结合,强调法治和德治两手抓、两手都要硬。这既是历史经验的总结,也是对治国理政规律的深刻把握。"① 也就是说,法治与德治相结合是已为历史经验所证明了的现代国家治理的规律之一,体现着中国共产党对现代国家治理规律的认识和把握,是历史逻辑与理论逻辑内在统一的展现。

关于法治与德治相结合进一步的理论阐发,是全面依法治国战略理论阐发中分量较重的一部分。习近平指出:"法律是成文的道德,道德是内心的法律。法律和道德都具有规范社会行为、调节社会关系、维护社会秩序的作用,在国家治理中都有其地位和功能。法安天下,德润人心。法律有效实施有赖于道德支持,道德践行也离不开法律约束。法治和德治不可分离、不可偏废,国家治理需要法律和道德协同发力。"② 这充分解释了法治保障和促进崇德向善、德治滋养法治精神的现代国家治理规律。事实上,法律在实际生活中的作用或实现涉及许多相关因素,其中包括了法律本身的合道德性,政治结构的适应性安排,公民普遍的守法意识等。在法律与道德、法治与德治的关系中,我们强调要把道德要求贯彻到法治建设中,强调法律的合道德性,是要强调法律作用于社会的目的。从理论上来说,一个法律体系具有了合

---

①② 习近平:《坚持依法治国和以德治国相结合 推进国家治理体系和治理能力现代化》,载于《人民日报》2016年12月11日。

道德性，就是说它符合了人们社会生活的一般需要，这仅是法律在社会中发生实际作用条件的一部分，而如果说道德是法律与社会现实关系的一个中介，那么，法律发生实际作用条件的另一部分就是人们普遍具有了相应的道德素质。当法律具有了合道德性而人们也具有了相应的道德素质的时候，法律在社会生活中实现的一个完整条件也就具备了。因此，公民的道德养成所包含的他们对遵守社会规则的行为习惯对全民守法具有基础作用。道德是一套社会生活的规则，它依靠人们内心向善的倾向获得实现；法律也是一套社会生活的规则，它不仅依靠人们内心向善的倾向，同时也依靠社会组织力的保障获得实现。因而人们守法的动机从来就是自觉的向善与惧怕惩罚的混合物，但在法律合道德性的情况下，人们守法的动机则主要依赖于内心自觉的向善倾向。因此，就一般情形而论，一个守德的人，大体上就是一个守法的人，反之亦然。一个人在日常社会生活中遵守道德规则所成之习惯，扩展开来，必然使他具有守法的倾向。

强调关键少数在推进依法治国与以德治国战略方针实施中的现实作用，是全面依法治国战略的一个明显倾向。习近平强调："要发挥领导干部在依法治国和以德治国中的关键作用。领导干部既应该做全面依法治国的重要组织者、推动者，也应该做道德建设的积极倡导者、示范者。要坚持把领导干部带头学法、模范守法作为全面依法治国的关键，推动领导干部学法经常化、制度化。以德修身、以德立威、以德服众，是干部成长成才的重要因素。领导干部要努力成为全社会的道德楷模，带头践行社会主义核心价值观，讲党性、重品行、作表率，带头注重家庭、家教、家风，保持共产党人的高尚品格和廉洁操守，以实际行动带动全社会崇德向善、尊法守法。"①

---

① 习近平：《坚持依法治国和以德治国相结合 推进国家治理体系和治理能力现代化》，载于《人民日报》2016年12月11日。

首先，领导干部的思想道德建设是以德治国必须强调的一个关键性因素。我国具有德治的传统。历史上的德治主要是依托于科举制及士绅制度建立起来的，亦即通过科举制对官员和士绅道德品质的制度性塑造，进而再通过他们对社会正式或非正式的影响力来发挥作用。因此，新的历史条件下德治的推行，也应尊重和汲取历史中呈现的规律和经验。其中，关键的一点就在于重视对党政官员道德品质的塑造。现代中国的以德治国，是以为人民服务为核心，以社会主义核心价值观为基本遵循的。因而从本质意义上说，"以德治国，首先是针对各级领导干部而提出的思想道德约束，要求各级领导干部率先垂范"。①

其次，领导干部的道德素养决定了他们对待法律的立场和主观态度，进而决定了他们守法的程度。用较学术的语言来说就是：在一般情况下，官员的道德素质与他们的守法程度成正比例。从依法治国与以德治国相结合的要求来看，领导干部的守法是一个最基本的政治道德。有一种说法叫作"法律是最低限度的道德"，这种说法即使有片面的成分，但它所包含的守法是对一个人、一个组织最基本要求的思想则无疑是正确的，因为一个人、一个组织即使不做善事也不可以去做恶事即违背法律的事。因此，守法作为现代社会官员们最基本的政治道德，它与守德是完全一致的。在依法治国与以德治国相结合的内涵中，道德上的平等观和为人民服务的道德原则尤为重要。与普通社会成员相比，领导干部的守法具有自身显著的特点，即他们不仅要遵守调整普通社会行为的一般法，而且更要遵守调整他们职责行为的特别法。在第一种情况下，官员们道德上的平等观对他们遵守一般法尤为重要；而在第二种情况下，恪尽职守的职业操守和为民服务的责任意识则是他们遵守特别法的道德基础。

---

① 罗国杰、夏伟东：《论"以德治国"》，载于《求是》2001 年第 15 期。

第四章

实践逻辑（下）：中国政治制度功能的历史性展开

研究改革开放以来中国的政治发展，必须回答的一个基本问题是：它为中国社会提供了什么？解决了什么问题？

如果将政治发展视为一个过程，那么这个过程很大程度上就是一个国家的政治制度逐步释放功能、实现功能社会化的过程。循着这一角度考察改革开放以来中国的政治发展，可以发现诸如独具特色的代议制度、非竞争的合作型政党制度、多重性的国家结构形式等共同构成的政治制度体系，基本具备了适应性和自主性，并体现出了总体有效性的特征。概而言之，中国政治制度体系的功能特色主要包括：重心功能——政治稳定；基本功能——汲取合法性；体系功能——社会整合；过程功能——低代价政策优化。虽然中国政治制度体系的功能发挥并非尽善尽美，仍有很大空间有待拓展，很多资源尚待开发。但是，改革开放以来政治发展实践中，政治制度的功能发挥已初步形成了特定的程式和机理，表现出了总体的有效性。

一、重心功能：社会稳定

构造有序公共生活，实现社会稳定历来是政治发展的社会目标。这是因为,"秩序是先于其他一切价值的"①,秩序之于政治生活具有永恒意义。如果社会处于动荡无序状态,政治发展就失去前提,丧失意义。反过来,政治发展又构成社会稳定的动力与保障。如果没有政治生活的制度化、政治行为的规范化等,稳定秩序也将失去政治基础而难以长期维系。当然,现实的社会稳定与政治发展并非总是呈现出正相关的关系,比如固化的社会稳定可能是政治落后的表现,政治进步也可能带来结构性的社会不稳定。

在当代中国,社会稳定一直是政治发展的一个基本目标。毛泽东曾说:"我们的目标,是想造成一种又有民主又有集中,又有纪律又有自由,又有统一意志又有个人心情舒畅、生动活泼,那样一种政治局面,以利于社会主义革命和社会主义建设。"②邓小平则多次强调要巩固和发展生动活泼、安定团结的政治局面,"中国人这么多,底子这么薄,没有安定团结的政治环境,没有稳定的社会秩序,什么也干不成。"③为此,处理好改革、发展与稳定的关系,建设社会主义和谐社会就构成了中国政治发展的一个主题。改革开放前,社会稳定更多依靠的是意识形态、伦理风俗、人格魅力等力量,而非主要依靠政治与法律制度的作用。虽然这一时期也实现了较长时期的社会稳定,但在很大程度上是以牺牲社会进步为代价的。改革开放以来,以市场经济为内在动力和全球化为外在动力的社会转型在根本上推动着社会与国家、社会体系与政治体系之间互动关系的形成和发展。这一方面构成了中国政治体系获得适应性与自主性的现实基础;另一方面也是在新基础上实现社会稳定的基本力量。有学者认为在社会转型条件下社会稳定的实现是中国政治有效性的集中表现:"在这30年中,中国尽管人口规模在扩大、经历了革命性变革和

---

① [美]格伦·蒂德著,潘世强译:《政治思维:永恒的困惑》,浙江人民出版社1988年版,第112页。
② 《毛泽东著作选读》(下册),人民出版社1986年版,第887页。
③ 《邓小平文选》(第三卷),人民出版社1993年版,第331页。

出现快速的发展，但中国社会整体是平稳、有序的，创造了稳定盛世。由此可见，中国 30 年的发展是一个大规模、大变革、大发展和大稳定有机统一在一起的发展，是有效的发展。"① 面对"世界上最大规模的经济结构调整；世界上最大规模的下岗和失业'洪水'；世界上最显著的城乡差别和地区差别；世界上基尼系数增长最快的国家之一"②，中国的政治发展保障和实现了社会稳定，这是一个基本的事实。

（一）政治体系结构亲和社会稳定

从结构上看，政治体系是一个权力配置体系，一般而言，它包括权力的归属、横向配置与纵向配置三个层面。政治体系的权力结构形态如何，直接涉及政治权力的合法性、规范性和有效性的基础，进而也构成了影响社会稳定的基本因素。

在现代政治中，政治权力的归属遵循着一个原则即人民主权原则，当代中国当然也不例外。现行《宪法》规定："中华人民共和国的一切权力属于人民，人民通过各种途径和形式，管理国家事务，管理经济和文化事业，管理社会事务。"在政治与社会的关系中，政治权力的归属是一个根本问题，它涉及人民在政治中的最终地位。在现实性上，政治权力的归属更具体地取决于权力的纵横配置状态。纵向上看，当代中国仍然实行历史上长期遵循的中央集权体制，这种集权状态在改革开放前的计划体制下达到了相当高的程度。虽然十一届三中全会以来，政治权力在政府纵向间的配置关系发生了诸多变化，地方政府的自主性和积极性大大增强，但集权的政治结构并没有根本变化。应当看到，适度集权是符合中国历史传统和发展战略的，有助于提升国家能力，

---

① 林尚立等：《政治建设与国家成长》，中国大百科全书出版社 2008 年版，第 22 页。
② 胡鞍钢等：《第二次转型：国家制度建设》，清华大学出版社 2003 年版，第 4 页。

实现政治整合和社会稳定。政治权力横向配置是政治体系较重要的部分。在理论上，不同时代不同国家的政治家、思想家对权力的横向配置进行了认真研究，形成了不同的认识，如古代的"混合政体""平衡政体"和近代以来的"三权分立""五权分立"等。实践中，不同国家基于独特的发展环境，形成了不同权力结构形式，如美国的三权分立、英国的议会制等。这是因为，权力结构形式受制于国家的政治传统、历史风俗、社会结构、阶级状况、现实需要等多重因素的影响与制约，并会随社会发展而进行调整与变革。从这个意义看，它没有最好，只有更适合。从实践情况看，当代中国政治权力结构主要体现为由党的领导权、人大集中行使的国家权力以及"一府一委两院"行使的行政权、监察权、司法权构成的"五权架构"模式。[①] 中国政治体系的"五权架构"不同于英美等西方国家的三权鼎立，而是在吸收西方思想家关于权力运行基本规律的基础上，基于中国国情和发展环境所进行的制度创新，它凝结着共产党人的政治智慧和广大人民的政治意愿，具有显著的特点和优势：它既改进了西方三权分立模式，又超越了孙中山的"五权宪法"；既体现了中国传统文化中五行共生演化的哲学原理，又彰显了现代主权在民、民主共和等政治原则；既有利于政治体系中各权力的合理分工、独立运行，又能够避免不同权力之间的彼此倾轧和相互扯皮，有助于保障政治运行的稳定性与高效性。总之，"五权架构"模式强调权力分解、分工和制衡，但并不提倡权力分割、分散和抗衡，体现了权力结构的统一性、集中性和协调性。这种政治结构能够更好地形成合力，以保障权力有效运行，能够更好地服务于人民主权，是一种适合中国国情的政治结构。

改革开放的历史进程表明，政治体系中权力结构的高度统一

[①] 田芝健：《当代中国权力结构分析：五权架构》，载于《南京工业大学学报》（社会科学版）2002年第2期。

第四章 实践逻辑（下）：中国政治制度功能的历史性展开

性、集中性以及协调性，其核心是围绕中国共产党的领导权而展开的。共产党是国家与社会的领导核心，是中国政治结构和政治过程的轴心与中枢。政治体系中的立法权、行政权、监察权、司法权以及其他介入政治过程的其他权力如政协等，均整合于共产党的领导体系。中国政治结构的这一特性决定着政治体系所具有的强大政治能力，正是这种政治能力发挥营造了改革开放进程中的社会稳定。具体说来：其一，资源整合力，即党通过系统化组织渠道对政治体系中其他权力发挥领导作用，有效掌握和控制着经济、社会和文化各种资源的生产与配置，能够及时化解资源争夺而引发的各种社会冲突。特别是党始终成功地掌控着军队这种宝贵的政治资源，既有助于军队的统一和稳定，也构成社会政治稳定的重要保障。其二，权威塑造力，即党的路线、方针和政策始终代表先进生产力的发展要求、先进文化的前进方向和最广大人民群众的根本利益，由此赢得广大民众的信任、支持和认可。其三，政治协调力，即党凭借其核心地位对社会转型中出现的多层次、多领域和全方位的矛盾和冲突进行政策调处，实现个人、集体和国家之间在利益、价值等方面的有机统一。正是政治体系所具有的强大政治能力，为社会改革、发展和稳定奠定了政治基础，保障了改革开放以来社会大发展、大稳定、大变革的格局。

与改革开放前相比，共产党在整个政治体系中的领导地位虽然没有变化，但党的政治能力的现实基础以及运行逻辑已发生了很大变化。如果说改革前在高度集权体制下，党通过以党代政的方式和强大的组织网络能够迅速积聚权力，直接作用于国家和社会的话，那么，改革开放以来的社会转型则推动了党、国家与社会关系的变化，党的政治能力体现为总揽全局、协调各方的能力，更多凭借的是自身的先进性以及路线、方针和政策的正确性，特别是依靠党的科学执政、民主执政和依法执政来实现的。改革开放的实践表明，以共产党领导权为核心的政治体系所创造的政治效应在总体上是积极的、有效的，这与政治体系的制度化和政治权力的规范化建设是分不开的。换言之，正是制度的不断完善和创新提高了党与国家的政治能力。事实上，改革开放正是以制度的恢复、完善、创新和发展为行动目的的。邓小平曾指出："我们过去发生的各种错误，固然与某些领导人的思想、作风有关，但是组织制度、工作制度的问题更重要。这方面的制度好可以使坏人无法任意横行，制度不好可以使好人无法充分做好事，甚至走向反面。"① 历经 40 年的制度建设，中国政治权力已处于一个多维立体制度体系的规范之中，这些制度建设主要包括代议制度、执政党制度、政治协商制度、政府间关系制度、基层民主制度等，这些制度已成为构造政治权力合法、规范、有效运行，进而成为营造社会稳定的根本力量。

（二）政治体系功能维护社会稳定

社会长治久安不仅有赖于政治结构的协调性与统一性，更直接取决于政治体系功能的有效发挥。一定意义上讲，所谓政治制度就是政治体系和社会环境之间互动的规范性框架。有研究认为："如果人类的选择和行动是值得重视的话，这些结果必须从意图、努力和计划而得来，而不是从碰运气或幸运得来。人类这种功能性的集中表现是，通过制度结构安排为社会创造一个可靠的、可预测的、一贯的行为框架，个人能够在其中执行他们的计划或项目时多少可以肯定其成功的前景。在一个危险的、变化无常的世界里，政治的任务就是创造一个合理的秩序作为人类自由和明智的行动的必要条件。"② 改革开放以来，中国政治体系与社会需求之间的有效互动，其制度保障已实现相当程度的机制化。这些机制主要包括多元包容机制、资源吸纳机制、信息沟通

---

① 《邓小平文选》（第二卷），人民出版社 1994 年版，第 333 页。
② ［美］斯蒂芬·L. 埃尔金、卡罗尔·爱德华·索乌坦编，周叶谦译：《新宪政论——为美好的社会设计政治制度》，生活·读书·新知三联书店 1997 年版，第 119 页。

第四章 实践逻辑（下）：中国政治制度功能的历史性展开

机制、利益均衡机制、危机处置机制等。正是这些机制的共同作用，中国社会才实现了可持续的稳定。

1. 多元包容机制。

通常而论，传统社会是一个同质性社会，现代社会则是一个多元化的异质社会。因此，对现代社会来说，它需要政治体系建立一个多元化的包容机制，对社会中的各种主体及其利益进行协调与统合，使各主体及利益能在不同权力结构、民族结构、政党结构、阶级结构中进行合理定位，实现其认同与归属，并遵循制度化形式释放能量。这种包容机制对转型期中国的社会稳定意义重大。因为，改革开放以来的社会转型，不仅表现为人们挣脱原有的计划体制的束缚，同时也表现为社会发生新的分化重组，生成新的社会主体。社会的多元分化意味着不同利益格局、价值诉求、组织形式等的形成，这势必引发基本政治格局的适应性变化，不断由此产生新的政治能量。从这个意义看，社会转型期既是一个发展机遇期，也是一个风险多发期。在这种情形下，如果社会缺乏多元化的包容机制，政治体系无力对多元化格局进行统合，社会中积聚的能量就难以及时缓解和释放，社会失范、失序现象就有可能发生。换言之，社会的多元分化蕴藏着深刻的政治意义。改革开放条件下，中国政治体系的重要使命就是建立一种多元化包容机制，将转型社会中新生的社会主体及利益统合起来，使原有和新生的主体都能够在规范化的权力结构、阶级结构、政党结构中实现诉求、释放能量，共成一体，形成一种"各就其位、各守其职、各尽其责"的有序结构。

改革开放的实践中，执政党和政府高度重视社会稳定，将和谐视为社会主义社会的本质特征。在建设和谐社会的进程中逐步建立健全了包容性的政治机制，使社会中各主体之间形成了制度化、有序化的关系纽带。如共产党与各民主党派之间的合作制度；中央与地方之间的行政、财政等方面的适度分权制度；少数民族和汉族之间的平等、互助和共同繁荣的制度等。目前，这种政治包容机制已呈现了相对稳定性，涵盖社会的各个方面，使中国社会的多元主体能够在统一的政治系统中和谐共生。特别是对于社会阶层分化过程中形成的新生力量，以包容的姿态和制度吸收他们进入体制之内。2001年，江泽民指出："改革开放以来，我国社会阶层构成发生了新的变化，出现了民营科技企业的创业人员和技术人员、受聘于外资企业的管理技术人员、个体户、私营企业主、中介组织的从业人员、自由职业人员等社会阶层。""他们与工人、农民、知识分子、干部和解放军指战员团结在一起，他们也是有中国特色社会主义事业的建设者。""应该把承认党的纲领和章程、自觉为党的路线和纲领而奋斗、经过长期考验、符合党员条件的社会其他方面的优秀分子吸收到党内来。"[①]这是政治体系适应社会需求，建立包容机制的重要体现，有助于实现新生社会阶层融入政治体系之中，对社会稳定具有长远意义。

2. 资源吸纳机制。

社会稳定的重要条件之一是政治体系与社会体系之间形成资源互补的格局。其中，政治体系的资源吸纳机制在根本上决定着它的制度、政策供给及社会秩序维护的能力。经验上，任何良性运行的政治体系都拥有一套比较完善的资源吸纳机制。改革开放以来，社会稳定的实现与政治体系逐步建立和形成的资源吸纳机制关系密切。这主要包括三方面：

其一，物质资源的吸纳。物质资源的获得是政治体系发挥功能、建构优良秩序的基础，其最主要通过税收体制来实现。1994年实行的分税制改革增强了中国各级政府的资源汲取和供给能力。一方面它有利于调动中央与地方两个积极性；另一方面它也有利于应对经济发展中的区域不平衡，促进政府公共服务均等化的实现。分税制改革前，各级政府特别是中央政府的财政缺口严

[①] 江泽民：《在庆祝中国共产党成立八十周年大会上的讲话》，人民出版社2001年版，第31、32页。

第四章 实践逻辑（下）：中国政治制度功能的历史性展开

重，造成了一系列全国性公共政策实施的困难，并在一定程度上弱化了中央对地方的影响力。分税制是现代国家的重要制度，它的实施极大地增强了各级政府特别是中央政府汲取资源的能力。有助于有效实施公共政策，兑现各种民生承诺，保障政权体系和社会的稳定。如果没有这一改革所形成的各级政府强大的资源能力支撑，21世纪以来一系列公共政策的推行，如免除农业税、免费义务教育、社会保障体系建立等就是难以想像的。

其二，人才资源的吸纳。制度确立之后人就成为决定因素。不断吸纳人才资源对政治体系的新陈代谢具有重要意义。改革开放以来，执政党和政府在人才资源的吸纳方面进行了一系列制度和机制创新，如领导干部公开选拔制度、公务员制度、法官检察官制度等，从制度上解决了政治体系吸纳才力资源的问题。中国所形成的选举与选拔相结合的党政官员遴选制度，具有自身明显的特点和优势，即注重择优而不是淘劣。总体看来，应该说这套制度保障了改革开放以来中国政治体系的有效运行。目前，这套制度运行的制度化态势已不可逆转，获得了较广泛的认可。本质上讲，人才资源吸纳制度和机制属于开放性社会流动的重要形式，在中国具有深厚的历史传承，它的建立和健全有助于推动水平与垂直的社会流动，可以从根本上解决人力资源转化为政治资源的问题，对于提升政治体系的运行质量，扩充政治体系的能力，缓解由于社会流动阻滞而滋生的各类矛盾来说都至关重要。

其三，文明资源的吸纳。"中国传统政治文明及政治现状、世界政治文明及共性成分与实践创新的结合是当代中国政治发展的主导性资源或一般规律"。[①] 改革开放以来中国的政治发展虽然具有特殊的中国规定性，但同时还具有普遍的世界规定性。全球化是当今世界的潮流，任何政治体系必须融入这一潮流，适应

---
① 程竹汝等：《政治文明：历史维度与发展逻辑》，上海人民出版社2004年版，第3页。

这种趋势，积极吸纳人类文明资源，才能与世界文明体系建立良性互动，保持强劲生命力。改革开放以来的中国政治发展在坚持自主性的同时，不断地吸收人类文明发展的成果为我所用。邓小平曾指出："必须大胆吸收和借鉴人类社会创造的一切文明成果，吸收和借鉴当今世界各国包括资本主义发达国家的一切反映现代社会化生产规律的先进经营方式、管理方法。"① 实践表明，在坚持根本和基本政治制度的条件下，中国社会与政治变革体现了极大的开放性，积极地从价值、组织和制度诸多方面汲取人类文明的共享资源。这期间，社会主义政治文明、依法治国、执政党与参政党的划分，乃至行政诉讼、罪刑法定等概念的提出和推行均表明中国特色政治发展道路与世界文明的直接相关性。充分汲取人类文明资源将极大增强中国"民族史"融入"世界史"的进程。犹如马克思所言："历史向世界历史的转变"。②

3. 信息沟通机制。

就政治体系来说，信息沟通就像神经之于生命有机体一样，是其运转的基本条件和要素。多伊奇将沟通视为"政府的神经"，便源于此。如果没有信息沟通，社会中的要求和支持就难达至政治体系，公共政策的制定和执行便无从进行；如果沟通存在障碍，也不能达成正确有效的决策与执行。在一定意义上，现实的政治过程就是一个信息传输、交流、反馈的过程。通常而言，政治体系为了汲取合法性都会努力创造绩效，但仅有业绩而缺乏与公众广泛沟通的政治体系，同样难以得到理解、信任和支持。因此，政治体系在努力创造业绩的同时，还必须通过沟通将自身运作情况与效果传输给社会，将自身追求的目标转化为公众的认知，从而赢得支持。同时，只有通过沟通，来自公众的建议、意见、呼声和要求才能及时反馈到政治体系的决策中枢，做

---

① 《邓小平文选》（第三卷），人民出版社1993年版，第373页。
② 《马克思恩格斯选集》（第1卷），人民出版社1972年版，第51页。

第四章 实践逻辑（下）：中国政治制度功能的历史性展开

到集思广益，保证决策的科学化与民主化。从这些意义看，信息沟通对政府赢得信任和支持、对政府满足社会的多种需求，从而对社会稳定都具有重要价值。

改革开放前，中国政治体系与社会的信息沟通是十分有限的，沟通的人群及相关信息的选择性极高。改革开放以来，相关的信息沟通机制逐步建立起来，这主要包括两个方面：其一是输入机制，主要指社会信息向政治体系的传输。改革开放以来，诸如群众的来信来访、人大和政协代表反映社情民意、民主党派参政议政、大众传媒表达民意等信息沟通渠道和机制得到了完善和发展。同时，执政党和政府坚持"深入了解民情、充分反映民意、广泛集中民智"的原则，适应社会需求，建立健全了诸如听证制度、咨询制度、电话热线、网络信箱等新型信息输入机制，在广大民众与政治体系之间搭建了多样化、制度化的桥梁和纽带。如此多元化信息传输渠道不仅有助于政府从迅速变革的社会中获取大量信息，增强公共决策的科学性，而且有利于缓和广大民众的期望心理，化解社会中积累的一些矛盾和冲突，实现民众与政治体系之间的良性互动。其二是输出机制，即政治体系向社会的信息传输。改革开放实践中，从最初的村务公开，逐渐发展至警务公开、审判公开，厂务公开、校务公开，再到党政机关的政务公开等，一系列涉及党政信息公开的法规和措施纷纷出台。21世纪以来，在政治透明度提高的同时，"知情权"也越来越多地进入中国的政治进程。透明政府已成为服务型政府建设的重要目标。1993年严重急性呼吸综合征（SARS）危机的治理，启动了中国建设透明政府新阶段。基于公共危机治理的经验和教训，政府加快了信息公开的立法步伐。近年来更提出了"必须让权力在阳光下运行"的政治承诺，保障公民知情权、建设透明政府形成了社会共识。2008年5月1日开始实施的《中华人民共和国政府信息公开条例》，第一次在法律上提供了公民"知情权"的制度基础，向社会传递了打造"阳光政府"的信号，标志着政府信息公开进入重要的建设时期。汶川地震发生后，党和政府利用多样化的现代传媒及时、客观地发布信息，树立了良好形象，赢得了民众信任和支持，避免了恐慌以及由此引发的无序。实践表明，有效的信息沟通已成为保障社会稳定的重要机制。

4. 利益均衡机制。

利益涉及社会与政治体系的深层结构，和谐社会的实质其实就是利益关系的和谐，而社会的失序往往也源自利益关系的失衡。亚里士多德曾指出："在所有的情况下，我们都可以从不平等中找到动荡的根源。"① 因此，追求和谐社会在很大程度上就是追求一套利益均衡机制。在利益多元化基础之上，所谓利益均衡就是：多元化的利益要求可得到同等关怀，利益矛盾相对缓和，各种利益共处于统一格局之中，共享社会进步成果，以达至不同利益的和谐状态。当然，利益均衡绝非利益的平均分配。中国历史上的平均主义不仅窒息了社会活力，而且最终导致普遍穷困，与利益均衡格格不入。如果说，利益结构失衡在市场经济条件下具有"天然性"，那么，弥补市场失灵，促进社会公平，实现利益均衡就是现代政府的一种天然职能。

改革开放以来，执政党和政府下大力气推动市场化改革，解决经济社会发展的动力问题，社会生产力获得极大提高，人民生活水平得到了普遍改善，赢得了民众的充分拥护和支持。这正是改革开放以来很长时期内中国保持社会稳定的根本所在。然而，市场化的经济社会发展所产生的一个最直接结果就是社会利益结构的分化与重组。表现为不同个体、群体、地域和行业之间出现严重的利益分化；由城市拆迁、土地征用、农民负担、工资拖欠、失业下岗等问题引发的矛盾日益加重。其实，与利益分化和社会矛盾同时并存的还有中国政治体系不断增强的利益均衡能

---

① [古希腊]亚里士多德著，吴寿彭译：《政治学》，商务印书馆1983年版，第205页。

第四章 实践逻辑（下）：中国政治制度功能的历史性展开

力。没有这一能力我们就无法解释改革开放以来的社会稳定。目前，这一利益均衡机制正在渐渐变得强大起来。这套机制主要包括：其一，利益分配机制。理论上说，利益分配的公正性决定着社会的和谐程度，一个利益分配严重失衡、不公、两极分化的社会必然是一个动荡不安的社会。正确地处理效率和公平、发展和稳定之间的关系，是迄今为止中国改革开放成功的一个重要原因。在发展进程中，中国的分配政策基于社会环境不断进行着适时的调整。改革开放40多年来，中国共产党对公平和效率关系的科学认识和政策选择日益成熟。大体上经历了"平均主义""兼顾效率与公平""效率优先、兼顾公平""更注重公平"和"更有效率、更加公平"几个重大发展阶段。其二，利益协调机制。利益结构失衡的后果是：一部分人享受改革发展的成果；另一部分人则承受改革发展的代价。为此，执政党和政府坚持"共享改革成果"的原则，并采取相应利益协调措施。如提高低收入者的收入水平、逐步扩大中等收入者比重、有效调节过高收入、坚决取缔非法收入的方针；通过财政转移支付、提高个税起征点、推行个人所得税自主申报制度等税收手段进行利益协调。其三，利益补偿机制。在利益多元化的现代社会，"如果没有某些措施来补偿对于输出的不满，或调整已发生冲突或将会发生冲突的团体之间的关系，则系统将会面临无序或混乱的不断和极度的危险。"[1] 中国的利益补偿主要是通过社会保障制度实现的。近年来，财政加大对社会保障事业的投入，完善城镇职工基本养老和医疗、失业、工伤、生育保险制度，逐步提高了城乡最低生活保障线的标准，扩大社会保险、社会救济和社会福利等保障制度的覆盖面，重点解决低收入人群的失业、医疗、养老等问题。所有这些制度和措施均体现了利益补偿和矫正正义原则。

---

[1] ［美］戴维·伊斯顿著，王浦劬等译：《政治生活的系统分析》，华夏出版社1989年版，第275页。

总体而论，利益均衡机制的逐步建立和完善对于化解利益冲突、消解发展中社会的"相对剥夺感"、规范利益诉求发挥了重要功能，否则就无法理解改革开放以来社会的总体稳定态势。但必须看到，当前社会利益分化的程度仍在发展，这也是近年来群体性事件等多发的重要原因。因此，解决利益结构失衡，实现公平正义，仍然是党和政府建构稳定秩序必须面对并切实解决的重大问题。

5. 危机处置机制。

如果说多元包容、资源吸纳、信息沟通与利益均衡机制主要适用于常态社会，那么危机处置机制则主要指向危及社会稳定的突发公共事件。突发公共事件主要是指突然发生的，已经或可能造成较严重社会危害或危及社会秩序，需要采取应急处置措施予以解决的事故灾难、自然灾害、公共卫生事件和社会安全事件等。

亨廷顿在对发展中国家研究的基础上认为："现代性孕育着稳定，而现代化过程却滋生着动乱。"① 这是因为，发展中国家外源赶超型的现代化要在短期内实现西方国家数百年发展所取得的目标，必然会累积大量发展问题、矛盾和冲突。由于改革开放以来的转型效应，中国社会各类事故灾难、矛盾冲突多发具有一定的必然性。如何建立政府主导、社会参与、结构合理、功能齐全、反应灵敏、运转高效的公共危机处置机制，化解各种矛盾和冲突，增强社会团结和认同，实现社会良性运行，就成为一个重大理论和现实问题。在实践中，中国的政治体系正在形成突发危机的应对机制和能力。集中表现有二：一是全国人大常委会2007年8月30日通过了《中华人民共和国突发事件应对法》。该法对突发危机的应急管理体制、有效社会动员机制、突发事件信息系统、突发事件监测制度、突发事件预警制度、应急处置与

---

① ［美］塞缪尔·P. 亨廷顿著，王冠华等译：《变化社会中的政治秩序》，生活·读书·新知三联书店1989年版，第38页。

救援、事后恢复与重建等方面都做出了相应的制度安排。二是政府应急管理专责机构的建立以及应对突发公共事件联动机制的形成。在近年来发生的多起公共危机中，已形成的制度、联动机制、应对预案发挥了相应的作用。如2008年汶川地震、2010年青海玉树地震、2015年天津爆炸事故发生后，迅速建立了一套由政府主导、社会参与、功能齐全、运转高效的危机处置机制，进行了卓有成效的处置和救援，并迅速启动灾后重建。

（三）社会自律体系营造社会稳定

政治体系功能的有效发挥对社会稳定至关重要，但这必须有一个前提，即社会体系运行的自主性、规范性和自律性。如果说在传统政治共同体中，社会的原子化状态决定了社会稳定的实现主要依靠风俗习惯、伦理道德以及政治体系的强力控制，那么在高度流动和异质化的现代社会，社会体系的自组织水平和建制化程度则构成了社会稳定的重要方面。事实上，在复杂多变的现代社会，政治体系的能力再强大也无力单独解决源于社会中不时发生的冲突和矛盾，无法承受源源不断地来自社会的压力，这就要求培育社会的自组织水平，增强社会自我协调、自我管理能力，提高社会自律能力，使矛盾和冲突在社会领域得到化解与稀释。

社会体系的主要载体是遍布于现代社会中的各种组织，即所谓的民间组织、志愿组织、第三部门、非政府组织等。社会体系的自律机制主要就是指以各种社会组织为依托的自组织、自管理、自控制、自协调的社会运行方式，其目的是通过社会机体的自主、自治来构造一个和谐有序的社会。社会秩序的实现不仅需要政治体系释放功能，而且还需要充分开发和利用社会自组织资源，培育形成一套完善的社会自律机制，通过这种机制实现社会机体对社会领域中各种矛盾和冲突的自我缓释和修复。社会自律机制在维系社会稳定方面有着独特优势，这表现为三方面：其一，社会自律构筑了社会稳定的第一道"防火墙"。在现实性上，作为自上而下运行的政治体系显然无法回应社会领域的所有要求，无力解决社会中的所有冲突矛盾。这就可能导致一些受损者的利益长期得不到补偿而产生严重的利益剥夺感和社会挫折感，进而"泄愤"危及社会稳定。多元化的社会组织能够对发生于社会领域的各种问题和矛盾进行及时发现、修复、化解，承担着防范冲突、消融矛盾的功能，使矛盾不扩大、不激化、不升级。德国人类学家舒尔茨认为："任何一个社会都应当有自己的'排气孔'，为社会提供发泄情绪、释放敌意的通道，这等于为被堵塞的河流提供了一条河道，使社会生活的其他部分免于受到毁灭性的影响。"① 各种社会自律组织就像"过滤网"和"排气孔"一样，不仅能够有效吸附、分解社会领域中的不满情绪，将那些低量度的不稳定因子消融于萌芽状态，而且能够对社会中多元化的利益进行综合，向政治体系进行有序化表达。其二，社会自律有助于形成社会稳定合力。政府是社会稳定的主导，但任何社会稳定都需要多种力量的共同支撑，社会自律体系就是一种可资利用的资源。社会秩序的建构不仅需要警力，更需要民力，不仅需要政府"专治"，更需要政府与社会"共治"。单凭政府去构造社会秩序其力量单一，成本高昂。相反，各种的社会组织散布于民间、渗透于基层，天然具有发现矛盾、感知问题的优势，通过它们对社会进行自我管理、自我协调、施行自治，可以有效降低政治成本。其三，社会自律能够实现国家与社会的互强。社会组织是政府与公民之间互动与合作的桥梁和纽带，它们不仅能够集中社会领域中的各种需要和支持、要求和不满，并通过制度化的通道传输给政治体系，保障公民的各项权益，而且能够将政治体系的公共政策、道德形象、意识形态的输出传递给公民，增强公民的政治信任和认同。因此，在社会自律机制作用下，公民

---

① 引自［美］刘易斯·A. 科瑟著，石人译：《社会学思想名家》，中国社会科学出版社1990年版，第203页。

第四章 实践逻辑（下）：中国政治制度功能的历史性展开

与政府之间有望形成一种双赢关系的互强格局。

将中国改革开放前的社会描述成自主性和自治力严重不足，大体是不错的。在那样一种社会状态下，组织化的政府往往直接面对着原子化的公民。改革开放以来市场经济的发展从根本上推动了国家与社会、政府与公民关系的变化。与此相适应，以往严重萎缩的社会自主空间开始拓展，严重受损的社会自主能力开始发育，最明显的表现就是各种各样的非政府组织如雨后春笋般地出现，社会自组织体系开始成长。截至 2018 年底，全国依法登记社会组织 81.6 万个，其中社会团体 36.6 万个、社会服务机构 44.3 万个、基金会 7 027 个。① 各类社会组织广泛活跃在我国经济社会发展的各个领域，对促进经济社会协调发展、推动社会和谐稳定、巩固党的执政基础发挥了积极作用，已成为我国社会主义现代化建设的重要力量。这与中国的开放战略和全球化潮流密切相关。从组织形态看，中国的社会组织不仅包括以往的共青团、妇联、工会等群团组织，而且包括城市的居民委员会和农村的村民委员会等基层群众性自治组织，也包括新生的诸如校友会、同乡会、俱乐部、论坛等联谊性社团，律师协会、会计师协会等职业性团体，各种学会、基金会、研究所等学术性社团，甚至包括环保组织、志愿组织等公益社团等。这些组织的发育和成长极大地改变了社会的组织结构，蕴藏着深厚的政治意义。

中国公民社会的成长态势为建立社会自律机制、实现新基础上的社会稳定提供了契机：即在国家自上而下构造社会秩序的同时，充分发挥社会组织体系自我管理、自我控制、自我协调的自律功能，将社会自律这种自下而上的机制嵌入国家与社会的互动合作关系之中。20 世纪 80 年代的村民委员会是最早出现的社会组织。人民公社解体后，乡村社会的治理呈现为一种"真空"

---

① 张霖生：《坚决贯彻中央决策部署 推进民政事业创新发展——近年来全国民政事业发展成就综述》，载于《中国社会报》2019 年 3 月 31 日。

状态。为改变这种情形,由村民创造了村民委员会的组织形式,其主要目的就是要实现村民自我管理、自我教育、自我决策。村民委员会的出现得到了政府的肯定和重视。为此,中央在强调加强农村基层党组织建设的同时,做出了政社分开、建立乡政府的决定。并于1983年10月发布了《关于实行政社分开建立乡政府的通知》,规定了乡政府的职权,同时肯定了村民委员会是基层群众性自治组织。1982年《宪法》以根本大法的形式确认"村民委员会是基层群众性自治组织"。随后,1987年通过的《村民委员会组织法(试行)》,基本确立了村民自治的制度框架。历经10年的试行,1998年新的《村民委员会组织法》颁布实施,村民自治的发展由此步入了法制化轨道,并在实践中全面推行。在村民自治的影响和示范下,城市的居民委员也开始发展起来,1989年全国人大通过了《城市居民委员会组织法》,对居民委员会的性质和地位、结构和功能以及与上级政权机构的关系等做出了制度性规定。在实践的基础上,21世纪以来,基层群众自治制度被确定为当代中国的基本政治制度。尽管说,基层群众自治组织作为基层社会的一种新生事物在相当程度上是党和政府自上而下推动而发展壮大的,甚至可以说村民委员会和居民委员会是一种"半官方组织",但随着基层自治组织的发展和完善,其自治性质也愈发体现出来。特别是,基层自治组织的发展一开始就与农村社会稳定联系在一起。在村民自治兴起、发展和完善的过程中,逐步形成了一套有效维护农村社会稳定的机制[①]:如村民自治的参与机制有利于扩大农民的制度化参与;村民自治的淘汰机制、激励约束机制等竞争机制有利于约束村组干部的不良行为;村民自治的自主机制有利于制约乡镇对村级资源的过度提取等。

---

① 参见仝志辉:《村民自治与农村社会稳定》,载于《国家行政学院学报》2002年第2期。

第四章　实践逻辑（下）：中国政治制度功能的历史性展开

与基层群众性自治组织有所不同，其他非政府组织的发展经历了如下一个过程：第一是控制；第二是规范社会团体，要求各类社会团体重新进行登记，将社会组织纳入政府统一管理的范围；第三是通过党的组织力量加强对各类社团的领导和引导，保证政治上对社会团体的影响作用；第四是整合社会团体，开发社会团体的功能，由此来实现社会建设的战略。① 这四个态度和行动框架表明，非政府组织是在与中国政治体系的互动过程中成长发育的。1998 年 9 月国务院常务会议通过施行的《社会团体登记管理条例》第一条规定："为了保障公民的结社自由，维护社会团体的合法权益，加强对社会团体的登记管理，促进社会主义物质文明、精神文明建设，制定本条例"。1998 年 6 月民政部的"社会管理司"更名为"民间组织管理局"；2000 年 7 月中共中央组织部发布了《关于加强社会团体党的建设工作的意见》；2004 年 12 月举行了全国先进民间组织表彰大会，540 个民间组织受到了表彰；2007 年 7 月 1 日《中华人民共和国农民专业合作社法》开始实施等。特别是 2006 年 10 月召开的中共十六届六中全会做出了《关于构建社会主义和谐社会若干重大问题的决定》，决定将完善社会管理与保持社会安定有序结合在一起，指出："健全党委领导、政府负责、社会协同、公众参与的社会管理格局，在服务中实施管理，在管理中体现服务。"社会组织已纳入了国家建设的总体框架。

群团组织是社团组织之一，即群体性社团组织。在我国的社会组织体系中，群团组织极具特色。它既不是政党组织，也不是具有某些管理职能的政府组织，而是组织制度上极具正式意义的政治组织。所谓"正式"是指它是国家预算内的在编组织，其工作人员待遇与党政机关相同，只是没有党政权力。所谓政治组

---

① 林尚立：《中国共产党与国家建设》，天津人民出版社 2009 年版，第 192～193 页。

织是强调它是中国共产党领导下组建的，承担着党联系各方面人民群众的桥梁和纽带作用，是党的群众路线在社会组织中的集中体现。第一，群团组织具有相应的组织动员能力。社会群体的构成有一定的规律性，即某些特性和利益相近的人们联合起来展现相应的社会功能。按其规律性组成各群团组织作为党联系人民群众的桥梁和纽带，是我国政治制度的一个特色和优势。我国的群团组织都是基于某种社会功能特性建立，有其覆盖和联系的特定人群，如工会、作家协会、对外友好协会、残疾人联合会等。群团组织构成联系社会各方面的较完整的组织网络。这一网络构成基于党的主张和政策，特别是有关社会功能领域的主张和政策（如外交政策、残疾人政策等）进行组织动员的极其重要的资源。"党中央作出的决策部署……事业单位、人民团体等的党组织也要贯彻落实"。① 第二，群团组织具有相应的利益吸纳功能。利益格局的变动是现代社会的常态。作为党联系人民群众的桥梁和纽带，群团组织的基本功能就是适应社会利益格局不断变动的实际，吸纳和反映相应群体的利益和主张，作为党进一步凝练政策的依据和资源。同时，从我国人民民主制度安排的体系结构来看，群团组织是构成民众有序参与重要的社会组织形式。人民民主重要特色即人民群众广泛参与国家治理。习近平曾说过："人民只有投票的权利而没有广泛参与的权利，人民只有在投票时被唤醒、投票后就进入休眠期，这样的民主是形式主义的。"② 中国共产党组织和动员人民参与国家治理的形式很多，群团组织就是其中重要的社会组织形式。作为有序参与的社会组织形式，群团组织的基本功能就是吸纳和反映人民群众的利益和主张。第三，群团组织具备显著的团结功能。团结是分散的人们基于主

---

① 中共中央文献研究室：《习近平关于社会主义政治建设论述摘编》，中央文献出版社 2017 年版，第 27 页。

② 习近平：《在庆祝中国人民政治协商会议成立 65 周年大会上的讲话》，http://cpc.people.com.cn/n/2014/0922/c64094-25704157.html。

张、利益、情感组织链接的必然结果。主张、利益、情感的组织链接是群团组织团结功能的实现机制。党的主张和政策、民众利益及情感通过群团组织现实地结合在一起。这一结合越紧密，就越有利于实现党领导下的人民团结和社会稳定。

二、基本功能：汲取合法性

所谓政治合法性，其本质在于民众对政治体系的普遍认可和支持，以及由此形成的服从与忠诚（本书讨论的合法性概念仅限于此意义）。如果说政治权力的确立解决了良序生活"何以可能"的问题，那么政治合法性的获得则解决了良序生活"何以持续"的问题。因此，政治合法性历来就构成了政治学研究的一个基础性问题。尤尔根·哈贝马斯曾指出："如果不是从梭伦开始，那么至迟也是从亚里士多德开始，政治学理论就从事于合法化统治兴衰存亡的研究。"① 第一次明确提出并系统阐释"合法性"概念的是德国社会学家马克斯·韦伯。他认为，任何既定的统治秩序都包含了最低限度的服从以及民众对它的合法性信仰，并将合法性现象概括为传统型、法理型和超凡魅力型三种。而尤尔根·哈贝马斯则认为："合法性意味着某种政治秩序被认可的价值"。② 他们二人的合法性理论被学界认为是有区别的：前者属于经验主义，后者属于规范主义。

历史表明，政治权力无论"在神""在君"，还是"在民"，都必须获得社会中大多数人的信任和支持。但是，传统国家权力与现代公共权力获取合法性的逻辑和基础显然存在着本质的差

---

① ［德］尤尔根·哈贝马斯著，张博树译：《交往与社会进化》，重庆出版社1989年版，第186~187页。
② ［德］尤尔根·哈贝马斯著，张博树译：《交往与社会进化》，重庆出版社1989年版，第184页。

异。尤尔根·哈贝马斯认为:"任何一种政治系统,如果它不抓合法性,那么,它就不可能永久地保持住群众(对它所持有的)忠诚心。这也就是说,就无法永久地保持住它的成员们紧紧地跟随它前进。"[①] 通常而论,当大多数民众认为政治制度及政府是正当的、符合道义的,即具有合法性时,政治统治就可以顺利实施,社会治理就能够有效展开,即便政府时有过错,也不会危及权力格局,影响政治秩序。"如果大多数公民都确信权威的合法性,法律就能比较容易地和有效地实施,而且为实施法律所需的人力和物力耗费也将减少。而且,如果存在某种合法性的基础的话,权威人物在困难的处境之中也有时间和能力来处理社会和经济问题。"[②] 相反,当政治合法性降低,民众对政府的意图和政策就会产生反感、怀疑或抵制,即便通过暴力被迫服从,政府行为也会遭受极大妨碍;当合法性基础开始瓦解,权力争夺、政治抗议与暴力革命就成为必然。正如迈克尔·罗斯金所言:"当一个社会政治统治的合法性受到侵蚀时,政府的麻烦事就来了。"[③] 因此,政治发展的重大主题之一,就是围绕政治合法性展开的。

合法性是政治体系赖以存续的基础,那么,合法性又是以什么为基础的呢?这就是所谓的合法性资源问题。一般而言,这些资源主要包括经济绩效、意识形态、制度规则、价值规范、个人魅力等。现实中,正是凭借这些资源,政治体系才能不断唤起民众的认同、支持和服从。上述合法性资源在不同国家的不同历史时期,会有不同的表现。现代社会,制度规则的合法性作用更具根本性。马克斯·韦伯认为,法理型权威"建立在相信统治者的

---

① [德]尤尔根·哈贝马斯著,郭官义译:《重建历史唯物主义》,社会科学文献出版社 2000 年版,第 264 页。
② [美]加布里埃尔·A. 阿尔蒙德、小 G. 宾厄姆·鲍威尔著,曹沛霖等译:《比较政治学:体系、过程和政策》,上海译文出版社 1987 年版,第 36 页。
③ [美]迈克尔·罗斯金等著,林震等译:《政治科学》(第 6 版),华夏出版社 2001 年版,第 6 页。

第四章　实践逻辑（下）：中国政治制度功能的历史性展开

章程所规定的制度和指令权力的合法性之上"①，是适合现代社会的政治合法性形式。

改革开放以来，中国政治体系的合法性基础随着政治价值、社会结构、国际环境等的变化经历了不断的选择与重构。社会转型从基础上改变了党、国家与社会的关系，党的执政体系和执政逻辑也发生了深刻变化。与此相伴，中国政治体系汲取合法性的基础和方式也进行了调整，这主要体现为：合法性越来越建立在可持续的政治法律制度基础之上，并通过相应的机制转换为治国理政的强大力量。换言之，汲取政治合法性已越来越构成了中国政治制度模式的基本功能。总体看来，改革开放以来中国政治体系合法性的获得可解释为：有效的政治业绩积累合法性、创新的意识形态建构合法性、民主的现实发展巩固合法性。

（一）有效的政治业绩积累合法性

人类期待政治的根本在于，政治能够推动经济与社会全面进步、创造优良有序的公共生活、促进人的自由发展，提升人类社会的文明程度。就此而言，任何现代政治体系的稳定运行必须符合两个条件：一是能够创造条件推动经济与社会有效发展，即创造政治有效性；二是能够获取大多数民众的认同、支持和信任，即建构政治合法性。历史经验和教训表明，政治体系能否有效运转，常常决定着一个国家的命运，政治稳定有效，社会就繁荣昌盛；政治摇曳孱弱，社会必然动荡不安。或者说，一个国家政治有效性的高下，是衡量该国现代化水平尤其是政治现代化的重要标识。"各国之间最重要的政治分野，不在于他们政府的形式，而在于他们政府的有效程度。有的国家政通人和，具有合法性、组织性、有效性和稳定性，另一些国家在政治上则缺乏这些素

---

① ［德］马克斯·韦伯著，林荣远译：《经济与社会》（上卷），商务印书馆1997年版，第241页。

质;这两类国家之间的差异比民主国家和独裁国家之间的差异更大。"①

事实上,政治有效性与合法性常常是一体的,或者说,有效性是合法性的重要支撑。这几乎是一个常识:"如果人民的需要得到了满足,人民就会支持这个当政的政权。如果他们的需要得不到满足,他们就要更换头面人物"。② 如果一个政权不能通过提供公共服务满足民众的基本生活需要,不能确保民众的安全和社会秩序,那就很难获得民众的支持和认同,其长久维持统治也就没有基础。相反,一个能够做出良好业绩的政权,能够满足民众的利益和需求,自然更容易赢得民众的信任与支持。在中国,改革开放以来的政治发展是在"文化大革命"造成的所谓"国民经济到了崩溃的边缘"的基础上展开的,因此创造有效政治就成为政治体制改革的基本目标。共产党以此为基点,结合国情,选择了适合中国政治发展的策略与路径:"以调整利益格局为出发点的,其战略意图是要通过有效的政治创造有效的经济与社会发展,并在这个过程中满足人们对民主的价值追求,从而累积现代化过程中的政治合法性。"③ 自改革开放始,以邓小平为代表的共产党人总结国内外经验教训,将合法性由意识形态和个人魅力为基础成功地转型为以有效性为基础,走出了一条从政治有效性积累政治合法性的政治发展道路。邓小平在改革开放初期说过:"经济工作是当前最大的政治,经济问题是压倒一切的政治问题。"④ 显然,创造有效政治、提高政治业绩,由此获得合法性,赢得民众对共产党和社会主义制度的认同和支持,是基于中

---

① [美]塞缪尔·P.亨廷顿著,王冠华等译:《变化社会中的政治秩序》,生活·读书·新知三联书店1989年版,第1页。
② [美]哈罗德·F.戈斯内尔、理查德·G.斯莫尔卡著,复旦大学国际政治系译:《美国政党和选举》,上海译文出版社1978年版,第327、328页。
③ 林尚立:《在有效性中累积合法性:中国政治发展的路径选择》,载于《复旦学报》(社会科学版)2009年第2期。
④ 《邓小平文选》(第二卷),人民出版社1994年版,第194页。

国实际的政治发展一般逻辑。因为,"不改革开放,不发展经济,不改善人民生活,只能是死路一条。"① 尽管政治发展的这种路径选择在改革开放的历史进程中不时受到各方面的影响和压力,但这条道路已拥有越来越厚实的基础。国际舆论对"中国模式"的关注就是例证。

改革开放以来,"我们党团结带领全国各族人民不懈奋斗,推动我国经济实力、科技实力、国防实力、综合国力进入世界前列,推动我国国际地位实现前所未有的提升,党的面貌、国家的面貌、人民的面貌、军队的面貌、中华民族的面貌发生了前所未有的变化,中华民族正以崭新姿态屹立于世界的东方。经过长期努力,中国特色社会主义进入了新时代,这是我国发展新的历史方位。"② 三十多年前,中共十三大报告对中国社会的突出景象的概括是:"十亿多人口,八亿在农村,基本上还是用手工工具搞饭吃;一部分现代化工业,同大量落后于现代水平几十年甚至上百年的工业,同时存在;一部分经济比较发达的地区,同广大不发达地区和贫困地区,同时存在;少量具有世界先进水平的科学技术,同普遍的科技水平不高,文盲半文盲还占人口近四分之一的状况,同时存在。"显然,经济社会发展的另外一面就是政治发展成就。对比数十年中国发展进步,政治合法性积累的逻辑已跃然纸上。

比较而言,通过有效性积累合法性的政治发展路径,相对稳妥、风险较低、更为实用。对于中国超大社会的低代价转型,保障改革、发展与稳定的有机统一具有重要意义。这与俄罗斯和其他一些东欧国家的"休克疗法"形成鲜明对照。俄罗斯和其他一些东欧国家在政治转型中出现的问题其原因可能是多样的,但

---

① 《邓小平文选》(第三卷),人民出版社1993年版,第370页。
② 习近平:《决胜全面建成小康社会　夺取新时代中国特色社会主义伟大胜利——在中国共产党第十九次全国代表大会上的报告》,载于《人民日报》2017年10月28日。

与政治发展的策略选择不无关系。中国改革开放取得的巨大成就表明，选择从有效性中积累合法性的策略是正确的。改革开放以来，共产党把工作中心定位于经济建设，并牢牢抓住这个中心不动摇，大力发展生产力，将发展作为党执政兴国的第一要务，使经济得到迅速发展，人民生活水平得到了普遍提高，由此赢得了民众的充分拥护和支持。特别是1992年中共十四大将建立社会主义市场经济体制作为经济体制改革的目标，极大地解放了生产力，释放了社会活力，推动了经济快速增长，创造了经济繁荣和奇迹。长期以来，中国政治发展基本上是围绕有效性展开的，直接服务于经济与社会发展。正是在这个过程中中国政治体系重构了自身的合法性基础，共产党执政资源得以扩充，执政地位得到巩固。有学者将创造有效政治视为改革开放以来中国政治发展的"轴心原理"，具体说来，在有效性中积累合法性的政治发展可概括为三方面：通过政治体系结构和功能的调整与完善积累合法性；通过政治体系有效推进经济与社会发展积累合法性；通过政治体系预防危机和驾驭风险积累合法性。① 其中，有效推进经济与社会发展在积累合法性方面的成效最为鲜明。国外有评论指出："经济增长以及它对中国社会产生的深远影响是中国政权政治合法性的源泉。"② 在理论上，经济的进步和繁荣是政治稳定的前提与基础，而经济发展又离不开政治的作用与保障。因此说，有效政治创造的良好效应直接关乎经济稳固和快速的发展，是民众幸福和国家进步的根基，自然也影响着民众对党和国家的政治认识与判断，成为构造政治合法性的基本力量。

　　在中国政治发展的逻辑中，政治有效性与合法性的关联，经济绩效并非唯一的因素。事实上，"一个中心，两个基本点"，

---

① 林尚立：《在有效性中累积合法性：中国政治发展的路径选择》，载于《复旦学报》（社会科学版）2009年第2期。
② ［法］让-马克·夸克著，佟心平、王远飞译：《合法性与政治》，中央编译出版社2002年版，第7页。

第四章　实践逻辑（下）：中国政治制度功能的历史性展开

即以经济建设为中心，坚持四项基本原则，坚持改革开放的基本路线，是一个均衡的发展战略。在发展战略和策略上，党和政府从来没有将经济增长作为政治合法性的唯一源泉，而是提出了许多"两手抓、两手都要硬"的思想，强调现代化建设的综合平衡。但是，实际的发展总是在失衡与平衡交替中进行的。目前，中国经济发展的结构性失衡带来了社会利益格局的失衡，产生了影响政治有效性和合法性的某些风险。比如较严重的贫富分化，与之相伴的便是公平正义感的缺失和生活幸福指数的下降。对于有着"不患寡而患不均"文化传统与平均主义大锅饭历史传统的中国来说，这成为影响民众认知和评价政府的一个基本因素，也是政治合法化的重大考验，甚至在很多情况下已成为民众释放政治不满的根源。因此，在人民生活水平得到了普遍提高的情况下，有效性积累合法性的策略应有所调整：不仅要通过有效发展保障广大民众生活水平的提高，而且要使社会普遍享用改革发展的成果，实现发展成果共享与公平正义。换言之，应充分实现有效政治的多维功能：即经济的可持续发展、制度与政策的完善、利益的大体均衡、公民权利的充分保障、社会发展的持续稳定等。就此而言，这些问题的应对之策，早已及时进入中国有效政治之中。21世纪以来，党和政府针对发展结构失衡带来的问题，适时调整了发展战略。诸如科学发展观、和谐社会、包容性增长、新发展理念等就是应对上述发展中问题的指导思想；针对性的一系列政策已开始推行，如全国范围内免除农业税、推进免费义务教育、建设社会主义新农村、西部大开发、建立健全社会保障体系等。中共十七大明确指出："发展为了人民、发展依靠人民、发展成果由人民共享。"中共十九大重新定义了我国社会的主要矛盾，认为"中国特色社会主义进入新时代，我国社会主要矛盾已经转化为人民日益增长的美好生活需要和不平衡不充分的发展之间的矛盾。"① 其中，新时代中国社会需求的基本特征是："人民美好生活的需要日益广泛，不仅对物质文化生活提出了更高要求，而且在民主、法治、公平、正义、安全、环境等方面的要求日益增长。"② 新时代人民群众社会需求的变化是引起中国社会主要矛盾随之而变化的客观依据。这些变化或日益增长的社会需求中，民主、法治、公平、正义、安全、环境等方面表现较为独特和显著。社会主要矛盾的新概括是基于中国社会发展阶段和现状所做出的正确判断，深刻反映了我国社会需求与社会生产之间新的张力状态。其中，日益增长的公平正义需求是重新定义主要矛盾的客观依据之一，亦即主要矛盾的变化体现着人民群众对新时代社会更加公平正义的迫切需求。这意味着，有效政治业绩与政治合法性之间的良性互动，将在更高的价值原则指引下向纵深发展，中国政治发展也逐步从权力结构优化走向制度建设、权利保障、价值建构的更高层次。

在政治发展领域，政治有效性中单纯的经济观点是有害的。这一点必须认识清楚。亨廷顿曾警觉地指出："六十年代和七十年代的威权政权几乎毫无例外地被迫去把政绩当作合法性的主要来源之一，如果不是唯一来源的话……不过，把合法性建立在政绩基础上的努力产生了可以被称作政绩困局的东西。"③ 理论上，经济增长造成合法性困局的原因在于：其一，经济增长可能造成公平正义短缺。因为坚持效率第一的现代市场经济，其发展可能导致贫富差距的扩大，造成民众相对剥夺感的产生、进而影响他们对政治体系的合法性判断。其二，现代经济绩效的长期维系并非一个可控的事情。任何国家的经济都具有内在规律性和周期

---

①② 习近平：《决胜全面建成小康社会　夺取新时代中国特色社会主义伟大胜利——在中国共产党第十九次全国代表大会上的报告》，载于《人民日报》2017年10月28日。

③ [美] 塞缪尔·P. 亨廷顿著，刘军宁译：《第三波——20世纪后期民主化浪潮》，上海三联书店1998年版，第64页。

第四章　实践逻辑（下）：中国政治制度功能的历史性展开

性，无力长期保持高速增长，这在经济全球化时代体现得更为鲜明。如果把政治合法性一味寄托于经济绩效，当经济增长受制于自身规律和国际环境而出现滑坡或危机时，就会导致合法性流失。其三，经济发展会形成强大的社会动员。现代经济发展与社会动员成正比。"经济发展使社会上的每个个人、每个集团、每个阶层都具有了自己的经济利益。由于有了自己的经济利益，他们就会要求参与政治生活，要求了解政治体系的活动过程，尤其关心政治体系的决策，关心政治活动将会给他们带来怎样的后果。经济发展越是把一个社会结合成一个休戚相关的整体，人的政治意识就越强，政治参与的要求就越强烈。"① 或者说，经济发展提供了政治参与的主客观条件，大大增强了各政治角色的政治效能。而有序政治参与的制度安排在大多数国家并非短期可以实现的。在高政治效能、低政治参与的情况下，就会出现政治合法性的缺失。

（二）创新的意识形态建构合法性

苏联解体后，"意识形态终结论"在国际舆论中曾风靡一时，但这样的观点显然是错误的，常识说明意识形态永远不会终结，因为，"国家作为一种独立于人之外的社会本体，有自己的物质结构和思想结构，它的思想结构就是意识形态，意识形态就是国家需要的'视野'。我们可以说，意识形态是国家的灵魂和大脑，如果没有意识形态，国家就像没有大脑的人一样，就是一个空洞的外壳。"② 理论抑或实践上，意识形态与政治体系关系十分密切，意识形态以政治权力为基础，凭借政治权力的支持存在和传播。反过来，任何政治权力都必须通过意识形态实现合法

---

① 王沪宁：《比较政治分析》，上海人民出版社1987年版，第237页。
② 引自张秀琴：《政治意识形态的理论、制度与实践》，载于《北京大学学报》（哲学社会科学版）2007年第7期。

化。可以说，作为一种特殊的思想体系，意识形态的重要功能就是建构政治合法性，将政治权力转化为政治权威。这正是我们长期坚持的"统治阶级的思想在每一个时代都是占统治地位的思想"的依据所在，也即葛兰西强调意识形态领导权的意义所在。葛兰西认为，任何社会集团无论是争取政权的过程中，还是在行使权力过程中，都必须牢牢掌握意识形态领导权。杰姆逊也指出："统治阶级的意识形态的任务是合法化和领导权（这两个词分别来自哈贝马斯与葛兰西）；换句话说，没有任何一个统治阶级能够永远依靠暴力来维护其统治，虽然暴力在社会危机和动乱时刻完全是必要的。恰恰相反，统治阶级必须依靠人们某种形式的赞同，起码是某种形式的被动接受，因此庞大的统治阶级意识形态的基本功能就是去说服人们相信社会就应该是如此，相信变革是枉费心机，社会关系从来就是这样，等等。"①

比较而言，通过意识形态的内化作用而获得的政治合法性，具有一定程度的可靠性与持久性。由其引起的秩序和服从，具有节约政治资源，降低统治成本作用。但是，意识形态营造政治合法性的现实机制极其复杂。大体说来，它取决于意识形态本身的性质和传播的形式。就此而言，意识形态建构政治合法性的前提是：一是普遍性。意识形态必须能够对现实世界做出令人信服的说明，并能够突破特定阶级、阶层或团体的狭隘界限，为尽可能多的社会成员认同和接受。意识形态的普遍性还要求其内容具有系统性和抽象性。马克思曾说：占统治地位的将是越来越抽象的思想，即越来越具有普遍性形式的思想。任何已经或试图占据统治地位的集团都必须"赋予自己的思想以普遍性的形式，把它们描绘成唯一合乎理性的、有普遍意义的思想。"② 二是合理性。

---

① ［美］弗雷德里克·杰姆逊著，唐小兵译：《后现代主义与文化理论》，陕西师范大学出版社1986年版，第209页。
② 《马克思恩格斯选集》（第1卷），人民出版社1995年版，第100页。

第四章 实践逻辑（下）：中国政治制度功能的历史性展开

意识形态能够有效、合理地对现实世界进行解释，并与社会中多数人对经验世界的感觉相符合。同时，意识形态所指引的实践必须能够合理改造世界，其体现的价值必须符合大多数人的利益，彰显社会正义。三是灵活性。"成功的意识形态必须是灵活的，以便能赢得新团体的忠诚，或随着外部条件变化也得到老团体的忠诚。"① 只有这样，意识形态才会成为社会思想意识的"黏合剂"，为政治权力转化为政治权威提供充分的理论说明。

新中国的政权是通过革命获得的，新中国成立后很自然地将革命的意识形态逻辑迅速"移用"为建设的意识形态逻辑，并通过国家机器创设了一套与计划经济和党政一元体制相适应的意识形态体系。改革开放前很长时期内，正是人民对这样一套意识形态理想的憧憬与向往，才使党赢得了巨大的感召力和动员力，使人民对党的执政充满了期待、信任与支持，这甚至在"大跃进"、人民公社化运动以及随后的三年经济困局下都未曾动摇过。但在阶级斗争严重扩大化的过程中，这种意识形态也变得日益僵化、严重板结，其自我修复和超越的能力几乎丧失。如果继续坚持这种意识形态，改革开放的实践就几乎不可能进行。

事实上，中国的改革开放是全方位的。启动经济领域"主战场"的恰恰是意识形态的革新和创新。在意识形态意义上，中国的改革开放一方面表现为冲破原有刚性意识形态的过程；另一方面表现为与市场经济、民主法治相适应的意识形态创新过程。这样一个过程既要保持意识形态的权威性、稳定性和延续性，获得广大民众的认同，又要能够对改革开放的路线、方针和政策进行充分论证，并具有政治整合、社会动员和凝聚共识的功能。大体看来，改革开放以来中国社会的意识形态革新和创新可分为两个阶段：第一阶段是十一届三中全会到 20 世纪末。即意识形态从

---

① ［美］道格拉斯·C. 诺思著，厉以平译：《经济史上的结构和变革》，商务印书馆 1992 年版，第 61 页。

论证"乌托邦"式的社会理想转向诠释现代市场经济与社会转型。如"实践是检验真理的唯一标准论""社会主义初级阶段论""三个有利于""社会主义本质""社会主义市场经济"等都属于这一时期共产党意识形态的创新话语，构成了共产党有效推动社会转型的软实力，也发挥了回应改革开放挑战的功能。第二阶段是20世纪末期以来的核心价值体系的建构与理想社会目标的定位，如"全面小康""政治文明""三个代表""和谐社会""以人为本""公平正义""国家治理体系和治理能力现代化"等的话语体系，就属于共产党在新的社会形势下构建中华民族共同精神家园而进行的意识形态创新，这些意识形态话语体系是党在新的历史方位上凝聚人心、整合社会、阐发政治合法性的重要意识形态资源。比较而言，前一阶段的意识形态革新和创新主要着眼于政治业绩，或者说以经济绩效为基础，目标是摆脱贫穷落后，实现经济发展和生活富足，属于经验主义的政治合法性建构策略；后一阶段的意识形态创新则更多侧重于价值理想，或者说是对美好社会的向往，目标是解决社会价值共识缺失，满足人们的精神追求和终极关怀，属于规范主义的政治合法性建构策略。

具体来说，改革开放以来中国社会意识形态创新表现为如下几个特征：其一，意识形态创新采用了渐进而非激进模式，这在意识形态创新的第一阶段体现得尤为鲜明。在戈尔巴乔夫新思维指导下的苏联改革，彻底否定和抛弃了传统意识形态资源，搬用了西方自由主义的价值体系，推动意识形态实现了革命性变革，其直接后果就是苏联共产党的失败和国家的解体。与此不同，改革开放以来中国共产党始终掌握着意识形态的领导权，采取了一种渐进式的模式，没有完全废弃革命意识形态的话语体系，而是择取传统意识形态话语体系中的一些概念和符号，结合社会转型和现代化建设的需要，进行创新性阐释，并赋予新的内涵。这是一种代价低而效益高的选择，使共产党成功地实现了革命意识形态向现代意识形态的转型。比如"实践标准""三个有利于"

第四章 实践逻辑（下）：中国政治制度功能的历史性展开

"先进生产力""最广大人民的根本利益"等，都属于传统马克思主义意识形态话语体系的范畴，但又都在新的历史条件下被赋予了新的内涵。由此构造起来的中国特色创新性的意识形态，不仅体现了延续性和权威性，有助于保障政治安全，实现社会稳定，而且能够发挥意识形态的政治功效，凝聚力量、达成共识，论证改革开放的合理性与共产党执政的合法性。

其二，意识形态创新与社会转型和政治发展同步进行。以市场经济为内在动力和全球化为外在动力的社会转型从根本上改变了中国社会的实践形态，这在总体上表现为计划经济时代政党、国家与社会高度统合的结构状态逐步出现了分化和自主的发展态势。在这种情况下，传统革命色彩浓厚的意识形态功能降低，必须适应社会转型创新意识形态。比如"社会主义市场经济""全面小康""科学发展""和谐社会""以人为本""以人民为中心"等理念的先后形成，不只是话语形式的创新，更是对改革开放推动的社会转型特别是转型中出现的一系列社会现实问题的积极回应。这样的意识形态创新与社会意识变迁之间形成了互动性、契合性和适应性，具有稳固性和生命力，能够充分展现其政治合法化的功能。特别需要强调的是，适应当今世界"发展"的潮流，中国共产党实现了从革命党意识形态向执政党意识形态的根本转变，其最典型的就是"三个代表"重要思想的形成。"三个代表"重要思想体现的意识形态创新在于，它对原来僵化的意识形态进行了扬弃，将发展先进生产力、先进文化和满足最广大人民群众的根本利益作为党执政的目标和使命，并视其为党执政的合法性依据。

其三，意识形态创新不断汲取人类文明成果。改革开放以来的意识形态创新总体上体现了开放与宽容的特性，即对人类社会的文明成果开放性地接纳。如中共十三大报告提出了"社会主义初级阶段"论，认为中国属于发展中国家，经济与社会发展水平仍很落后。在这个发展阶段，必须大胆地利用一切反映现代化生产规律的经营方式与组织形式，特别是发达国家创造的市场机制、组织形式和管理经验等。由此看，初级阶段理论的提出不仅在坚持社会主义意识形态话语和符号的基础上赋予市场经济以合法性，而且为充分利用人类文明成果提供了理论基点。特别是21世纪以来，基于中国社会结构的深刻变化，意识形态创新对传统意识形态话语体系的依存度大大降低，而对原创性话语的需求大大增强。共产党不再仅仅是从传统意识形态中而是更多地从社会科学研究的理论成果中、从人类文明的成果中，汲取意识形态的创新源泉，如"依法治国""政治文明""公平正义""以人为本""国家治理体系和治理能力现代化"等话语的提出均属此类。这说明共产党的意识形态创新已步入了更广阔的空间，更主动地与世界文明相融合，这对于我国政治合法性的增强意义尤其重大。

其四，意识形态创新汲取了中国传统文化资源。意识形态创新如果能够传承民族文化，充分挖掘其精华并在新的历史条件下发扬广大，就可唤醒历史记忆，凝聚力量，形成共同的精神基础。在意识形态创新过程中，共产党非常重视开发传统文化资源，如"小康社会""和谐社会""人与自然和谐相处"等都属于典型的中国传统文化元素，历经数千年已积淀为深层的民族文化心理。当它们在现代化的条件下被赋予新的内涵后，就能够焕发强大的政治与社会整合力，增强中国政治合法化能力。这是意识形态创新的新境界和新趋势。"在五千多年文明发展中孕育的中华优秀传统文化。在党和人民伟大斗争中孕育的革命文化和社会主义先进文化，积淀着中华民族最深层的精神追求。"[①]

其五，意识形态创新始终坚持原则，把守底线。从改革开放以来意识形态变迁的过程看，其在政治上是有底线的，即坚持党

---

① 中共中央文献研究室：《习近平关于社会主义文化建设论述摘编》，中央文献出版社2017年版，第13页。

第四章　实践逻辑（下）：中国政治制度功能的历史性展开

的领导，坚持马克思主义和社会主义。共产党是中国的政治轴心，是改革开放和现代化的领导核心，是唯一的执政党，意识形态的领导权是党推动中国发展进步的重要保障。而在中国现实社会，马克思主义和社会主义不仅是一种政治存在，而且是一种文化存在，是政治合法性的文化与心理符号，如果受到动摇，势必危及共产党执政的合法性。但是，意识形态创新的原则性并不排斥思想文化领域的争鸣，并不否定思想解放。改革开放以来，共产党大力倡导思想解放，社会科学家、理论工作者、广大人民群众等共同参与思想理论的创新，如"实践标准""社会主义初级阶段""中国特色社会主义法治体系"等最初都是在学术研究和争鸣的过程中产生的。甚至在什么是马克思主义、什么是社会主义、怎样建设社会主义等核心问题上，中国社会均展开过广泛讨论和深入探索。正是在对这些根本问题发轫追问的解答中，共产党的政治自觉逐步增强，目标日渐明确，领导能力和执政能力不断改善，合法化能力有所增强。事实上，思想解放一直是中国意识形态创新的基本推动力。

改革开放，意味着中国持续处于社会变迁的一个重要阶段。与此相适应，中国共产党的意识形态也一直面临着诸多挑战，其实，意识形态创新就是共产党应对这些挑战的方式和结果。事实上，这种挑战未来也将是持续性的。意识形态作为一种精神力量，必然会受到社会实践的塑造，改革开放以来激烈的社会转型"带来的社会焦点问题的改变使观念和意识形态'碎片化'"①。这在共时态上表现为不同思想观念、价值体系的交相辉映，各种主义、理论和主张的纷繁芜杂。意识形态以及社会思潮的复杂多元已成为中国社会的现实。在此情况下，不同意识形态之间必然发生互斥、矛盾与冲突，常常会构成对主导意识形态核心地位的冲击，进而导致整个意识形态结构的混乱和无序。这对共产党执

---

① 李培林等：《社会冲突与阶级意识》，社会科学文献出版社2005年版，第38页。

政合法性基础构成了挑战。有调查表明，中国未来十年面临着十大挑战，"主流价值观边缘化危机"位居其中，这应当引起高度重视。中共十九大告诫全党，必须进行具有许多新的历史特点的伟大斗争，其中就包括必须旗帜鲜明地坚持中共意识形态领导权。

在复杂多变的社会思潮与意识形态格局中，进一步创新意识形态，增强社会主义意识形态的吸引力和凝聚力具有理论必要性和现实紧迫性。从这一点看，社会主义核心价值体系的提出是一个创新性的探索。中共十六届六中全会指出："马克思主义指导思想，中国特色社会主义共同理想，以爱国主义为核心的民族精神和以改革创新为核心的时代精神，社会主义荣辱观，构成社会主义核心价值体系的基本内容。"十七大报告指出："社会主义核心价值体系是社会主义意识形态的本质体现。"十八大报告将富强、民主、文明、和谐的国家价值目标，自由、平等、公正、法治的社会价值取向，爱国、敬业、诚信、友善的个人价值准则确立为社会主义核心价值观的基本内容。党的十九大报告再次对社会主义核心价值观进行了确认和实践部署。社会主义核心价值观是当代中国价值体系中最本质的内容，是中国特色社会主义居于核心地位的精神要素和追求，构成全党全国人民最根本的价值遵循。马克思曾说："理论只要说服人，就能掌握群众；而理论只要彻底，就能说服人。所谓彻底，就是抓住事物的根本。"[①] 社会主义核心价值观深深扎根于中国特色社会主义实践之中，抓住了"事物的根本"，它既继承优良传统又体现时代精神，既立足本国又面向世界，既尊重差异化又宽容多样性，既具有崇高性又包容大众化，体现了求同存异、和而不同的整合性品格，具有很强的包容性与整合力，有助于增强社会主义意识形态的吸引力和凝聚力。

---

① 《马克思恩格斯选集》（第1卷），人民出版社1995年版，第9页。

第四章　实践逻辑（下）：中国政治制度功能的历史性展开

（三）民主的现实发展巩固合法性

现实中，政治合法性的资源与基础是非常丰富的。民众对现存政权的信任与支持，其原因可能是出于制度的合理性，也可能是对意识形态的偏爱，或是从政府推行的公共政策中受益，或是被政治领袖个人魅力感染等。然而，就政治合法性的巩固而言，意识形态可能过时、公共政策可能失效、政治领袖可能离世，相反制度可能最为持久、最有生命力。韦伯所定义的法理型统治就是"建立在相信统治者的章程所规定的制度和指令权利的合法性之上"。① 这种统治秩序以人们对制度和规则的认同为基础，制度的合理性与正当性成为民众广泛认可和支持政治的基础。在这种情形下，即便意识形态说服力不足、政府绩效不佳，充其量只是领导人或政府的变换，但合法性基础仍是稳固的，整个统治秩序不会受到挑战。

那么，什么样的制度具有上述所要求的性质呢？当然就是民主制度。在现实性上，民主表现为一套制度，它是政治权力来源和运行的规范形式，也是公民权利保障和救济的规范形式，内含着公民的表达权、知情权、参与权和监督权，以及政府的责任性、透明性、回应性、法治性等。正因此，现代民主制度具有了传递合法性的功能，能够通过相应的规则和程序使政治权力转化为政治权威，赢得民众的认可和支持。然而，一个国家选择什么样的政治制度，走什么样的民主道路，没有统一的模式，它受制于特定政治环境、历史传统、民族性格、政治价值选择等因素。新中国成立至今，已经形成了一套独具特色的政治制度。这套制度的性质被概括为人民民主，其主要的制度内容包括：中国共产党的领导制度、人民代表大会制度、中国共产党领导的多党合作

---

① ［德］马克斯·韦伯著，林荣远译：《经济与社会》（上卷），商务印书馆1997年版，第241页。

和政治协商制度、民族区域自治制度、基层群众自治制度等。

改革开放以来中国的民主建设取得了一定的进步,按照较权威的归纳,这些进步表现为:"人民代表大会制度、中国共产党领导的多党合作和政治协商制度、民族区域自治制度等国家民主制度不断完善和发展,城乡基层民主不断扩大,公民的基本权利得到尊重和保障,中国共产党民主执政能力进一步提高,政府民主行政能力显著增强,司法民主体制建设不断推进。国家领导制度、立法制度、行政管理制度、决策制度、司法制度、人事制度和监督制约制度等方面的改革取得了显著成效。在依法治国、建设社会主义法治国家目标的指引下,社会主义民主的制度化、规范化和程序化建设不断加强,以宪法为核心的中国特色社会主义法律体系初步形成,国家政治、经济、文化、社会生活的主要方面基本做到了有法可依。"① 中国政治体系在民主政治的进程中已形成了较强的传承和适应能力。正以此为基础,中国特色社会主义政治发展道路才得以形成。

民主常常被看作是现代政治的合法性基础,因此,伴随着民主政治的成长,中国政治体系的合法性增强和巩固是很自然的事情。在这一进程中,下列三方面的发展逻辑对中国政治体系的合法性具有直接影响。

首先,全社会民主共识的张扬,在为民主政治建设提供观念基础的同时,也加大了中国政治体系的合法性压力。十一届三中全会开启了中国民主政治建设的新时期。执政党总结社会主义建设的经验和教训,认识到了没有民主就没有社会主义,就没有社会主义的现代化。改革伊始,邓小平就提出要扩大民主,保障民众的民主选举、民主管理和民主监督等权利,并特别强调了民主的制度化建设。邓小平指出:"为了保障人民民主,必须加强法制。必须使民主制度化、法律化,使这种制度和法律不因领导人

---

① 国务院新闻办:《中国的民主政治建设》,人民网,2005年10月25日。

第四章 实践逻辑（下）：中国政治制度功能的历史性展开

的改变而改变，不因领导人的看法和注意力的改变而改变。"①习近平曾说过："人民民主是社会主义的生命。没有民主就没有社会主义，就没有社会主义现代化，就没有中华民族伟大复兴。"② 改革开放以来，民主在思想观念上出现了一系列标识性的进步。人权、法治、自治、以人为本、公民社会、私有财产、和谐社会、政治文明与全球化等一系列新的政治理念的形成，标识着中国民主进步的一个个具体内涵，当这些思想观念深入人心并成为较普遍的社会意识时，中国民主建设将获得强大的精神力量。在全社会民主共识张扬之时，也形成了对发展中的中国政治体系的环境压力。

其次，民主的一系列标识性制度的增量发展，对巩固中国政治体系合法性具有直接作用。在制度领域，民主制度的一系列标识性的增量发展大体包括：直接选举范围的扩大和基层自治的实施；人民代表大会制度的一系列新内容；协商民主广泛多层制度化发展；社会组织的成长；中国特色社会主义法律体系的形成与依法治国的推行；政府信息公开的推进与政治透明度的提高；服务型政府建设与公共服务质量的改善；听证和参与制度的实行与决策民主化等，今天中国的民主制度与改革开放前相比，已不可同日而语。理论上，上述民主的增量发展被认为具有四方面的含义：其一，这种进步必须建立在足够的存量基础之上，即必须具备充分的政治与经济基础，又要在现存的政治法律框架中展开；其二，这种改革必须在原有的基础上有新的突破，形成一种新的增长，是对"存量"的增加；其三，这种改革和发展在过程上是渐进和缓慢的，它是一种突破但非突变；其四，这种改革的实质是在不损害人民群众原有政治利益的前提下，最大限度地增加

---

① 《邓小平文选》（第二卷），人民出版社1994年版，第146页。
② 中共中央文献研究室：《习近平关于社会主义政治建设论述摘编》，中央文献出版社2017年版，第42页。

政治利益。① 显然，这种民主的增量发展策略具有重要的政治合法化功能：它能够充分开发和利用已有政治资源，保障改革在法律上的合理性与正当性；它能够着眼于新的历史条件，不断积累民主元素，增强民主的影响力；它还能够保持改革的持续化和理性化，扩大民主的基础，提高民众的认同度；它能够在利益多元化的条件下逐步化解改革带来的矛盾和冲突，保持秩序的稳定；它能够在民主存量的基础上，形成增量，实现民主的突破。

最后，民主政治渐进性的发展方式，已为中国社会较普遍地接受。这在一定程度上缓解了民主共识的社会压力，也巩固了现实进程中民主制度建设的合法性基础。改革通常可分为渐进与激进两种方式，民主政治的改革和建设也是如此。在20世纪80年代探索的基础上，中国共产党坚定地选择了一条渐进式的民主建设之路，被形象地描述为"摸着石头过河"。这种渐进式的民主改革蕴涵了政治生活的深层智慧，反映了中国政治发展的基本特征和规律。邓小平曾多次对此进行过阐释，如1986年他指出："这个问题太困难，每一项改革涉及的人和事都很广泛，很深刻，触及许多人的利益，会遇到很多的障碍，需要审慎从事。我们首先要确定政治体制改革的范围，弄清从哪里着手。要先从一两件事上着手，不能一下子大干，那样就乱了。国家这么大，情况太复杂，改革不容易，因此决策一定要慎重，看到成功的可能性较大以后再下决心。"② 1987年他又指出："政治体制改革很复杂，每一个措施都涉及千千万万人的利益。所以，政治体制改革要分步骤、有领导、有秩序地进行。"③ "所谓有秩序，就是既大胆又慎重，要及时总结经验，稳步前进。"④ 中国超大规模的社会推

---

① 贾建芳：《转轨中的中国政治走向：善治与增量民主——访俞可平研究员》，载于《科学社会主义》2004年第1期。
② 《邓小平文选》（第三卷），人民出版社1993年版，第176~177页。
③ 《邓小平文选》（第三卷），人民出版社1993年版，第252页。
④ 《邓小平文选》（第三卷），人民出版社1993年版，第199页。

第四章　实践逻辑（下）：中国政治制度功能的历史性展开

进民主建设，其对稳定的政治环境有特殊需求，"民主是我们的目标，但国家必须保持稳定。"① 中国选择渐进式政治改革符合国情、史情和民情，有助于保持稳定的秩序，最大限度地创造经济社会绩效，在实现改革、发展和稳定三者有机平衡的同时，也能够最大限度地巩固政治合法性，体现了高超的政治智慧。

尽管说，改革开放以来中国民主建设在巩固政治合法性方面已经显示了较强的生命力。但总体而言，增量改革释放出来的合法化功能还非常有限。为此，中国民主建设须注意以下的发展策略：其一，现有政治制度框架必须具有更大的容纳性，能够包容因社会经济结构深刻变革而产生的政治需求与挑战；其二，执政党必须具备自我调整能力和在实践中的学习能力，能够不断地吸取经验和教训，驾驭和调控改革；其三，政治改革必须能够解决现实的社会政治危机，有利于维持和巩固执政党的政治地位，增强其政治资源与合法性。这些策略中，政治制度的容纳性可以为民主政治提供广阔的空间；执政党的能力可以为民主政治造就强有力的主体；政治改革化解危机的实效性可以为民主政治提供持续的动力。三者互为因果，在很大程度上决定着未来中国民主政治发展的态势，也决定着政治制度汲取政治合法性的水平。

三、体系功能：社会整合

现实社会都是由不同要素构成的多样化共同体。那么，如何实现多样化的和谐共生，维系社会生活的一体化，就成为任何共同体都必须解决的难题。与社会解体相对应，社会整合（social integration）是指通过各种方式对社会中的不同要素及关系进行规范和调整，实现社会生活一体化的状态与过程。一个整合度较

---

① 《邓小平文选》（第三卷），人民出版社1993年版，第285页。

高的社会常常出现凝聚力、向心力、亲和力的增强与有机化、规范化、和谐化的状态；相反，大量离心、内耗、分裂、排斥和纠葛现象的出现则往往意味着社会系统整合度的低下。美国结构功能主义者帕森斯认为，任何社会系统的生存和运转都依赖于适应、目标达成、整合和模式维持四种功能。这就是他创立的"AGIL"理论，其中，社会整合（I功能）是指"借以调整和协调系统内部的各套结构，防止任何严重的紧张关系和不一致对系统的瓦解的过程"①。当然，社会整合并非要消灭差异性和多样化，而是在尊重差异、宽容多样的基础上，达成共识，实现社会的有机团结。

社会整合是当代政治发展的一项基本诉求，这是由现代化进程中政治建设的两个根本主题——民族国家与民主国家的建设所决定的。就民族国家建设而言，它意味着独立的国家主权、统一的制度框架、完整的权力体系、有机的组织结构、共同的价值信仰等。在这一意义上，民族国家建设就是要将历史上形成的各种分散的区域、民族、文化单元整合成为一个有机体的过程。就民主国家建设而言，它意味着社会的自主、法治的确立、自由与平等的关怀等，在这一意义上，民主国家建设就是要在尊重多元社会和个人自由的基础上，形成个人、群体与国家政权和公共政策的现实联系。由此可见，当代政治发展不仅要围绕个体的自主和权利展开建设民主国家，而且要围绕社会一体化展开建设民族国家，两者共融共进、彼此推动，均对社会整合有着内在需求。在民族国家和民主国家建设的实践中，历史上形成了各种各样的社会整合形式，如利益整合、价值整合、规范整合、制度整合、组织整合等。

历史上，传统帝国崩解之后，中国陷入了严重的社会整合危

---

① ［美］安东尼·M.奥勒姆著，董云虎等译：《政治社会学导论——对政治实体的社会剖析》，浙江人民出版社1989年版，第114页。

第四章 实践逻辑（下）：中国政治制度功能的历史性展开

机：国家主权沦丧、政权破碎，社会一盘散沙、四分五裂，文化分崩离析、认同迷失。寻求和获得有效的社会整合结构，构成了近现代中国历史的一个持续性的主题。改革开放的历史表明，伴随着中国社会转型形成的社会整合体系和机制是基本具备适应性的和有效的，其功能发挥也是充分的。有研究认为："就社会整合而言，中国共产党在市场经济建设中已经成功地发展出行之有效的社会整合机制，其中有众多的结构要素，成为中国共产党在21世纪应对挑战的重要政治资源。"[①] 这些结构要素中，有效的领导体系、有机的国家结构和有控的组织网络等最为重要。正是这些制度与机制作用，有力地推动着改革开放以来的社会整合，彰显了中国政治制度模式的战略意义和功能，构成了中国政治发展的重要特色。

对于中国这样一个后发的现代化国家和超大共同体而言，实现高度的社会整合确实是一件相当艰巨和困难的事情，它关乎现代化建设成败和中华民族复兴的基本战略。今天，中国社会不仅仍然面临着"断裂"[②] 的风险，现实中诸多矛盾和冲突不断威胁着社会团结，各种极端思潮还威胁着共同体的一体化。众多情形表明，社会整合对今天的中国仍然是极其重要的。

（一）有效的领导体系保证社会整合

美国学者李普塞特曾将政党称为"冲突的力量和整合的工具"。所谓"整合的工具"主要指执政党的社会整合作用。这是因为，执政党作为连接国家与社会的桥梁和纽带，既能够通过运作国家政权实现自上而下的社会整合，又能够通过其组织网络实现自下而上的社会整合。"执政党一旦执了政，掌握了政权，就

[①] 王邦佐、谢岳：《社会整合：21世纪中国共产党的政治使命》，载于《学术月刊》2001年第7期。

[②] 参见孙立平：《转型与断裂：改革以来中国社会结构的变迁》，清华大学出版社2004年版。

意味着民众把维护社会稳定、推动社会发展的重任委托给了它。它的一项根本任务就是，把社会各方面的积极力量都集合起来，共同推进经济发展和社会进步。由此而论，作为执政党，总是想方设法减少社会矛盾，协调各阶级（除了该消灭的阶级之外）、阶层、集团的利益，以便造成一个和谐的局面，求得国家的稳定和发展。"① 因此，就功能而言，所谓执政党就是"整合取向型"政党。

共产党在中国政治体系中居于核心地位，发挥着领导和执政的作用。在中国政治体系中，共产党一身二任，既是领导党又是执政党。在现代政治条件下，党的领导力不仅要通过思想的先进性、纲领的科学性、战略的有效性和组织的生命力、政治的创造力、社会的适应力来体现，更重要的是通过治国理政，即通过有效的执政来实现。因此说，党的执政能力建设，具体说就是民主执政、依法执政、科学执政的水平在相当程度上决定着党的领导力，进而决定着党的社会整合力。邓小平曾指出："在中国这样的大国，要把几亿人口的思想和力量统一起来建设社会主义，没有一个具有高度觉悟性、纪律性和自我牺牲精神的党员组成的能够真正代表和团结人民群众的党，没有这样一个党的统一领导，是不可能设想的，那就只会四分五裂，一事无成。这是全国各族人民在长期的奋斗实践中深刻认识到的真理。我们人民的团结，社会的安定，民主的发展，国家的统一，都要靠党的领导。"②

美国政治家罗斯金将处于现代化过程中的社会定义为是一种"极度脆弱"的社会。③ 其理论前提就在于他看到了这一时期社会整合的困难和重要。1949年中华人民共和国的成立，标志着中国社会经历了近一个世纪的分化、动乱的历史过程，终于重新

---

① 王长江：《政党现代化论》，江苏人民出版社2004年版，第176~177页。
② 《邓小平文选》（第二卷），人民出版社1994年版，第341~342页。
③ ［美］迈克尔·罗斯金等著，林震等译：《政治科学》（第6版），华夏出版社2001年版，第393页。

第四章 实践逻辑（下）：中国政治制度功能的历史性展开

获得了与现代化变迁基本适应的社会整合结构。其中，中国共产党的领导体制就是这一整合结构中的中枢。我们常说，共产党的领导地位是历史形成的，其基本意思也就是说：共产党的领导体制是在应对近代以来中国社会整合的困境和挑战中脱颖而出的，是与中国独特的现代化社会变迁相适应的。中华人民共和国成立以来，党的领导体制在与发展中的社会磨合过程中，不断有所调整，其中改革开放前后又有比较大的变化。而改革开放以来所进行的适应性调整，使社会整合与社会变迁基本呈现出良性互动的状态。共产党领导体制的社会整合机制主要表现为："建立遍及全国范围的组织网络，以此为纽带协调各个地方和全国人民的行动；建立党对国家机关的政治领导关系，保障党领导下的全国施政的统一；利用党的各级组织，掌握对全社会的意识形态领导权，发挥党的思想政治工作的传统优势；建立党对军队的绝对领导权，保障国家的安全和全国的统一，军队是一支潜在的整合力；利用强大的组织网络的影响力整合周边政治资源；建立共产党与民主党派的多党合作关系，团结各方力量，调动各方积极性，强化建设富强、民主、文明的社会主义国家的目标整合。"① 以中国共产党为核心的领导格局，其社会作用的方向是多维度的，其内含的强大的社会整合能力也是显而易见的。

在改革开放的历史进程中，中国共产党日趋成熟，其治国、兴国、强国的理念、方略、原则、目标和规划日趋完善；其制度体系、组织体系、工作体系的社会整合能力也不断提升。其中，中国共产党领导的多党合作制度的完善对社会整合的可持续进程具有特殊意义。概而言之，共产党领导的多党合作制度通过以下机制发挥社会整合功能：其一，包容多元实现整合。多党合作的政党制度既存在核心一元性，又存在结构多元性，这大大增强了该制度适应多元社会的能力。既能够在高度复杂、异质的社会中

---

① 程竹汝：《中国共产党与社会整合》，载于《学习与探索》1999年第5期。

包容不同民族、阶层、界别、宗教、地区的多样化利益诉求，将马克思主义者和非马克思主义者、汉族与少数民族、共产党员与非共产党员、无神论者和宗教信仰者等力量联合起来，形成合力，又能够在共产党的核心领导下产生凝聚力和向心力，保证政治目标的一致性，从而避免多党制条件下因不同政党的对立而产生的社会分裂。改革开放条件下，社会转型必然产生的利益分化与重组不断地形成新的"政治影响力结构"，共产党领导的多党合作制度本质上的开放性和包容性，有能力吸收同化社会新生结构，展现了它的社会整合功能。其二，利用资源实现整合。合作型政党制度既有能力开发社会政治资源，又有能力充分整合和利用这些资源。其中，共产党和各民主党派的组织结构就是政治资源的动员体制。截至2018年12月31日，中国共产党党员总数为9 059.4万名。中国共产党现有基层组织461.0万个，其中基层党委23.9万个，总支部29.9万个，支部407.2万个。① 代表各界别的民主党派具有联系广泛、智力密集、人才荟萃的特征，汇集了大量社会精英。这支巨大的政治资源，融入共产党领导的多党合作制之中，其所产生的政治影响力构成了中国社会整合的重要基础。其三，协调社会实现整合。改革开放之初，邓小平就明确了多党合作、统一战线和人民政协的使命："调动一切积极因素，努力化消极因素为积极因素，团结一切可以团结的力量，同心同德，群策群力，维护和发展安定团结的政治局面，为把我国建设成为现代化的社会主义强国而奋斗。"② 多党合作制度框架既体现了共产党的核心领导，又规范了各民主党派的广泛参与，有助于化解社会中滋生的各种矛盾和冲突；以合作、协商替代对立、争斗，最大限度地减少了社会内耗。

---

① 《2018年中国共产党党内统计公报》，http：//www.gov.cn/xinwen/2019-06/30/content_5404597.htm。

② 《邓小平文选》（第二卷），人民出版社1994年版，第187页。

第四章　实践逻辑（下）：中国政治制度功能的历史性展开

共产党的领导制度所产生的社会整合功能，还体现在改革开放以来一系列发展政策及其结果之中：其一，社会主义市场经济体系的建立和发展，启动并强化了各种利益整合机制，包括利益表达、利益分配、利益协调和利益补偿机制的逐步建立与完善；极大地激发了社会活力；初步实现了经济一体化，使整个国家在经济上凝成一个有机体。其二，中国特色的社会主义法治体系的形成和完善，构成了中国社会最具有稳定性和可持续性的社会行为整合机制。在法律制度上和最微观的行为领域将整个社会融为一个整体。其三，适应市场经济发展所形成的一系列政策调整也具有强化整合的意义。如肯定知识分子是工人阶级的一部分，提出科学技术是第一生产力；强调要巩固工农联盟，加强农村基层组织和新农村建设；广泛地开展爱国统一战线工作；实施西部大开发、振兴东北、中部崛起等发展战略。上述利益整合、法治整合、政策整合机制，构成了中国社会一体化的重要基础，体现了共产党领导体系在社会整合中的有效作用，构成了改革开放以来社会整合模式探索的重要内容。

（二）有机的国家结构支撑社会整合

所谓国家结构形式即国家作为一个整体的构成方式。通常指一个国家中央政权与地方政权、整体与局部的相互关系，其本质涉及国家纵向的权力配置，是国家的基本政治制度之一。亨廷顿认为："一个处于现代化之中的社会，其政治共同体的建立，应当在'横向'上能将社会群体加以融合，在'纵向'上能把社会和经济阶级加以同化。"[1] 由此看来，国家结构形式直接关涉社会整合，是纵向维度上国家权力进行社会整合的制度形式。实践表明，一个国家的结构形式，如果能够与其历史传统、民族关

---

[1] ［美］塞缪尔·P. 亨廷顿著，王冠华等译：《变化社会中的政治秩序》，生活·读书·新知三联书店1989年版，第366页。

系、战略目标、文化心理等相适应,那将形成社会整合的重要制度基础,推动国家一体化的发展,否则,便将出现地方主义、分裂主义、民族主义等严重挑战社会团结和国家一体化的局面。理论上,国家结构形式的社会整合功能表现为:它是国家权力纵向配置的制度形式,是社会政治整合的基本架构;决定着国内政府间纵向关系的格局与运行方式;在一定程度上规定着社会资源的配置形式和社会利益的分配格局;影响着多民族国家内部不同民族间的关系状况;关系到国家发展战略的实现和社会调控的形式与机制等。总之,国家结构形式关乎国家作为一个整体的凝聚力和向心力,是国家一体化的制度基础。

在类型学上,国家结构形式主要包括单一制和联邦制两种,其根本区别在于权力来源的差异性。单一制国家中,中央政府具有原生性,次生的地方政府权力源于中央政府自上而下授予;联邦制国家中,中央政府是次生的,其权力源于原生的地方政府自下而上授予。在中国,当代国家结构形式是单一制,各行政区是统一国家的一部分。尽管说在改革开放进程中国家纵向权力配置发生了部分变化,但并没有改变国家结构形式的类型。① 但是,中国的单一制是一种富有特色的复杂的单一制:一是原生特色,即与新中国同时诞生的、在少数民族聚居地区实行的民族区域自治制度;二是新生特色,即在改革开放时代实行的特别行政区制度。从实际运行看,改革开放以来国家结构在制度创新发展的基础上,与中国社会形成了多维度的契合:与中华民族大一统、大团结的历史传承相契合;与中国人民追求向心、凝聚和团结的文化心智相契合;与历史遗留问题的实际状况相契合;与后发国家

---

① 可参见王俊拴:《当代中国的国家结构形式及其未来走向》,载于《政治学研究》2009年第3期。针对学术界对改革开放以来国家结构形式研究方面的分歧和误区,王俊拴研究认为:特别行政区的出现和地方政府权力的扩展并不表明我国实行的是联邦制;我国国家权力配置的改革不是"世界范围内的联邦主义革命浪潮"的一部分;人大制度中关于国家权力配置的规定与单一制国家结构形式相统一。

第四章 实践逻辑（下）：中国政治制度功能的历史性展开

赶超现代化的发展战略相契合；与汉族和少数民族的地理分布结构相契合；与经济、文化和社会发展的非均衡格局相契合；与完成国家统一、保障主权独立的政治使命相契合；与中国共产党民主集中制的组织制度相契合；等等。从这些意义看，中国的国家结构确是一种适合中国史情、国情、民情和政情的有机的国家结构形式。

改革开放以来，与转型期社会整合的要求相适应，中国国家结构形式内涵的权力关系与时俱进：中央与地方的权力关系依市场经济的要求进行了适度调整，民族区域自治的制度化程度有所提高，特别行政区制度从无到有，增强了国家结构形式的有机性，实现了变革社会条件下有效的社会整合。

首先，中央与地方的权力配置与市场经济和社会进步相适应，使中国社会整合建立在一个全新的基础上。所谓改革开放，从权力关系上说，就是重构中央与地方的关系。这在实际的历史进程中表现为：改革开放始于"权力下放"，即中央下放权力给地方和社会；与市场经济和社会进步相适应，形成中央与地方关系的规范化和制度化状态。目前已形成的新型政府间纵向关系模式，成为中国社会整合的重要的制度资源。改革开放前，中国政府间的纵向关系无疑是中央高度集权。在一定意义上说，这种制度安排适应革命后社会的需求，有利于中央政府动员和利用资源来强化权威、巩固政权。其间，尽管中央和地方关系也曾进行过调整，但一直受到"条块"矛盾的左右，始终没有走出"集权——分权——再集权"的循环圈。正因为如此，中国国家结构形式的诸多优势并没有充分开发出来。改革开放以来，在中央集权制基本格局不变的条件下，国家的纵向权力配置与市场经济和社会进步交互影响，相向发展。实现了新的历史条件下，中央与地方权力配置的日趋合理与制度化。

1994年开始的分税制改革对中央与地方权力关系的变革有着重要意义。这一改革前，权力关系的变革主要表现为中央下放权力。如1982年《宪法》和新的《地方组织法》，通过列举的方式重新规定了中央与地方政府的职权范围；建立了两级多层的立法体制，赋予省、自治区、直辖市的人大以地方立法权、行政机关以地方行政立法权；推行财政管理体制改革，建立了从中央到地方的四级财政体制，调动了地方政府的积极性；等等。这些改革取得了一定成效，推动了20世纪80年代中国经济的高速发展。但是，同时也产生了一系列的消极后果：中央政府控制资源的能力变得有限，宏观调控能力削弱；地方势力膨胀、地方保护主义盛行，构成了中国社会整合的重大挑战。1994年开启的分税制改革就是在这一背景下展开的。分税制的核心就是要在政企分开的基础上，对中央和地方的经济管理和财政权限进行科学、合理划分，由此构建制度化、规范化的中央与地方关系。财政关系历来就是中央和地方最重要、最敏感的关系。因此，分税制改革标志着政府间纵向关系进入了一个新的阶段，对国家结构形式产生了深远持久的影响。实践表明，1994年分税制改革以来，中央与地方政府的职权划分，以及以此为基础的财税体制日益规范，两者的关系也走出了集权与分权的循环，从非制度化走向制度化、规范化，逐步形成了一种新型的关系模式，即中央集权与地方分权、中央统一领导和地方自主性适度结合的模式。

其次，民族区域自治制度的完善和落实，极大地夯实了多民族国家社会整合的政治基础。在数千年的历史进程中，中国境内的不同民族逐步发展形成了以汉族为核心的"多元一体"的中华民族[①]。这一民族实体在很长历史时期内处于自在状态，只是在近代共同抗御西方列强的过程中，才逐步演化成了一个自觉的民族实体。但这个"多元一体"的中华民族是在传统帝国体系内、在文化交流和族际融合的过程中，以民族间的不平等为基础

---

① 参见费孝通：《中华民族的多元一体格局》，载于《北京大学学报》（哲学社会科学版）1989年第4期。

第四章 实践逻辑（下）：中国政治制度功能的历史性展开

形成的，与现代民族整合有着根本差异。现代社会的民族整合须以民族平等为原则、以民族国家建设为目标，并在现代国家的制度框架中展开。因此，"多元一体"的中华民族在近代以来具有全新的意涵，其整合性和凝聚力与现代国家结构形式直接相联系。

在很大程度上，民族区域自治制度就是多民族国家社会整合的一种制度设计。从渊源上讲，这一制度是中国共产党把马克思主义民族理论同中国民族问题的具体实际相结合的伟大创举。改革开放以来，民族区域自治的制度化发展令人印象深刻。1984年5月颁布的《中华人民共和国民族区域自治法》（以下简称《民族区域自治法》），对民族区域自治制度做了全面系统的规定，民族区域自治的制度化建设进入了全新时期。2001年2月九届全国人大常委会通过了《关于修改〈中华人民共和国民族区域自治法〉的决定》，对该法进行了重要修订，将民族区域自治制度明确定位为中国特色社会主义政治制度的重要组成部分，并充实了许多新内容。更详细地规定了民族区域自治地方自治机关的自治权，增加了保证《民族区域自治法》实施的一系列规定。

历史经验表明，在多民族国家内，不和谐的民族关系轻则造成各种社会矛盾和冲突，破坏社会秩序，重则导致战乱纷争、国家破裂。多民族国家的社会整合就是通过各种方式对民族关系进行协调和规范，缓解和消除民族间的矛盾和隔阂，就是在尊重多元民族的基础上，实现各民族的平等、团结、互助和共同繁荣。中国推行的民族区域自治，将历史传统与现实状况、民族因素与地域因素、文化传统与政治优势等有机结合起来，既能够落实国家的路线、方针和政策，又能够关照民族地区的具体实践和特殊情况；既有助于国家的统一，又有助于民族的团结；既有利于建设富强、民主、文明、和谐、美丽的国家，又有利于促进各民族的繁荣、发展和进步。在合理协调民族多样性与国家统一性的过程中推进民族自主发展和国家一体化建设。"民族区域自治制度是我国的一项基本政治制度，是中国特色解决民主问题的正确道路的重要内容和制度保障。"①

作为现行国家结构形式的特色，民族区域自治制度的社会整合功能主要体现在以下两方面：一是通过保障少数民族自治权实现社会整合。在马克思主义看来，不同民族只有人口多少、历史长短、发展程度、宗教信仰、风俗习惯之不同，绝无优劣之差异，各民族都有自己的优势与特征，都对本国和人类历史发展做过贡献。中国的民族区域自治制度就是建立在既承认民族差异又主张民族平等的基础上的。它规定在国家统一领导下，在少数民族聚居地方实行区域自治，设立自治机关，行使自治权，管理本民族内部事务。换言之，少数民族不仅享有宪法规定的公民权，而且享有《民族区域自治法》规定的自治权，如有权依照本民族的政治、经济、文化特点，制定本地区的自治条例和单行条例；有管理自治地方财政的自治权；可以自主管理本地的教育、科学、文化、体育等事业，在执行公务时，可以使用当地通用的一种或几种语言文字等。民族区域自治制度的本质是保障少数民族管理国家事务和自治地方事务的权利，实现少数民族人民当家作主。二是通过推进各民族共同繁荣实现社会整合。基于历史、地理和社会等因素，少数民族地区经济社会发展相对落后，只有加快少数民族地区经济、社会和文化事业的全面发展，实现各民族共同繁荣，才能够实现民族团结。中国共产党多次强调，民族地区存在的矛盾和问题，归根到底要靠发展经济来解决。这固然需要自治地方人民的自力更生、艰苦奋斗，但同样需要来自全国的帮助和支持。民族区域自治制度的完善和实施，为民族地区的全面发展奠定了基础，创造了条件。一方面，民族自治地区可根据自身的特点和规律，因地制宜、因时制宜采取适合本民族、本

---

① 中共中央文献研究室：《习近平关于社会主义政治建设论述摘编》，中央文献出版社 2017 年版，第 151 页。

第四章 实践逻辑（下）：中国政治制度功能的历史性展开

地区的改革措施，制定和执行适合民族地区的发展政策，实现更好更快的发展。另一方面，国家及上级国家机关对民族自治地方的发展承担相应的职责。对此《宪法》和《民族区域自治法》都有着明确的规定。现行《民族区域自治法》甚至设了专章就此做出明确的规定和要求。长期施行的各省市对民族自治地方的对口援助就是建立在上述制度基础上的，取得了良好的效果。少数民族地区经济社会各项事业的蓬勃发展，有助于推动各民族的共同繁荣，强化平等、团结、互助的民族关系，有利于国家的统一和中华民族凝聚力的提升。

最后，特别行政区制度的建立和有效实施，在实现国家统一的同时也展现了当代中国国家结构形式新的整合力，增加了中国国家结构形式的有机性。特别行政区制度是指在中华人民共和国统一的主权范围内，内地实行社会主义制度，香港和澳门设立特别行政区，实行资本主义制度，享有高度的自治权。其基本内涵有三个方面：其一，"一个国家"，即中华人民共和国，中华人民共和国代表着不可分割的国家主权，是主权实体，特别行政区是一个地方行政区。其二，一个国家内实行"两种制度"，即特别行政区实行资本主义制度，内地实行社会主义制度，无论从人口还是土地面积而言，社会主义制度是主体。两种制度将长期共存，不是权宜之计。其三，与其他省、自治区、直辖市相比，特别行政区享有高度自治权。1997年香港和1999年澳门顺利回归祖国，使"一国两制"从思想原则变成了现实。

总之，有机国家结构形式是改革开放以来中国社会一体化水平不断增强、社会整合度日益提高的重要力量。但必须承认，中国国家结构形式仍处于完善过程中，与复杂的多元化社会磨合和相互适应远未完成。西方一些媒体曾称中国是一个既强大又易碎（fragmentation）的社会，这就是所谓的"中国问题"。说"强大"是因为改革开放以来中国经济实力、军事实力等得到了大幅度提升，说"脆弱"主要是指中国的国家整合程度、社会整合程度均不是很高。因此，不断增强国家结构形式的有机性，仍然是建设现代民族国家，推动国家成长的重要方向。

（三）有控的组织网络塑造社会整合

组织是人类社会的普遍现象，是克服个人体能与智能局限，实现社会目标的基本载体。亚里士多德讲，人是天生的政治动物，就是他看到了人只有通过一定的组织形式，才能走向公共生活。通常而言，组织的构成不仅包括人，而且包括规章、制度、目标等其他要素。由此，组织具有将多样化的人统一起来共同生活的功能，它历来就是实现社会整合的基本形式。组织的社会整合意义在于：通过培育社会资本，建立人们之间的信任与合作网络；通过达成共识，化解人们之间的矛盾和冲突；通过塑造公共理性，减少社会离心和内耗现象；通过树立共同理想，降低社会治理的成本与代价；等等。可以说，现代社会整合体系中的利益整合、规范整合、价值整合等功能的有效实现都必须以相应的组织为依托。理论上，社会组织的整合机制可解释为：其一，通过拓展社会资本实现整合。"社会资本是指社会组织的特征，诸如信任、规范以及网络，它们能够通过促进合作行为来提高社会效率。"[1] 社会组织是社会成员的行为和互相交往的组织机制和平台，是促进社会合作和信任的主要载体。通过组织网络，可以创造并扩大人际交往范围，增进人们之间的互惠和合作，有利于形成信任文化。信任文化可以增强个体与共同体的联结，并产生强烈的导致合作、互相帮助以及为他人的利益甚至不惜牺牲自己倾向的集体团结。[2] 其二，通过个体社会化实现整合。相对于个人，组织具有公共属性。社会组织及其网络，是社会成员实现社会化

---

[1] ［美］罗伯特·D. 帕特南著，王列、赖海榕译：《使民主运转起来》，江西人民出版社2001年版，第195页。

[2] ［波兰］彼得·什托姆普卡著，程胜利译：《信任——一种社会学理论》，中华书局2005年版，第141页。

第四章　实践逻辑（下）：中国政治制度功能的历史性展开

的必要途径。通过各种社会组织及其网络，个体可以形成规则意识，甚至养成公共精神，成为社会的人，即与现实社会有着千丝万缕联系的人。同时，各种社会组织的发展壮大意味着社会自我管理、自我约束、自我教育、自我规范能力的增强和自律性运行机制的逐步形成，这有助于社会秩序的构建和社会整合的形成。

事实上，新中国成立以来的社会整合与共产党对中国社会进行的组织化改造密切相关。这一组织化改造的结果，使中国社会一度形成了可以用"固化"来描述的社会组织网络和社会整合状态。今天所形成的有控的组织网络，就是以这样一场较彻底的组织化改造及其社会结果为历史前提的。

1. 泛政治化组织网络的形成。

新中国成立后，中国共产党对社会组织的改造是较彻底的和大规模的，其基本推动力量是共产党各级组织及其延伸组织构成的网络，其基本手段是行政化的。毛泽东在1949年9月政协第一届全体会议上讲道："我们应当将全中国绝大多数人组织在政治、军事、经济、文化及其他各种组织里，克服旧中国散漫无组织的状态"。[①] 新中国成立初期，与各级政权建立同时进行的是党的组织网络的大规模发展。根据当时主管组织工作的刘少奇描述，1951年，中国共产党"在全国各方面建立了约二十五万个基层组织——支部……我们的党不只在上层，在各方面领导着我们的国家和各种事业；而且在下层，在各种工厂中、矿山中、农村中、机关和学校中、部队的连队中密切地联系着广大的人民群众，和人民群众打成一片，建立了血肉相连的关系，因而使党具有充分广大的群众性。"[②] 社会主义改造完成后，"党的组织已经分布到全国，并且分布到各个民族。"[③] 业已形成的党的组织网

[①] 《建国以来毛泽东文稿》（第1册），中央文献出版社1992年版，第11～12页。
[②] 《建国以来重要文献选编》（第2册），中央文献出版社1992年版，第147～148页。
[③] 《建国以来重要文献选编》（第9册），中央文献出版社1992年版，第104页。

络包括：从中央、地方一直到基层的金字塔式的组织体系；党在各级人民代表大会、政府、监察、司法机关、政治协商会议和军队等政治机关内建立的组织体系；党在一些社会组织和企业单位中建立的组织体系。这一网络几乎覆盖了国家各个领域和社会每个角落，成为全国范围内各个方面、各种力量的连接网络。通过如此庞大、比较周延的组织网络及其相应的组织工作，加之与此相适应的一系列制度如单位制、户籍制、身份制、行政制的建立，中国共产党实现了它对国家和社会的有效领导，从根本上将原来近乎一盘散沙的中国社会整合成了一个高度组织化的社会。

以党的组织为核心和纽带所形成的社会组织网络，在巩固新生政权，实现社会动员，进行资源的计划配置等方面发挥过重要作用。但今天看来，这种组织网络的性质和结构特色，即泛政治化的性质和固化特色则仅是历史性的，不具有可持续性。显然，当政党组织了社会的同时，社会也就政党化了，于是，中国社会成了一个结构平铺性的、泛政治化的社会。同时，这样一套组织网络的有效运行还是有前提的，即以社会的低分化和低流动为前提，所以具有固化的特色。从社会整合的角度来看，这样一套泛政治化的组织网络具有极高的价值。事实上，改革开放前的中国社会一体化的程度是非常高的。但是，问题在于中国社会在获得社会整合这一价值的同时，是以牺牲其他价值为代价的，即以牺牲社会活力和社会发展为代价。

2. 有控社会组织网络的发展。

改革开放以来，中国社会组织网络的发展态势是：泛政治化开始褪色；社会组织网络摆脱固化状态，逐渐与较高程度的社会分化和社会流动相适应；社会整合和社会发展相兼顾，成为社会组织网络的价值特色。从社会整合的角度看，这样的趋势可以概括为：有控社会组织网络的发展。

社会组织网络的泛政治化色彩之褪色，是中国市场经济和开放社会发展的一个副产品。以市场化为取向的经济体制改革，从

第四章 实践逻辑（下）：中国政治制度功能的历史性展开

根本上改变了社会的利益结构和组织结构，也从根本上撼动了计划经济条件下形成的党和国家对资源的垄断和控制格局。具体表现为政治权力退出作为市场主体的经济组织和部分社会组织，这些组织中原先作为决策机构的党组织，转换成为纯粹的思想政治工作机构。即使在大量的事业单位中，党政分工也日显突出，党组织的作用主要集中于保证、监督和思想政治工作，而不是业务决策。与改革开放前相比，今天的党的组织网络对中国社会的整合和影响力，主要是通过与政权适度、有效地结合而发生，当然也是通过遍及社会各领域的党组织的思想政治工作而发生的，而不是像历史上那样，通过将几乎全部社会组织的政治化而发生。在改革开放历史进程中，随着社会分化和社会流动的不断发展，以及计划经济条件下单位制、身份制、行政制的逐步解体，单位人开始转向社会人，成为独立自主的社会个体，在此基础上，社会自组织开始发育成长。在原有组织之外涌现了大量新经济组织、专业协会、行业协会等；原先附之于政党组织体系中的社会组织也开始具有了一定的自主性。社会组织网络摆脱固化状态，逐渐与较高程度的社会分化和社会流动相适应。这意味着在中国社会组织的目标，已不再过分地偏好于社会整合，而同时兼顾着社会发展。观察改革开放以来中国社会组织网络的变迁，其转型和发展的可控性构成了一个显著特点，这一方面取决于新中国成立以后形成的具有强大社会整合功能的组织网络，尽管功能已有很大改变，但这一组织网络的形式迄今为止仍然完好如初；另一方面取决于体制改革的渐进性，这使得以党组织为核心和纽带的组织网络有能力在保留社会整合作用的基础上，促进社会组织的更新和发展。

中共十八大以来，党的建设布局中有两个显著特点：一个强调"两新组织"党建，即将党的组织触角嵌入新经济组织和新社会组织之中；二是强化国有企事业单位的政治导向作用。这是适应改革开放深度发展和社会组织网络新发展之策。"国有企业是中国特色社会主义的重要物质基础和政治基础,事业单位承担着满足人民群众日益增长的公益服务需求职责,都是我们党执政兴国的重要依靠力量。"① 公有制为主体、多种所有制经济共同发展是我国的基本经济制度。国有企业是这一基本经济制度的有机构成部分,是公有制主体中的企业形式。作为基本经济制度中公有制的企业形式,国有企业对我国上层建筑或国家治理起着社会主义价值导向作用。这要求国有企业从内部管理到为社会提供商品和服务都必须符合党的政策和法律规定,符合满足人民群众美好生活的需要,而不是相反。事业单位一般是国家设置的带有一定公益性质的机构,是基于国有资产设立的从事教育、科技、文化、卫生等活动的社会服务组织。事业单位公益服务职责具有一定的政治性,有的政治性还尤为明显,比如教育、传媒、文化等事业单位就是如此。这类事业单位承担着中国社会意识形态的生产和传播任务,是党的意识形态领导权体制构成的有机部分。意识形态工作在国家治理中的重要性和价值导向作用,决定党的领导必须延伸至事业单位履职过程,并通过教育、传媒、文化等事业单位的政治导向体现出来。因此,强化国有企事业单位的政治导向,就必须贯彻党的全面领导要求,"切实加强本单位党的建设工作,充分发挥党组织重要作用,保证本单位工作坚持正确政治方向、取得良好政治效果"。②

有研究指出:"新中国建立以来,中国社会的结构经历两次大的转换,形成了两种完全不同的社会建构体系:一次来自政治的力量,其主体是政党,发生于1949年后的中国,以政党为主体,形成了组织化社会的社会建构体系;一次来自经济的力量,其主体来自市场,发生于20世纪的90年代,以独立的法人为主

---

①② 《中共中央关于加强党的政治建设的意见》,http://cpc.people.com.cn/n1/2019/0227/c419242-30906125.html。

体,形成了社会组织化的社会建构体系。"① 理论上,两种社会建构体系的区分有一定的意义。虽然二者都是以组织为载体实现社会整合的,但两种组织的性质和社会整合意义具有很大差异,可分属于不同的社会整合形式。就组织化社会整合而言,组织是整合的手段、是基础,组织意味着纪律和规章。在中国历史中,这样的整合以政党组织为核心,具有一定固化特性,但社会整合力强。就社会组织化整合而言,组织是目的,以独立的个人为基础,组织意味着个人生活空间和发展。这样的整合以社会为中心,具有明显的开放性,在中国现实中,这样的整合以社会自组织为基础。就社会整合状态的可持续发展而言,两种组织整合形式对于中国社会不仅是必要的,而且二者的结合也是最佳的选择。可控的组织网络的现实表现也是这样一种结合。

四、过程功能:政策优化

公共政策(public policy)包括静态的政策方案和动态的政策过程两个层面。前者是政府为解决公共问题,实现公共目标向社会输送的一种公共产品,是政策过程的结果;后者亦即政治过程,是指基于政治体系与社会互动而形成公共政策的现实过程,理论上可分为利益表达、利益综合、政策制定、政策执行、沟通和反馈等几个环节。从本质看,公共政策是政治体系的意志表达,制定和实施公共政策是政治体系发挥社会作用的基本方式,从而也是社会成员在"生活世界"体认政治最直接、最真切的具体形式。

解决公共问题,实现公共目标,增进公共利益是公共政策的

---

① 林尚立:《民间组织的政治意义:社会建构方式转型与执政逻辑调整》,载于《云南行政学院学报》2007 年第 1 期。

使命，它直接关乎政治体系与社会体系、政府与公民之间的良性互动关系，是民众认知、理解和评价政治体系合理性和合法性的现实依据。它从过程和结果两个维度反映着政治体系的性质。为此，公共政策必须尽可能提高其科学化、民主化、合法化水平，这就是所谓公共政策的优化。从这一意义说，公共政策的优化构成政治发展非常重要的一个方面，甚至可以说政治发展与公共政策优化在很大程度上表现为同一过程。公共政策优化是一个系统工程，不仅关涉政策信息、咨询、决策、执行、评估、监控、反馈等构成的政策体系，更与现实政治体系的社会适应性和开放程度密切相关。

本质上，公共政策优化表现为政治体系的一种能力。任何政策的制定和实施都处于特定的体制和制度之中，政策的形成要受到体制的影响和制约，政策的实施更要获得体制的支持和规范。一般而言，公共政策的优化是建立在政治体系的某些特性基础上的。如政治体制的开放性决定着政策过程中社会参与的广度和深度，影响着政策的社会适应性；国家结构形式关系到决策权的纵向配置，直接决定着政策的影响范围和实施效率；代议制度决定着政策过程中利益输入的结构和状况，影响着公共政策的合法性与权威性；等等。因此，要增强公共政策的民主性、科学性、合法化水平，就必须健全和完善各项政治制度，形成一套能够持续推动政策优化的制度体系。

如果说中国特色社会主义制度自信的根本依据是改革开放以来中国崛起的事实，那么直接支撑这一事实的就是政策具备相应的社会适应性。而政策的社会适应性则是政治体系运行的结果。中国的经济社会成就表明，改革开放以来所推行的一系列政策总体上是正确的。这当然可以在理论上解释为是中国政治发展的一个突出成就，解释为是中国政治体系的一种能力。"这种政策选择的优化过程主要是通过'人民代表大会'和'政治协商会议'这两个基本政治制度，并通过正逐步制度化的定期和不定期的政治协商制度实现的"。① 在中国的政策过程中,人民代表大会拥有最高决策权,按照民主集中制和少数服从多数的原则,以多种会议的形式对公共政策进行选择,有利于将民主和集中、公平与效率有机统一起来,最大程度地平衡公共政策的多元价值。这可以避免西方国家分权制度和两院制条件下,多元权力之间互相牵制、扯皮和掣肘而导致的效率低下和成本高昂的缺陷。共产党领导的多党合作和政治协商制度的政策优化功能尤为明显。该制度合作共赢、和谐共生、尊重差异、包容多样的特性,能保证较大程度地吸纳各种政策主张,形成适应性的政策综合,它以各政党和界别价值取向趋同而政策取向差异为机制,有利于实现公共政策的低代价优化。

(一) 有组织的利益输入保证政策优化

阿尔蒙德讲:"当某个集团或个人提出一项政治要求时,政治过程就开始了。"② 也就是说,在政策过程的意义上,政治体系仅是一个容纳各种政治要求的框架,政策内容则是由进入政治体系中的各种利益表达所决定的。利益表达构成公共政策过程的起点。但这仅仅是从逻辑上讲的,在现实世界中,社会各方的利益表达与政治体系的利益综合往往交织在一起。所有从事利益表达的集团和组织都可能从事利益综合。现实中,有效的利益表达或利益输入,意味着公众将现实生活中产生的、真实的同时又表达完整的社会问题及时传输给政治体系,它有利于公共政策问题的发现与对策的选择,进而提升公共政策的公共性与科学性;同时也意味着政治参与的广度、深度和范围,有利于提升公共政策的民主性与合法性。

---

① 王邦佐等:《中国政党制度的社会生态分析》,上海人民出版社 2000 年版,第 264 页。
② [美] 加布里埃尔·A. 阿尔蒙德、小 G. 宾厄姆·鲍威尔著,曹沛霖等译:《比较政治学:体系、过程和政策》,上海译文出版社 1987 年版,第 199 页。

1949年以后，社会主义革命的一个重要社会后果，就是社会利益结构呈现出了高度单一化、均质化和整体化的特征。在这一基础上，社会政治参与的基本形式是动员型群众运动，目的是增强人们对意识形态价值及其政策的认同。与此相适应，影响政策过程的主要因素就是政治精英的政治原则而非某种直接的利益。与这种状况相适应，公共政策优化主要凭借党的群众路线和民主集中制原则进行。在新中国的历史上，这种政策优化的形式曾发挥过很好的作用，如1954年中华人民共和国第一部宪法的制定就是典型的例证。"宪法草案结合了少数领导者的意见和八千多人的意见，公布以后，再由全国人民讨论，使中央的意见和全国人民的意见相结合。这就是领导和群众相结合，领导和广大积极分子相结合的方法。"① 这一重要的政策优化形式仍然构成了今天政策过程的基本制度资源。但总体来看，这一时期的政策过程特征表现为自上而下的动员型，其制度化程度较低，缺乏自下而上的社会动力。

改革开放以来的社会转型，为中国政治体系公共政策能力的提升提供了现实基础和动力。这期间，与市场经济的成长相伴随，各种地方性、区域性、行业性利益逐步形成；个体利益及其意识开始觉醒并获得了合理性与正当性；社会分化和分层充分显现，利益矛盾、利益冲突日益明显，非均衡利益格局已经形成。社会利益结构所发生的根本变化，客观上要求中国政治体系必须具有容纳各种利益表达的结构和能力，包容不同的利益需求，协调不同的利益冲突和矛盾，为不同偏好的表达、不同声音的传输、不同意见的综合提供多样化的制度通道，并形成利益表达与决策中枢之间制度化的互动格局，从根本上形成一套制度化的利益表达制度和机制。与此要求相适应，中国政治体系的公共政策能力也有明显地发展。改革开放以来，随着社会主义民主和法治

---

① 《毛泽东文集》（第六卷），人民出版社1999年版，第235页。

第四章 实践逻辑（下）：中国政治制度功能的历史性展开

的发展，利益表达制度和机制得到了一定程度的完善，早先的一些制度途径得到了恢复，一些新机制也得以建立，利益输入呈现出一种多元化、制度化的发展态势。在已形成的制度框架内，中国社会利益表达的制度途径大体可分为两种：一是通过相应的组织体系将政策要求向决策中枢逐级传递，这更多是一种组织化表达；二是通过特定方式直接向决策中枢提出政策要求，这主要是一种个体性表达。实践中，前一种比较重要和主要。

已形成的组织化利益表达具有多元结构：其一，基层社会组织。村民委员会、居民委员会、党的基层组织、企事业单位及其职工代表大会、工会、专业协会等，这些基层社会组织构成了民众利益表达的一般组织网络。其中，居民委员会和村民委员会主要承担相关居住区内的公共卫生、社会治安、计划生育等公共事务，针对这些问题向居民征求意见，并将意见和要求反映给相应政府部门，属于社区性利益表达结构。企事业单位及其职工代表大会主要从事企事业和生产单位中的生产、经营、分配等，将企事业单位和职工的意见和要求向政府主管部门反映，属于部门性利益表达结构。党的基层组织则是党员的组织依托和党与群众联系的末梢组织，承担着向上级党组织反映情况、进行政治沟通的任务，属于政党性利益表达结构。专业性协会是基于行业特点所形成的行业组织，它们是行业性的利益表达结构。这些星罗棋布的组织关乎广大民众的切身利益，是利益表达最主要、最经常性的场所，也是整个国家公共政策过程的最初环节。当然，基层社会组织的利益表达往往多涉及特定组织或社区的相关问题，一般具有微观政策意义，与宏观政策的联系一般并不直接。其二，地方各级党政组织。主要是地方各级党委、各级人大及其常委会、各级人民政府、各级人民政协等。中国政治体系中的每一级党政机构都既是利益表达结构也是利益综合结构，利益表达是向上一级的，利益综合则是对下一级的。就政策过程而言，每一级党政机构或者直接解决问题，即把利益要求转换为地方公共政策，或者将社会的意见和要求进一步向上级党政机关反映，构成了进一步利益综合。应当说，各级党政组织在宏观政策过程中是最重要的利益综合结构，各种利益表达只有得到党政机构的综合，才可能转变为可供选择的政策内容，进入政策议程。其三，民主党派与群团组织。邓小平曾说："共产党是从一个角度看问题，民主党派就可以从另一个角度看问题，出主意。这样，反映的问题更多，处理问题会更全面，对下决心会更有利，制定的方针政策会比较恰当，即使发生了问题也比较容易纠正。"① 中国的八个民主党派分别代表着相应界别和行业，发挥着重要的利益表达和综合功能，特别是在社会主义民主逐步完善的条件下，它们的参政议政、民主监督的政策功能越来越突出。工会、共青团和妇联等群众性政治团体作为共产党的外围组织，除协助党工作之外，也具有维护工人、青年和妇女利益的作用。诸如文学艺术界联合会、科学技术协会、社会科学界等社会团体，代表了社会中的某一方面或某一部分群众，在意见表达中反映着相应社会群体的具体利益和要求。其四，现代大众传媒。随着自主性不断增强，作为"第四种权力"的大众传媒在利益表达和综合过程中越来越发挥着独特作用。一方面，通过报纸、广播、电视、网络等传媒形式，普通公民可直接向决策中枢表达意见和要求。如《人民日报》专门开设的读者来信版、社会观察版，中央电视台的《焦点访谈》等节目，都是民意传输的重要通道。另一方面，各种利益表达如果能得到大众传媒的支持，往往能形成社会舆论效应，从而对决策产生影响。因此，大众传媒也具有利益综合作用。特别是现代网络基于其传播的快捷性和受众的广泛性，已成为民众利益表达和综合的重要途径。

制度框架中的个体性表达可分为两种：其一是职业性的个体表达。这主要包括共产党各级代表大会代表、各级人大代表、各

---

① 《邓小平文选》（第一卷），人民出版社1994年版，第273页。

第四章 实践逻辑（下）：中国政治制度功能的历史性展开

级政协委员、民主党派各级代表会议代表、团代会代表、职代会代表、妇代会代表等，他们受党员和群众的委托，是具有合法身份和特定地位的职业性民意社情的表达主体。特别是全国人大代表和政协委员在利益输入过程中的作用十分重要，他们可以通过提案、建议、批评等形式直接进行利益表达。改革开放以来诸如三峡工程、京九铁路及沿线地区发展、西部大开发、义务教育、社会主义新农村建设等重大公共政策问题，人大代表和政协委员的职业表达发挥了重要作用。其二是普遍性非职业性的个体表达。这主要是指公民个人直接进行的利益表达，主要方式有选举、投诉、信访、上书等。在各级人民代表、党代表、政协委员等的选举中，特别是一些领域的差额选举和基层群众性自治组织的竞争性选举中，公民投票方式具有一定利益表达的意义。信访是一种富有中国特色的利益表达和权利救济渠道，已经形成了系统的组织网络。信访机构与各级党政机构大体并行，它是中国专门性的利益表达机构。上书是中国传统士大夫政治参与的主要形式，这一形式在今天的中国仍然具有深厚的社会基础。改革开放以来，上书对许多重大政策产生过实质的影响，如湖北的一位乡党委书记直接给总理的上书促成了2004年一系列惠农措施与政策的出台，又如2003年三位青年法学博士直接上书全国人大常委会，最终导致《城市流浪乞讨人员收容遣送办法》的废止等。改革开放以来，上书涉及的政策领域非常广泛，包括了"三农"问题、水利工程、经济安全、民生、环保、法律修订等政策。

总之，在中国现有的政治体系中，利益输入的渠道和方式是多种多样的，基本能够容纳社会各个方面提出的意见和要求。应当承认，改革开放以来中国利益表达和利益综合的制度化程度在不断提高，利益输入对于公共政策的优化起到了重要作用。如果否认这一点，就无法解释改革开放以来诸多公共政策的科学制定和有效实施，也无法解释中国社会大稳定、大发展的基本格局。

但是，必须同时看到中国政策过程仍存在着诸多问题，利益表达的社会压力仍然比较大。概括起来主要包括以下几方面：其一，民众利益表达权益保障不足。一些官员常常将提出意见和要求的民众视为"刁民"，将表达行为当作犯上作乱，认为有损部门和领导形象，甚至进行打击报复、限制人身自由，严重侵犯公民权利。其二，利益表达对公共政策的影响出现非均衡态势。这集中体现为公共政策过程中利益表达在社会弱势和强势群体之间的失衡，呈现为强者组织化程度高、自主性强，而弱者组织化程度低、自主性弱的现实。如市场经济条件下资本和劳动之间的强弱对比，城市化进程中农民工的弱势，企业改制中下岗职工的边缘化等，都能说明利益表达结构的失衡。其三，非制度性表达频发。由于利益表达结构失衡、渠道不畅或人为堵塞等原因，加之民众有序公共参与的意识和能力欠缺等，使得以群体性事件为主要表现形式的非制度性参与时有发生。有研究认为，在贫困群体中间，普遍存在着对体制内利益表达渠道的"不利用""表达无门"以及"表达无用"的现象，他们对各种制度内利益表达、申诉渠道的有效性表示怀疑、否定的同时，已经将"上访""闹事"这一类较激烈的申诉方式视为平常而有用的方式。[1] 所有这些问题，都是需要中国政治发展必须认真面对的。

（二）协商式的政策议程推进政策优化

在政策过程中，哪些意见和要求能够成为公共话题，进而转化为政策问题？哪些利益要求能够被决策中枢认定，进而转化为政策方案？这些都涉及政策议程（policy agenda）问题。通常而言，政策议程是政府及其公共组织通过一定过滤和选择机制将相关公共问题转化为决策议题，正式纳入决策程序的过程。在政策过程中，政策议程扮演着重要角色。在一定意义上说，"决定哪

---

[1] 陈映芳：《贫困群体利益表达渠道调查》，载于《战略与管理》2003年第6期。

第四章　实践逻辑（下）：中国政治制度功能的历史性展开

些问题将成为政策问题甚至比决定哪些将成为解决方案还要重要。"① 政策议程连接着政策过程中的利益输入和公共决策两个环节。承担着将纷繁复杂的社会问题和利益要求进行排序、筛选和过滤的功能，它既可以促使政府及公共组织有效回应社会要求，及时进行政策产品输出；也可以防止无序或过量的利益输入导致决策体系的"超载"而无法有效运行，甚至造成政治体系的瘫痪。可以说，政策议程直接关系到政策规划和政策选择，影响到政策的有效性、公共性和科学性，构成了公共政策优化的重要环节。

任何政治体系都存在有一套政策议程的形成机制，以此为基础分析和识别复杂的社会利益和要求，包容和选择多样的政策诉求，以实现公共政策优化。或者说，在特定时期政治体系的公共政策负载量总是有限的，决策者不可能对所有社会与公共问题一视同仁，更不可能将其全部纳入转化为公共政策，这就需要政策议程发挥选择或过滤作用。有学者将政策议程分为两个类别：系统议程和正式议程。② 其中，系统议程又称为公众议程，是特定社会问题从与其密切相关的公众逐步扩展到社会普遍关注与讨论，并向政府提出政策诉求要求解决问题的过程，是一种自下而上的议程设置；正式议程又称为政府议程，是指一些社会问题得到了公共权力体系中决策者的体察，并对这些问题进行了明确的主观认定，认为有必要纳入政策制定过程，是一种自上而下的议程创建。应当说，政策议程的建立往往是公众议程与政府议程相互影响和交互作用的产物。相对而言，公众议程体现了参与性、民主性，是现代社会政策议程的主导形式和发展方向，但公众议程要真正进入决策中枢必须与政府议程相结合，转化为正式议

---

① ［美］托马斯·R. 戴伊著，彭勃等译：《理解公共政策》，华夏出版社 2004 年版，第 32 页。
② 参见［美］詹姆斯·E. 安德森著，唐亮译：《公共决策》，华夏出版社 1990 年版，第 9 页。

程。因此，两种议程如能够彼此契合，政策议程就容易确定；两种议程如存在分歧，那就需要在公众和政府之间沟通和协商的基础上形成政策议程。在现实性上，两类议程的分歧是常见的。促使二者形成互动的是所谓政策议程的触发机制。公共政策学者安德森将这样的机制概括为：政治领袖触发、危机事件触发、抗议活动触发、通讯媒介触发四种机制。[①]

在现代社会，如何有效发挥多方面的力量在政策议程创建中的作用？不同国家有不同选择。发达西方国家采用的主要是竞争—压力机制，罗伯特·达尔的多元主义民主就是对这一机制的理论描述。根据多元主义，现代公共政策过程就是各种利益集团进行利益表达、利益聚合，并通过反复竞争和博弈达成政策均衡与妥协的过程。"利益集团在问题建构和政策制定过程中发挥着重要作用，它们通过游说、宣传、助选、抗议等手段，迫使政府将其问题列入政策议程，并采纳有利于自己的政策建议。"[②] 从理论上看，议程创建中不同利益集团如果能客观中立、公平竞争，就可以通过博弈达成政策均衡。但通常的情况并非如此，各利益集团的组织结构和资源禀赋本就不一样，它们对政策议程的影响也无法平衡，强势集团往往有更大优势与更多机会接近议程，操纵政府对利益输入和社会问题的认定，使政策议程向有利于自己的方向发展，这就会导致大量政策议程创建中的"垄断""隐蔽"和"不决策"等问题，严重影响公共政策的公共性和有效性。协商民主的政策选择机制，正是对竞争—压力缺陷的弥补。它是将交往理性中的商谈原则和对话方式付诸政治领域而形成的一种程序主义政治。协商理论认为，民主不仅体现为自由选举，更体现为政策参与，公共决策既非政治精英的个人决断，也

[①] 参见［美］詹姆斯·E. 安德森著，唐亮译：《公共决策》，华夏出版社1990年版，第72~75页。

[②] ［英］米切尔·黑尧著，赵成根译：《现代国家的政策过程》，中国青年出版社2004年版，第111页。

非利益集团间的竞争施压，而是在所有参与者平等、理性对话，充分讨论达成政策共识的基础上形成的。真实民主，体现在政策过程中充分地商谈和说理上。

与西方国家竞争—压力机制不同，中国采取了协商—合作机制来实现公共政策的选择和优化。从比较的角度说，"西方国家的政策选择是建立在社会竞争和冲突这种相对较大的社会代价基础上的，表现为有的国家社会冲突加剧，政局不稳，以及竞选时社会资源的大量耗费。在中国这样一个超大规模的社会中引入这样的制度是极其困难的一件事情。单就经验认识而言，可以说以社会竞争和冲突为基础的公共政策选择体制，其社会代价与社会规模是成正比例的。社会规模越大，这种体制运作的社会代价就越高；体制运作所需的技术性环节就越多，而每一环节的制度化水平都会在实际上影响公共政策的社会过程。那么，就中国的现实而言，这两方面的因素相叠加，可能使这种体制根本无法达到它的目标。因此，从理论抑或现实来看，中国必须选择以更为低廉的成本解决同样问题的体制。"① 现实中，这种更为廉价的政策优化的主要载体之一就是中国协商式的政策议程形成机制。

根据国内学者的系统考察，中国协商式的政策议程形成机制可以分解为下列三个层面。②

其一，公共权力的组织与规范层面，主要体现为共产党领导的多党合作与政治协商的制度化发展。改革开放后，多党合作与政治协商进入一个新的发展时期。协商的方式主要有两种，即共产党与各民主党派协商，以人民政协为组织平台的协商（包括专题协商、对口协商、界别协商、提案办理协商等）。协商的主要内容涉及公共政策的绝大部分领域。包括：共产党全国代表大

---

① 程竹汝等：《当代中国政党政治的功能性价值》，载于《政治学研究》2000年第4期。
② 林尚立：《协商政治与和谐社会：中国的国家建设之路》，载于《天津社会科学》2008年第3期。

会、中央委员会的重要文件；宪法和重要法律的修改建议；国家领导人的建议人选；关于推进改革开放的重要决定；国民经济和社会发展的中长期规划；关系国家全局的一些重大问题；通报重要文件和重要情况并听取意见，以及其他需要协商的重要问题等。协商的程序包括决策前和决策执行过程中的协商。各民主党派、各界别代表人士发挥了独特的政策议程的触发作用，如长江三角洲地区、环渤海地区、海峡西岸经济区等区域经济社会发展问题，三江（长江、黄河、澜沧江）源地区、欠发达地区资源开发补偿机制改革等问题，深化文化体制改革、弘扬中国传统文化等公共政策问题等，都是由他们建议转化成为现行政策的。实践表明，协商式的政策议程形成机制是我国科学决策、民主决策的重要环节。

其二，公共事务的组织与管理层面，主要体现为党在领导和执政过程中为增进公共利益，就立法、行政、司法过程中的不同利益、意见和要求进行协调与沟通，包括立法协商和行政协商等，这方面的协商以听证制度最为典型。改革开放以来，听证制度的建立和发展经历了一个过程。1996年的《行政处罚法》首次确立了听证的制度地位；1998年实施的《中华人民共和国价格法》中也规定了听证会制度，要求对公共事业或自然垄断商品进行定价前，主管部门举行听证会；2000年实施的《立法法》将听证制度列入立法程序，规定："列入常务委员会会议议程的法律案，法律委员会、有关的专门委员会和常务委员会工作机构应当听取各方面的意见。听取意见可以采取座谈会、论证会、听证会等多种形式。"从此，听证制度开始在各级立法、行政、司法等机关开始推行，听证内容涵盖市政服务、个税起征、环境保护、交通管理等诸多方面。

其三，基层社会的群众自治层面，体现为改革开放后基层社会自主性成长而逐步发展起来的公民协商制度。公民协商是围绕公共利益和公共事务，公民平等参与、公开讨论、自由对话、集

第四章 实践逻辑(下):中国政治制度功能的历史性展开

体协商,从而达成政策共识的民主机制。基层民主协商与基层群众性自治的发展密切联系,体现了民众的自我管理、自我教育和自我服务。到目前为止,基层民主协商发展形成了决策性公民协商、听证性公民协商、咨询性公民协商和协调性公民协商四种形式。这些协商形式有的出自制度安排,有的则是基层社会的创造,但公民都扮演了重要角色,他们在制度规范和组织保障基础上,自由交流、共同议决,践行着协商民主的精神。[①] 由于基层民主协商涉及广大民众的切身利益,所以它的政策效应是非常实际的,对基层社会的有效治理意义重大。

改革开放特别是社会主义市场经济体制确立以来,中国公共政策议程设置中的参与主体越来越多元:党政官员与组织、利益相关者,各民主党派、各团体、各阶层、各大众传媒等均介入其中。总体看来,改革开放以来政策议程先后形成了政治权威主导、经济理性引导和多元主体互动等不同模式。其中,多元主体互动模式是在中国特色社会主义理论与时俱进的背景下形成的。这一模式的基本特点是:政策议程创设处于执政党和政府主导之下,是在党领导下多元社会力量之间就社会问题和公共利益展开的协商与对话、交流与合作;议程的参与主体更加多元,形成了精英与大众互动的网络,议程的内容更趋科学与合理,议程过程更注重公众参与,更强调程序化与规范性。[②] 有研究认为,当代中国公共政策议程的触发存在六种模式,即关门模式、动员模式、内参模式、上书模式、借力模式、外压模式。而政策议程设置的发展态势是:关门模式和动员模式逐渐式微,内参模式成为常态,上书模式和借力模式时有发生,外压模式频繁出现。利益相关者施压、非政府组织卷入、大众传媒转型和互联网兴起推动

---

① 林尚立:《公民协商与中国基层民主发展》,载于《学术月刊》2007年第9期。
② 刘伟、黄健荣:《当代中国政策议程创建模式嬗变分析》,载于《公共管理学报》2008年第3期。

了政策议程外压模式的发展。① 应该说,压力模式的频繁出现是社会结构多元化与社会力量成长在公共政策领域的集中反映。总体而言,无论哪种模式,决策过程均以协商为基本机制。

实践证明,协商—合作的政策议程机制与中国政治发展具有高度契合性,是低代价政策优化的重要形式,其在改革开放进程中发挥了重要作用。"在民主的制度化水平有限,法治体系尚不健全的条件下,协商政治的开发及时有效地为社会的多元化发展,提供了对话沟通、利益表达、利益协调和多元协商的体制和机制资源,从而使中国这样超大规模的社会能在快速变迁、多维分化过程中保持其内在的整合与协调,为改革和发展提供了比较稳定的社会和政治秩序。"②

(三)程序性的公共决策提升政策优化

从逻辑流程看,公共政策过程在政策议程建立后就进入了决策阶段。公共决策即政策制定,是公共组织特别是政府为了特定政策目标,就相关政策问题进行选择进而做出决定的过程。公共决策过程通常比较复杂,不同国家在不同时期,就不同政策问题会采取不同形式,但大体上都包括政策规划与合法化两个重要环节。其中,政策规划是根据政策目标进行政策方案拟订和起草的过程;政策合法化是政策方案的审查、批准和发布,即政策方案经过相应形式转变为正式决策的过程。

改革开放以来,中国公共决策呈现出多层次、多系统和制度化的发展趋势。在国家层面,政策规划主要涉及法律草案的拟定、《政府工作报告》的制定、国家重大事项的议案、政府预算的编制和审批、国家机关领导人的任免等方面,当然也包括执政

---

① 王绍光:《中国公共政策议程设置的模式》,载于《中国社会科学》2006年第5期。
② 林尚立:《协商政治与和谐社会:中国的国家建设之路》,载于《天津社会科学》2008年第3期。

第四章 实践逻辑（下）：中国政治制度功能的历史性展开

党的各种规范性文件的起草等。而政策合法化形式较复杂，中央一级比较正式和规范的合法化形式主要有：全国人民代表大会及其常委会会议，国家主席令，中国共产党的全国代表大会、中央全会、政治局会议、政治局常委会议和书记处会议，国务院的全体会议和常务会议等，这些均属常规性的、制度化的政策合法化形式。

中共十七大报告提出："推进决策科学化、民主化，完善决策信息和智力支持系统，增强决策透明度和公众参与度，制定与群众利益密切相关的法律法规和公共政策原则上要公开听取意见。"在复杂的公共决策中，作为共产党执政的国家，党的各种高级别的正式会议所做出的决定往往属于核心政策，一般称为路线、方针、政策。因此，通过共产党的公共决策过程可以较清晰地辨析中国公共政策制定的基本轮廓，同时，这一过程也集中反映了中国公共政策优化的状况。其中，共产党领导下制定五年规划的过程就是反映公共决策机制的最佳案例。如果说改革开放以来，中国社会发展的总体成果取决于发展规划的成功，那么，发展规划的成功就取决于公共决策机制的成功。有研究以"十二五"规划的制定为例，透视我国重大公共决策的程序和步骤。①

五年规划编制持续时间长、涉及人口多、覆盖范围广，集中体现了行之有效和日益完善的公共决策过程，其最大特征是民主与集中有机统一的程序安排。这种程序化机制具有明显的公共政策优化取向：其一，通过科学化实现决策优化。规划的编制不仅建立在对原有规划进行全方位评估的基础上，而且以诸多部门和人员进行广泛调查、掌握第一手资料、反复研究为基础，能够比较准确地反映中国社会发展的实际情况，遵循经济规律、社会发展规律和自然规律，体现了科学精神。其二，通

---

① 胡鞍钢：《详解"十二五"规划制定过程：大体 11 个步骤》，载于《财经国家周刊》2010 年第 22 期。

过民主化实现决策优化。参与规划制定的包括政府机关、高等学校、科研机构、社会团体等多种组织，也包括政府领导人、地方负责人、专家学者、人大代表、普通公民等各种成员。不同的机构和参与者在决策过程中可以表达不同意见、发表不同观点、提出不同诉求，通过相互沟通、协商、交流、对话、分享、妥协，最大限度地凝聚社会共识和政策共识，并最后依据法律程序形成权威性政策。这是一种典型的民主化、参与性的公共决策过程。其三，通过制度化保证决策优化。规划制定的过程集中体现了民主集中制度运行的基本流程，即"民主——集中——再民主——再集中"。具体来说，从社会意见表达看，体现为"分散——统一——再分散——再统一"的过程；从决策参与方面看，体现为"参与——共识——再参与——再共识"的过程；从政策规划文本看，体现为"讨论——修改——再讨论——再修改"的过程。通过民主集中制度的反复运行，最后形成的公共决策，既反映了国家整体发展战略，也反映了广大民众利益要求；既反映了中央政府的决策意图，也反映了地方政府的政策要求。

有学者认为，中国公共决策过程在认识论上是一个从"形而下"到"形而上"的过程，政策执行过程在认识论上又是一个从"形而上"到"形而下"的过程，与此同时，整个政策过程在政策主体与客体关系上则是"从群众中来，到群众中去"的过程，所以总体上可称为"上下来去"决策模型。① 这种决策模型是一个具有鲜明中国化、民族化特色的决策模型，它具有极大的包容性，内含了决策认识的真理性模型、群众—领导模型、个别—一般模型等，以政策的科学化、理性化、民主化、合法化，即政策优化为目标。十一届三中全会以来，党和政府制定和实施的一系列正确决策就是在民主集中制条件下形成的，是"上下来

---

① 宁骚：《公共政策》，高等教育出版社2000年版，第93~97页。

第四章 实践逻辑（下）：中国政治制度功能的历史性展开

去"的公共决策。这些决策在实践中取得了良好政策效果，推动改革开放取得了举世瞩目的成就。

中国的公共决策过程具有自身鲜明的特点，经历数十年的发展，特别是在中国特色社会主义理论体系的指导下，中国的政策过程已经具有了明显的程序化、制度化和科学化的特征。一方面，随着政治体制改革和政治建设的推进，政策过程中原先的人格化结构日益衰微，制度化结构正逐步增长，制度和规范正成为影响公共决策的基本因素；另一方面，随着市场经济体制的深度发展，社会与民众的自主性日益提高，他们的权利意识、参与意识、政策效能感不断增强，多元的政策过程机制已经初步形成。

毋庸讳言，中国政策过程中的问题仍很多。专断性、非科学的公共决策仍然存在，这在各级地方政府的决策过程中表现得尤为突出。处于决策中枢的领导人常常无视民众和社会需求，进行"拍脑袋"决策，或完全按个人偏好进行决策，造成诸多政策问题。近些年来，全国信访系统由于信访案太多而承受的巨大压力，基本上是由政策不当所导致的。不过，今天中国政策过程中积极的、进步的因素正在增长，科学决策、民主决策的态势已经形成。这既是改革开放以来政治发展的成就，也是未来中国政治发展的方向。

第五章

结语：制度文明是中国特色社会主义政治发展道路进步性的集中体现

制度文明是中国特色社会主义进步性的集中体现。中国特色社会主义制度的内在结构和功能具有诸多文明特征。这些特征的文明意义可概括为：一方面，制度塑造稳定权威和推动经济社会发展的能力，体现着破解发展中社会普遍存在的制度难题的实践和进步；另一方面，制度保障公共政策社会适应性和民众权利的能力，又从现代性上体现着制度的文明进步。性质上，中国特色社会主义制度文明当属发展中社会的文明。

一、制度文明是中国特色社会主义进步性的集中体现

本质上，文明是一个描述人类社会发展进步的概念。它"是指社会或文化的进步方面，是社会或文化呈现的一种性质或状态"。① 因此，但凡一个社会在特定的时空中客观上发生了显著

---

① 程竹汝等：《政治文明：历史维度与发展逻辑》，上海人民出版社2004年版，第4页。

第五章　结语：制度文明是中国特色社会主义政治发展道路进步性的集中体现

的发展进步，对其基于文明视角的理论阐发就是适合的。而所谓文明形态，则是强调社会和文化的发展进步不仅已经体系化，而且也呈现出较稳定的态势。改革开放以来，中国社会发生了极其显著的发展和进步，文明的增长是其中显而易见的事实。正是基于这一事实，我们才有可能将中国特色社会主义解释为一种新的文明形态。

汤因比说："文明乃是个整体，它们的局部彼此相依为命，而且都产生牵制作用"。[①] 然而，作为整体性概念，文明内在结构的理论界定则是随着实践和认识的不断深化而形成新阐发的。改革开放以来，中国社会对文明内在结构的认识就是例证：从早期的二分法即物质文明和精神文明，到三分法即物质文明、政治文明、精神文明，再到今天的五分法即外加生态文明和和谐社会。"五大文明建设"构成了中国特色社会主义道路的基本经验和理论的重要方面。"五大文明建设"构成一个整体，但在逻辑和功能上，哪个部分更具重要地位呢？虽然物质文明具备基础性地位，但从马克思主义关于"政治是经济的集中表现"的理论逻辑来看，政治文明则是文明整体的集中展现。这主要是因为，政治文明的核心或另外一面就是制度文明，而制度文明则是所有其他文明形式得以成立和发展的根本保障。"它是政治文明结构最为核心和重要的部分，是人类政治进步最为集中的反映和表现，表达着政治文明的具体形态特征。"[②] 制度文明的重要性在中共十八大报告关于中国特色社会主义的表述中有着明显的呈现。党的十八大报告指出："中国特色社会主义制度，就是人民代表大会制度的根本政治制度，中国共产党领导的多党合作和政治协商制度、民族区域自治制度以及基层群众自治制度等基本政

---

① ［英］汤因比著，曹未风等译：《历史研究》（下），上海人民出版社1997年版，第463页。
② 程竹汝等：《政治文明：历史维度与发展逻辑》，上海人民出版社2004年版，第23页。

治制度，中国特色社会主义法律体系，公有制为主体、多种所有制经济共同发展的基本经济制度，以及建立在这些制度基础上的经济体制、政治体制、文化体制、社会体制等各项具体制度。中国特色社会主义道路是实现途径，中国特色社会主义理论体系是行动指南，中国特色社会主义制度是根本保障，三者统一于中国特色社会主义伟大实践，这是党领导人民在建设社会主义长期实践中形成的最鲜明特色。"① 同时，报告还指出："中国特色社会主义道路，中国特色社会主义理论体系，中国特色社会主义制度是中国共产党九十多年奋斗、创造、积累的根本成就"。② 就制度文明而言，上述表述有着三方面的意义：一是中国特色社会主义制度已具备体系化的特征和法律的形式，这是制度文明的现实展现；二是中国特色社会主义制度是中国共产党根本成就的一个基本方面，体现着制度文明的历史进步；三是中国特色社会主义制度"根本保障"的功能，意味着制度文明重要地位。概而言之，制度文明构成中国特色社会主义进步性的机制体现。

理论上看，制度文明之所以成为解释中国特色社会主义的一个基本范畴，与其集中反映、体现人类文明进步的性质有关。所谓制度文明，是指人类在全部的社会实践中形成的社会规范体系。人类文明的一个重要之处在于：人的物质生产活动同时也是一种社会的活动。即人们在创造物质财富的同时，又创造了一个服务于他们自己且约束他们自己的社会环境，创造出了一系列处理个体与个体、个体与群体、群体与群体关系的准则，并努力将这些准则规范化为社会的经济制度、政治制度、婚姻制度，建立国家、政党、各种团体组织等。制度文明直接、集中反映了人们对社会的认识、把握和改造的程度，反映了个体与个体、个体与社会关系的进步状态。

---

① 本书编写组：《十八大报告辅导读本》，人民出版社2012年版，第13页。
② 本书编写组：《十八大报告辅导读本》，人民出版社2012年版，第12页。

第五章　结语：制度文明是中国特色社会主义政治发展道路进步性的集中体现

"中国之治"是一个世人皆知的事实。理论上，这一事实先于各种理论解释是中国特色社会主义制度文明存在的客观依据。首先，无论是否承认中国发展是个奇迹，它都是一个呈现在世人面前的客观事实。即使对中国最具恶意的人也不得不承认这一点。中国崛起已然成为当代世界史上的常用语。对"中国之治"可以有多种经验性描述，比如 GDP 指标，2010 年超过日本后一直稳居世界第二位，并不断接近第一位的美国且具备超越美国的态势；又如脱贫人数，改革开放 40 多年来有超过 7.4 亿的农村人口摆脱贫困状态；再如基础设施，高铁 2019 年通车里程接近 3.5 万公里，桥梁 80 万座，现代化机场比比皆是；乃至不断增长的城镇化率、人均寿命、社会安全指数，等等。关于中国迄今为止所实现的发展，中共十九大报告有着更为准确而又全面的概括："我们党团结带领全国各族人民不懈奋斗，推动我国经济实力、科技实力、国防实力、综合国力进入世界前列，推动我国国际地位实现前所未有的提升，党的面貌、国家的面貌、人民的面貌、军队的面貌、中华民族的面貌发生了前所未有的变化，中华民族正以崭新姿态屹立于世界的东方。"[1]对比改革开放初期中国社会的突出景象，国家治理所取得的进步便具备鲜明的历史纵深感。中共十三大在建构社会主义初级阶段理论时，对当时中国社会基本特征的描述是："十亿多人口，八亿在农村，基本上还是用手工工具搞饭吃；一部分现代化工业，同大量落后于现代水平几十年甚至上百年的工业，同时存在；一部分经济比较发达的地区，同广大不发达地区和贫困地区，同时存在；少量具有世界先进水平的科学技术，同普遍的科技水平不高，文盲半文盲还占人口近四分之一的状况，同时存在。"[2] 从那时起的三十多年时间

---

[1] 本书编写组：《党的十九大报告辅导读本》，人民出版社 2017 年版，第 10 页。
[2] 中共中央文献研究室：《十三大以来重要文献选编》，人民出版社 1991 年版，第 9~10 页。

里，中国社会的上述突出景象就已然成为了历史！其次，"中国之治"这个事实先于各种关于它的理论解释。关于中国发展事实与中国特色社会主义制度之间的关系，所有人包括那些对中国特色社会主义制度存在这样那样偏见的人都无法否认它们之间存在着正相关的关联。因为无论就系统论的立场，还是制度与发展、政治与经济之间的理论逻辑都无例外地支持这一关联。"中国之治"这一事实与制度对造就这一事实所发挥的作用，理论上是结构在一起的，是一体两面的历史现象。这是我们在理论上确立中国特色社会主义制度文明的客观依据和基础。

二、中国特色社会主义制度内在结构的文明特征

本质上，制度体系是一个权力配置体系。就此而言，如果说现代西方的制度文明最具特色的是"分权"，那么，中国特色社会主义制度文明的核心特色就是权力"分"与"合"的平衡或统一。

首先，这一核心特色体现在中国特色社会主义制度的内在结构所具备的"一"与"多"有机统一之中。就现象而论，中国政治制度中，一元核心与多元结构并存；经济制度方面，一元基础与多元经济成分并存；社会制度方面，一元领导与多元力量协同并存发展等。

在政治制度领域，"一"与"多"有机统一的特征尤为明显。大到整个政治制度体系，小到各个子系统莫不如此。如国家制度中"党的领导制度"与国家多元制度的有机统一；人民代表大会制度中，作为权力机关的人大与向其负责的"一府两院"所构成的议行合一；政党制度中，一党执政与多党参政的有机统一；行政制度上，首长负责制与委员会制的有机统一；等等。理

第五章 结语：制度文明是中国特色社会主义政治发展道路进步性的集中体现

论上看，这种有机统一主要表现为两个方面：一是横向层面，中国共产党与其他国家机构的"领导"与"执政"关系，即民主集中制关系，形成了"分"与"合"、专业化管理与政治领导的有机统一。二是纵向层面，中国共产党的领导与各级政权机关的有机统一，形成了统一而强有力的中央政权，使政府系统具备了国家法律和政策的统一性、权威性，政权和大政方针具有稳定性和连贯性。

经济制度方面，公有制为主体与多种所有制经济共同发展的基本经济制度也具备"一"与"多"有机统一的特征。公有制为国家提供了雄厚的经济基础，其他多种所有制经济是在改革之中产生的新生力量，在力量与地位上构成了公有制经济补充，在关系国计民生的重大领域，公有制经济占据主导地位。在中国特色社会主义实践中，由于执政党的权威领导地位和决策过程可以把市场经济条件下不同利益群体之间的利益交换成本降到较低水平，故公有制经济力量与非公经济力量之间的统一关系来自政治制度中的一元权威，从而使两者在经济中分别发挥着各自的积极作用。这是中国特色社会主义制度非常明显的一个优势和进步的表现。

其次，这一核心特色体现在基于制度所形成的权力配置之中。对制度体系而言，权力的归属是一个根本问题，因为它涉及人民在政治中的最终地位。但在现实性上，权力的归属则具体地取决于权力的纵横配置状态。纵向上看，当代中国一直实行具有历史传统的中央集权体制。改革开放以来，中国社会的权力纵向配置关系发生了诸多变化，地方政府的自主性一直在适度扩大，并不断强化法治化的倾向，但中央集权的体制结构并没有根本改变。因为适度集权是符合中国历史传统和发展战略的，有助于提升国家能力，实现政治整合和社会稳定。权力的横向配置在现代制度安排中更具重要性。因而理论上对政治体制特征的概括多就这一角度而言，比如"混合政体""平衡政体""三权分立""五权分立"等。实践中，不同国家基于独特的制度环境，形成了不同权力结构形式，如美国的三权分立、英国的议会制等。这是因为，制度体系或权力结构形式受制于国家的政治传统、历史风俗、社会结构、阶级状况、现实需要等多重因素，并会随社会发展而进行不断调整与变革。从这个意义看，它没有最好，只有更适合。当代中国权力横向结构主要表现为由党的领导权、人民代表大会权力、行政权、司法权、监督权、参与权构成的权力架构。这样的权力架构不同于西方国家的分权制度，而是在吸收西方思想家关于权力运行基本经验的基础上，基于中国国情和发展环境所进行的制度创新，它凝结着共产党人的政治智慧和广大人民的政治意愿，具有显著的特点和优势：它既改进了西方三权分立模式，又超越了孙中山的"五权宪法"；既体现了中国传统文化中五行共生演化的哲学原理，又彰显了现代主权在民、民主共和等政治原则；既有利于政治体系中各权力的合理分工、独立运行，又能够避免不同权力之间的彼此倾轧和相互扯皮，有助于保障权力运行的稳定性与高效性。总之，当代中国的权力架构强调权力分解、分工和制衡，同时避免权力分割、分散和抗衡，体现了权力结构的统一性、协调性和有效性。

当代中国权力结构的统一性、协调性和有效性，其核心是围绕中国共产党的领导权而展开的。共产党是国家与社会的领导核心，是中国政治制度和政治过程的轴心与中枢。制度体系中的立法权、行政权、司法权、监督权以及介入政治过程的其他权力如政协的参与权等，均整合于共产党的领导体系。中国制度结构的这一特性很大程度上决定着其自身所具有的强大制度能力，正是这种制度能力推动、保障了改革开放以来中国社会的巨大进步。具体说来：其一，资源整合和推动发展的能力，即党通过各种政治和组织渠道对政治体系中其他权力进行领导，有效掌握和控制着经济、社会和文化各种资源的生产与

第五章　结语：制度文明是中国特色社会主义政治发展道路进步性的集中体现

配置过程，推动经济社会发展。其二，权威塑造力，即基于民主集中制和群众路线而形成的党的路线、方针和政策始终代表先进生产力的发展要求、先进文化的前进方向和最广大人民群众的根本利益，从而获得民众的信任、支持和认可。其三，政治协调力，即党凭借其核心地位对社会发展中出现的多层次、多领域和全方位的矛盾和冲突进行政治调处，实现个人、集体和国家之间在利益、价值等方面的有机统一。正是制度体系所具有的强大能力，为改革、发展和稳定提供了前提和基础，保障了改革开放以来经济社会大发展的格局。

三、中国特色社会主义制度功能的文明展现

客观而言，对中国特色社会主义制度进行文明进步的理论分析，是建立在改革开放以来中国经济社会获得巨大进步的事实基础上的。其遵循的基本逻辑是：中国经济社会取得巨大进步的事实正是中国特色社会主义制度功能展现的结果，亦即现实的发展和进步是以制度体系的进步为直接条件的，是在制度的保障和推动条件下获得的。有研究认为，中国的政治结构和制度对经济社会发展具有极佳的能力。[①] 这些能力主要表现为：

第一，社会动员与推动发展的能力。在政治学上，社会动员是指政治权威为了实现特定目标，通过精神或物质诱导、权力操控等方式，发动人们参与集体行动的行为和过程。中国特色社会主义制度所具有的社会动员能力主要是通过以下机制实现的。首

---

① Gabriella R. Montinola, Yingyi Qian, and Barry R. Weingast, "Federalism, Chinese Style: The Political Basis for Economic Success in China", *World Politics* Vol. 48 (1995).

先，当代中国政治制度体系本身具备适应社会动员的结构。执政党遍布社会各个领域、各个方面的组织系统，这一形成于革命时期的系统其基本作用就是社会动员。现行政治制度中的各种会议制度如一年一度的各级人民代表大会、各级政治协商会议也具有明显的社会动员作用。会议的既定议程如审查"一府两院"工作报告也具有社会动员的意义。一年一度的政府工作报告会对民众的行为产生广泛的影响。与欧美国家政治体制相比，中国政治体制具有更明显的有利于社会动员的结构和功能。这与中国现行政治体制形成于革命时期相关，也与中国历史上特有的现代化境遇所形成的国家建设目标和赶超战略相关。其次，中国特色社会主义制度仍然保留着意识形态的动员能力。意识形态动员方式之所以一直受到执政党的青睐，是因为通过思想诱导可以释放群体性的强大能量。最后，中国特色社会主义制度具有较强的政策动员能力。政策动员能力包括两个方面：一是政策宣示与普及，这一动员形式由来已久，在改革开放前就广泛使用；二是利益诱导，这一动员形式主要是改革开放以后形成的。它是政策动员能够发挥实效，能够推动发展的核心机制。前者依赖于全社会的"动员式学习"过程，表现为通过政策解读、政策宣示等形成的社会动员。后者依赖于政策对利益的刺激、诱导、分配对社会成员行为的普遍影响，表现为政治体系在政策推行中所形成的社会动员。改革开放所引起的最为深刻的变化就是利益配置由权力向市场的转移。这种转移形成了一种自觉的、广泛的、深度的、以推动发展为向度的社会动员。

  第二，普遍参与和优化政策的能力。中国的经济社会成就表明，改革开放以来所推行的一系列政策总体上是正确的。这当然可以在理论上解释为是中国制度体系所具有的政策优化能力。"这种政策选择的优化过程主要是通过'人民代表大会'和'政治协商会议'这两个基本政治制度，并通过正逐步制度化的定期

第五章　结语：制度文明是中国特色社会主义政治发展道路进步性的集中体现

和不定期的政治协商制度实现的"。① 或者说是通过较普遍的有序参与实现的。在政策过程的意义上，制度体系仅是一个容纳各种政治要求的框架，政策内容则是由进入制度体系中的各种利益表达即参与所决定的。利益表达构成公共政策过程的起点。事实上，中国特色社会主义制度为民众普遍的政治参与提供多方面的制度设计。就制度安排而言，执政党的各级组织及代表大会、各级人大组织及人大代表、各级政协组织及政协委员，以及庞大的信访体系等多重代表和参与渠道，能够提供制度化的参与路径。而所有的参与，其最终的目的只有一个，即影响公共政策。改革开放以来，中国特色社会主义制度的普遍参与和优化政策功能得到了适度的开发，利益表达呈现出一种多元化、制度化的发展态势。

第三，社会整合与塑造稳定权威的能力。现实中，社会整合与塑造权威是同一社会过程的两个方面。社会整合的现实过程也就是塑造权威的过程，反之亦然。从历史的角度看，中国特色社会主义制度的形态和功能，与基于特定社会结构之上所产生的一项需求密切相关，这个需求就是团结，即社会整合。由于人口基数大，社会分化较严重，民族众多，加之地方主义传统的影响，中国现代国家制度的建立和完善必须与之相适应，必须解决"团结就是力量"的问题。基于历史基础上所产生的社会整合和稳定权威的需要，是我们理解中国特色社会主义制度的一个重要方面。

改革开放以来，中国特色社会主义制度的不断完善，与社会转型和现代化建设相适应，彰显了整合性、包容性的鲜明特征，目的就是解决社会利益结构、阶层结构、组织结构、价值结构等多元化条件下社会与国家一体化的问题。在中国特色社会主义制度体系中，中国共产党的领导和执政体制具有鲜明的社会整合与

---

① 王邦佐等：《中国政党制度的社会生态分析》，上海人民出版社2000年版，第264页。

塑造稳定权威的能力。形态上，这一制度既不同于一党单独执政的垄断型政党制度，也不同于竞争型的两党或多党制度，而是独具中国特色的政党制度。其所呈现的领导核心一元性与政党结构多元特征，与发展中社会利益整合和政治稳定的需求相契合；与公有制为主体、多种所有制共同发展的经济结构相契合；与工农联盟为基础、广泛联合全体社会主义劳动者和爱国者共同管理国家事务的政治结构相契合；基于这样的制度特征以及与社会结构、需求的契合性，共产党领导的多党合作制度在改革开放的历史进程中表现出了明显的社会整合和塑造权威的重要功能。这一功能是我们充分理解党的领导是中国特色社会主义制度本质特征的一个基础。

第四，规范权力和保障权利的能力。在中国特色社会主义制度的理论概括中，法律体系具有重要地位。一方面它是大多数制度的法律形式；另一方面它还是制度价值在行为规则上的具体化。相对而言，与其他制度能力相比，中国特色社会主义制度规范权力和保障权利的功能虽然仍存在较大的拓展空间，但这一功能则是增量色彩最明显的，从而也是极具制度文明意义的。

改革开放以来，中国制度体系的这一功能集中表现在下述三个领域：其一，在公权力的宏观运作中，其制度化、规范化、法治化的程度有相当的发展，宪法的权威性获得了一定程度地提升。在制度上，宪法已将所有社会主体的行为包括各政党的行为都纳入了法律的范围，这确是中国政治宏观制度的一次巨大进步；在此基础上，依法治国宪法原则的确立，不仅使宪法的制度化获得了来自法治理念的支持，而且为业已形成的各种制度的变迁提供了基本的制度原则和价值基础；在宪法制度的运行中，宪法所确定的基本政治制度——人民代表大会制近些年来一直在较规范地运行，其制度化水平有了很大的提高。其二，在公权力的微观运行中，尽管权力的行使存在着许多越轨和腐败现象，但制度体系中的规范因素也随之而大量增长。在当今的现实中，我们

第五章　结语：制度文明是中国特色社会主义政治发展道路进步性的集中体现

可以清楚地看到：执政党纪律监督、人大监督、司法监督、审计监督、社会监督的功能均在渐渐得到强化。行政权行使的清单制度、司法权运行中审、判统一的责任制度，已呈现出良好的运行态势。其三，权利的发展是体现制度进步最具体的方面。个人权利和自由的发展在深层上意味着中国社会的制度、规范正在转向以人为最高价值的趋向，即政治话语中强调的"以人为本"，这说明中国的制度正在具备现代文明的基本特征。改革开放以来，"人权"正在成为各种现实制度、规范的基本价值尺度。宪法人权立法，司法人权立法，经济、社会、文化人权立法，特殊人群的人权立法，形成了大量的人权法律规范。这意味着市场经济的发展所促生的平等、自由、人权等私法原则向公法领域进一步的拓展。

四、中国特色社会主义制度文明的性质和意义

解释中国特色社会主义制度文明的性质，首先是以这一制度文明得以形成的历史方位为基础。强调制度文明形成的历史方位，其核心意思就是要强调特定的社会历史条件对人们制度选择的"限制"，强调社会历史环境与人们制度选择之间"挑战和应战"的互动。就此而言，本质上中国特色社会主义制度文明是一种发展中社会的文明。马克思认为："人们自己创造自己的历史，但是他们并不是随心所欲地创造，并不是在他们自己选定的条件下创造，而是在直接碰到的、既定的、从过去承继下来的条件下创造。"① 同样的道理，一个国家其制度的创设及成长也是在既定的历史条件下进行的，不是人们可以随心所欲的。就中国来

---

① 《马克思恩格斯选集》（第1卷），人民出版社1995年版，第585页。

说，近代以来的现代国家制度建设也遵循着这样的逻辑，正是在这一意义上，有人认为中国是"被其历史束缚的国家"①。党的十八大报告明确指出："中国特色社会主义制度，是党和人民九十多年奋斗、创造、积累的根本成就"。就此而言，中国特色社会主义制度文明的展现具有三重规定性：即时空规定性、历史规定性和价值规定性。中国是一个后发现代化的超大国家，人口多、资源有限，既要适应世界现代化、民主化潮流，又无法复制早发现代化国家的发展模式，而且还要实现赶超发展，其制度成长必然受到现实条件的约束与限制，具有时空规定性。时空规定性决定了制度文明的发展中性质。中国是一个有着悠久历史的国家，传统文化独特而根深蒂固，同时又是通过革命方式开启现代国家建设征程的，其制度成长必然连接着历史的血脉、植根于文化土壤，具有历史规定性。历史规定性决定着制度文明的特色。中国是一个走社会主义道路的国家，人民民主和社会主义是创国立宪的基本原则，要建设的是一个劳动者当家作主的，而不是一部分人剥削另一部分人的国家，发展成果要让全体人民共享，其制度成长必然具有明确的内在取向，具有价值规定性。价值规定性决定着制度文明的社会主义性质。三个规定性历史过程中的共同作用塑造着中国特色社会主义制度文明的内涵和意义。

就上述制度结构的文明特征和制度功能的文明展现来看，中国特色社会主义制度文明的核心意义可概括为两个方面：一是制度塑造稳定权威和推动经济社会发展的能力，体现着破解发展中社会普遍存在的制度难题的实践和进步。权威是国家治理的核心要素。然而建立一套有能力塑造稳定权威的制度，则是大多数发展中社会普遍存在的难题或缺憾。一些国家长期失序，社会缺乏权威；一些国家虽有权威但权威的稳定性不高。由于制度缺乏塑

---

① [美]詹姆斯·R.汤森、布兰特利·沃马克著，顾速、董方译：《中国政治》，江苏人民出版社2005年版，第23页。

第五章 结语：制度文明是中国特色社会主义政治发展道路进步性的集中体现

造稳定权威的能力，难以实现有机的社会整合，社会的有效发展缺乏必要的基础和前提。另一些国家虽然已形成塑造稳定权威的制度机制，但制度推动经济社会发展的能力表现不佳。因此，作为发展中社会的制度文明，中国特色社会主义制度塑造稳定权威和推动经济社会发展的能力，从发展的意义上集中体现着制度的进步性。二是制度保障公共政策社会适应性和民众权利的能力，从现代性上体现着制度的文明进步。民主和法治是国家治理现代化的核心要素。然而民主在中国的实践中形成了自身显著的特色。概而言之，这个特色即广泛、有序地参与民主从制度上提供了公共政策社会适应性的保障。如果说中国经济社会发展的成就，在根本上得益于公共政策具备社会适应性，那么，这种社会适应性则是由广泛、有序地参与民主所保障的。现代社会，制度体系价值和内涵充分展现的意义，集中体现为民众权利的现实发展。在中国，这一发展随着中国特色社会主义法律体系的形成和法治体系的进步正在不断显现。因此，作为发展中社会的制度文明，中国特色社会主义制度保障公共政策社会适应性和民众权利的能力，从现代性的意义上集中体现着制度的进步性。

主要参考文献

1. 《马克思恩格斯选集》（第1卷~第4卷，）人民出版社1995年版。

2. 《毛泽东选集》（第一卷~第四卷），人民出版社1991年版。

3. 《邓小平文选》（第一卷），人民出版社1994年版。

4. 《邓小平文选》（第二卷），人民出版社1994年版。

5. 《邓小平文选》（第三卷），人民出版社1993年版。

6. 《建国以来毛泽东文稿》（第1册），中央文献出版社1992年版。

7. 《建国以来毛泽东文稿》（第7册），中央文献出版社1992年版。

8. 《建国以来毛泽东文稿》（第6册），中央文献出版社1992年版。

9. 江泽民：《全面建设小康社会　开创中国特色社会主义事业新局面——在中国共产党第十六次全国代表大会上的报告》，人民出版社2002年版。

10. 胡锦涛：《高举中国特色社会主义伟大旗帜　为夺取全面建设小康社会新胜利而奋斗——在中国共产党第十七次全国代表大会上的报告》，人民出版社2007年版。

11. 胡锦涛：《坚定不移沿着中国特色社会主义道路前进　为全面建成小康社会而奋斗——在中国共产党第十八次全国代表大会上的报告》，人民出版社2012年版。

12. 习近平：《决胜全面建成小康社会　夺取新时代中国特

色社会主义伟大胜利——在中国共产党第十九次全国代表大会上的报告》，人民出版社 2017 年版。

13. 《习近平谈治国理政》，外文出版社 2014 年版。

14. 《习近平谈治国理政》（第二卷），外文出版社 2017 年版。

15. 中共中央党史研究室：《中国共产党历史》（第二卷上、下册），中共党史出版社 2011 年版。

16. 中央文献研究室：《十三大以来重要文献选编》，人民出版社 1991 年版。

17. 王邦佐等：《中国政党制度的社会生态分析》，上海人民出版社 2000 年版。

18. 王沪宁：《比较政治分析》，上海人民出版社 1987 年版。

19. 张维为：《中国震撼：一个"文明型国家"的崛起》，上海人民出版社 2011 年版。

20. 林尚立：《当代中国政治：基础与发展》，中国大百科全书出版社 2017 年版。

21. 林尚立：《政治建设与国家成长》，中国大百科全书出版社 2008 年版。

22. 林尚立：《中国共产党与国家建设》，天津人民出版社 2009 年版。

23. 潘维：《中国模式：解读人民共和国的 60 年》，中央编译出版社 2009 年版。

24. 程竹汝等：《政治文明：历史逻辑与发展维度》，上海人民出版社 2004 年版。

25. 程竹汝：《依法治国与深化司法体制改革》，上海人民出版社 2014 年版。

26. 程竹汝：《法治发展与政府结构关系》，中国社会科学出版社 2010 年版。

27. 郑永年：《中国模式：经验与挑战》，中信出版社 2015 年版。

28. 寒竹：《中国道路的历史基因》，上海人民出版社 2018 年版。

29. 刘智峰：《渐进式改革：中国政治体制改革的经验与反思》，中央文献出版社 2014 年版。

30. 高全喜：《我的轭——在政治与法律之间》，中国法制出版社 2007 年版。

31. 俞可平：《中国政治发展三十年》，重庆出版社 2009 年版。

32. 萧公秦：《中国的大转型：从发展政治学看中国变革》，新星出版社 2008 年版。

33. 王智：《当代中国政治结构变迁》，中国社会科学出版社 2010 年版。

34. 陆学艺：《当代中国社会流动》，社会科学文献出版社 2004 年版。

35. 刘建军：《单位中国——社会调控体系重构中的个人、组织与国家》，天津人民出版社 2000 年版。

36. 浦兴祖：《中华人民共和国政治制度》，上海人民出版社 2005 年版。

37. 蔡定剑：《中国人民代表大会制度》，法律出版社 2003 年版。

38. 孙哲：《全国人大制度研究》，法律出版社 2004 年版。

39. 李培林等：《社会冲突与阶级意识》，社会科学文献出版社 2005 年版。

40. 孙立平：《转型与断裂：改革以来中国社会结构的变迁》，清华大学出版社 2004 年版。

41. 王长江：《政党现代化论》，江苏人民出版社 2004 年版。

42. ［美］熊玠著，李芳译：《大国复兴：中国道路为什么如此成功》，湖北教育出版社 2016 年版。

43. ［美］傅高义著，冯克利译：《邓小平时代》，生活·读书·新知三联书店 2013 年版。

44. ［美］亨利·基辛格著，胡利平等译：《论中国》，中信出版社 2015 年版。

45. [美] 李侃如著，胡国成等译：《治理中国：从革命到改革》，中国社会科学出版社 2010 年版。

46. [美] 塞缪尔·P. 亨廷顿著，王冠华、刘为等译：《变化社会中的政治秩序》，上海人民出版社 2008 年版。

47. [美] 费正清著，刘尊棋译：《伟大的中国革命》（1800-1985），世界知识出版社 2000 年版。

48. 邹谠：《二十世纪中国政治：从宏观历史与微观行动的角度看》，牛津大学出版社（香港）1994 年版。

49. [美] 约翰·罗尔斯著，万俊人译：《政治自由主义》，译林出版社 2000 年版。

50. [英] 安东尼·吉登斯著，郑戈译：《第三条道路——社会民主主义的复兴》，三联书店 2000 年版。

51. [美] E. A. 罗斯著，秦志勇、毛永政译：《社会控制》，华夏出版社 1989 年版。

52. [德] 尤尔根·哈贝马斯著，郭官义译：《重建历史唯物主义》，社会科学文献出版社 2000 年版。

53. [法] 让-马克·夸克著，佟心平、王远飞译：《合法性与政治》，中央编译出版社 2002 年版。

54. [英] 罗伯特·D. 帕特南著，王列、赖海榕译：《使民主运转起来》，江西人民出版社 2001 年版。

55. [美] 托马斯·R. 戴伊著，彭勃等译：《理解公共政策》，华夏出版社 2004 年版。

56. [美] 罗伯特·A. 达尔著，周军华译：《多元主义民主的困境——自治与控制》，吉林人民出版社 2006 年版。

57. [英] 戴维·赫尔德著，燕继荣等译：《民主的模式》，中央编译出版社 2004 年版。

58. [德] 柯武刚、史漫飞著，韩朝华译：《制度经济学：社会秩序与公共政策》，商务印书馆 2000 年版。